Caminho da Piedade, caminhos de devoção

CONSELHO EDITORIAL

Ana Paula Torres Megiani

Eunice Ostrensky

Haroldo Ceravolo Sereza

Joana Monteleone

Maria Luiza Ferreira de Oliveira

Ruy Braga

FÁBIA BARBOSA RIBEIRO

Caminho da Piedade, caminhos de devoção

as irmandades de pretos no Vale do Paraíba paulista – século XIX

Copyright© 2017 Fábia Barbosa Ribeiro.

*Grafia atualizada segundo o Acordo Ortográfico da Língua Portuguesa de 1990,
que entrou em vigor no Brasil em 2009.*

EDIÇÃO: Haroldo Ceravolo Sereza

EDITORA ASSISTENTE: Danielly de Jesus Teles

ASSISTENTE ACADÊMICA: Bruna Marques

PROJETO GRÁFICO, CAPA E DIAGRAMAÇÃO: Ana Lígia Martins

REVISÃO: Alexandra Colontini

IMAGEM DA CAPA: Igreja de Nossa Senhora do Rosário de Taubaté. Fotografia
de Fábia Barbosa Ribeiro, 2007.

Este livro foi publicado com apoio da Fapesp, nº do processo 2012/50907-0.

CIP-BRASIL. CATALOGAÇÃO-NA-FONTE
SINDICATO NACIONAL DOS EDITORES DE LIVROS, RJ

R368c

Ribeiro, Fábia Barbosa
CAMINHO DA PIEDADE, CAMINHOS DE DEVOÇÃO:
AS IRMANDADES DE PRETOS NO VALE DO PARAÍBA PAULISTA,
SÉCULO XIX
Fábia Barbosa Ribeiro. - 1. ed
São Paulo: Alameda, 2014.
310p.; 23 cm

Inclui bibliografia
ISBN 978-85-7939-271-9

1. Escravidão e a Igreja - Igreja Católica. 2. Escravidão -
Brasil - História 1. Título.

14-12155   CDD: 261.83456
              CDU: 94(81)

ALAMEDA CASA EDITORIAL
Rua 13 de Maio, 353 – Bela Vista
CEP 01327 000 – São Paulo, SP
Tel. (11) 3012-2403
www.alamedaeditorial.com.br

*Aos meus filhos Leon e Maria Beatriz,
por me mostrarem todos os dias que
qualquer sacrifício vale muito a pena.*

Sumário

PREFÁCIO   9

INTRODUÇÃO   13

PARTE I — O CRISTIANISMO NO CONTEXTO DA DIÁSPORA: IDENTIDADES   23
RELIGIOSAS A CAMINHO DO BRASIL

Empreitadas cristãs no continente africano   25

As irmandades de homens pretos e suas origens: conexões atlânticas   35

O catolicismo popular no Brasil: devoções, altares e festa   46

As irmandades e os grupos sociais e étnicos no Brasil   64

PARTE II — AS IRMANDADES NO CONTEXTO VALE-PARAIBANO: TAUBATÉ NOS   83
CAMINHOS DO OURO E AS CONFRARIAS DE NOSSA SENHORA DO ROSÁRIO E SÃO
BENEDITO

O rosário dos pretos de Taubaté   85

Da roça à vila: entre idas e vindas pelo caminho da piedade,   121
encontramos alguns irmãos

Em Taubaté os irmãos de São Benedito também querem   138
uma irmandade sua

PARTE III — AS IRMANDADES NO CONTEXTO VALE-PARAIBANO: BANANAL   179
E GUARATINGUETÁ, DEVOÇÃO E SOCIABILIDADE NA SEGUNDA METADE DO
SÉCULO XIX

Bananal, "cidade histórica, berço do café"   182

A irmandade de Nossa Senhora do Rosário e a história de uma disputa   198

Nos caminhos do Vale encontrei os meus irmãos: irmandades 216
do Bananal e uma realeza coroada em Guaratinguetá

De volta ao Rosário e São Benedito em Bananal: 235
conhecendo alguns irmãos

Pretos cativos do Rosário do Bananal e a reforma de um compromisso 255
em Guaratinguetá: os caminhos da liberdade

CONSIDERAÇÕES FINAIS 285

BIBLIOGRAFIA 289

AGRADECIMENTOS 307

Prefácio

Cristina Wissenbach
Universidade de São Paulo

Num artigo propositivo acerca da historicidade das resistências escravas no mundo brasileiro, Joseph Miller, especialista no estudo dos deslocamentos compulsórios dos africanos centrais à época do tráfico atlântico de escravos, maximiza a necessidade de serem consideradas as visões expressas por eles acerca desses processos. Tomando como base essa perspectiva, afirma que o elemento central da sobrevivência e da organização dos africanos em diáspora deve ser buscado na formação de comunidades, pois, ao contrário de uma concepção ocidentalizada que colocava o individuo em primazia, em detrimento da coletividade, para eles a vida só teria sentido conjuntamente nos espaços societários construídos e mantidos durante as trajetórias de escravização e na experiência da liberdade.

Nesses termos e segundo ainda o autor, desde o Brasil colonial e imperial, passando pelo século xx e chegando aos tempos atuais, um dos *lócus* associativos privilegiados foram as confrarias religiosas de homens pretos e pardos organizadas em torno dos santos negros e das devoções marianas – Santo Elesbão, Santa Efigênia e São Benedito, Nossa Senhora dos Remédios, da Boa Morte e, sobretudo Nossa Senhora do Rosário. Essenciais às lutas de homens e mulheres africanos e seus descendentes as irmandades tiveram assim um sentido ampliado de resistência, reumanização e expressão dos sentidos que faziam de si. Sobre essa dimensão, nada mais ilustrativo do que o mito transmitido oralmente entre eles sobre a chegada e a fixação de Nossa Senhora do Rosário, vinda do mar e convencida a ficar, depois de tantas outras tentativas dos senhores brancos, somente pelos toques dos tambores das senzalas que se converteram depois nos sons do Rosário.

Exatamente por sua importância a história das irmandades tem sido um dos temas preferenciais dos estudos sobre o mundo da escravidão no Brasil colonial e imperial, bem como sobre a presença de tais agremiações nas diferentes partes do império português. Dos trabalhos pioneiros da década de 1970, aos estudos sobre as irmandades baianas, mineiras, do Rio de Janeiro e de São Paulo, às investigações sobre suas expressões contemporâneas junto às comunidades remanescentes de quilombos, a produção historiográfica é sem dúvida extensa. Pode-se dizer que perfaz um conjunto capaz de elucidar os sentidos que tiveram (e tem) na organização social dos setores menos favorecidos da história brasileira.

O trabalho que tenho a honra de apresentar, de autoria de Fábia Barbosa Ribeiro e que traz o sugestivo título de *Caminho da Piedade, caminhos de devoção*, vem, no entanto, preencher uma lacuna há muito percebida, qual seja, a do entendimento da presença dessas confrarias nos universos escravistas predominantemente rurais. No caso, o mundo da escravidão no Vale do Paraíba paulista dos séculos XVIII e XIX. Uma sociedade das mais florescentes de seu tempo, caracterizada, segundo alguns autores, como fase madura da exploração do trabalho escravo e que teve como esteio o aporte significativo e constante de cativos vindos diretamente da África pelo tráfico intercontinental e depois de várias partes do Brasil.

O estudo das irmandades emoldurado pelas circunstâncias históricas próprias às sociedades oitocentistas vale-paraibanas foi um grande desafio. Impôs à historiadora trabalhar com uma documentação dispersa em arquivos pouco conservados e de difícil acesso nas cidades paulistas do Vale e nas suas instituições eclesiásticas. E também enfrentar indagações sugestivas e complexas; entre elas, por exemplo, entender o lugar das chamadas nações africanas, até então tão significativas nos contextos urbanos, numa sociedade rural marcada pela presença de grupos vindos sobretudo da África centro-ocidental e da África Austral: congos, angolas, benguelas, moçambiques, macuas e senas. Além disso, colocou no horizonte da tese investigar o papel das irmandades no jogo das complexas relações de dominação e de resistência – em que a violência e a exploração do trabalho se emparelhavam com roças de cultivo dos escravos, um trânsito frequente dos mesmos em direção aos centros urbanos e relações de vizinhança entre parceiros de diferentes senhores, tudo isso cadenciado pelas leis abolicionistas que se faziam sentir desde meados do século XIX. Complexidade essa que se expressa espacialmente nas construções arquitetônicas e na disposição das grandes fazendas de café, na localização das igrejas do Rosário fronteiriças aos opulentos casarões e na prevalência das irmandades nos cortejos que movimentavam periodicamente as pacatas cidades do interior.

A historiadora enfrenta muito bem os desafios. Na primeira parte, como não poderia deixar de acontecer, direciona suas reflexões para o processo de formação do catolicismo popular brasileiro no contexto do qual essas irmandades não só se desenvolveram, como lhe deram um sentido todo especial. Processo esse também intenso, mesclado de elementos religiosos e culturais indígenas, africanos e ibéricos passíveis de serem visualizados ou ouvidos nas cores e sons de suas festas, rezas, tambores e outros instrumentos musicais, além é claro dos amuletos dos santos, das cruzes na beira da estrada, dos oratórios domésticos e das capelas das fazendas.

Depois, como uma estudiosa atenta às dimensões do tempo e do espaço, traça um lento exame das condições históricas anteriores ao advento do café, época em que a região gravitava em torno dos caminhos e descaminhos do ouro, formando núcleos populacionais importantes como Taubaté e Guaratinguetá, nos quais não deixavam de existir irmandades e suas construções. Embora grande parte das igrejas das irmandades vale-paraibanas date do século XVIII, poucas das construções erigidas por escravos sobreviveram ao descaso diante da memória histórica dos menos favorecidos.

Por fim impõe-se o cenário oitocentista de Bananal, de Areias e de outras localidades congêneres e junto a essas cidades, a documentação específica das irmandades, provisões, termos de instalação e compromissos, atas de reuniões, cargos e eleições, irmãos de mesas, rei e rainhas. Nesse conjunto alguns temas se sobressaem: as hierarquias e as eleições dos dignitários das irmandades; cemitérios, jazidos e rituais fúnebres, os auxílios no momento da morte e da alforria, informações que a historiadora faz cruzar com inventários e testamentos de irmãos, e eventualmente um ou outro processo criminal.

Como poderá considerar o leitor, o resultado é amplo, desfazendo no mais das vezes eventuais estereótipos e lugares comuns quando se pensa a história das confrarias: a presença de forros e cativos, mas também brancos muitas vezes pertencentes à camada senhorial; ex-escravos na condição de proprietários; escravos letrados ocupando os cargos de tesoureiros, além de disputas entre irmandades no sentido de reestabelecer "a verdadeira pragmática entre elas"; rixas e desavenças entre irmãos e outras querelas usuais nas vivências coletivas. Mas também a presença de rituais fúnebres tão importantes para os confrades, sobretudo os menos favorecidos, e os caxambus e os jongos tal qual descreveu há tempos Stanley Stein.

Os cenários finais da escravidão se fazem sentir nos últimos capítulos, revelando um tempo em que, como ocorria em Bananal, os casamentos coletivos de escravos incentivados pelos senhores e realizados nas capelas das fazendas conviviam com a determinação feita a todas as irmandades de pretos de que não fossem eleitos reis e rainhas, tão comuns em quase todas as demais. Estaria ai presente o temor de revoltas escravas numa sociedade de grandes contingentes de escravos e sobretudo de africanos? As irmandades religiosas conviviam com esse cenário e devem ser consideradas historicamente na conjunção de elementos reais ou imaginários que envolveram os últimos anos de um regime caduco. De um lado, medidas tomadas contra qualquer boataria, ou contra indícios de supostas lideranças, organizações ou mesmo ajuntamentos; de outro, a coincidência entre festas religiosas e a eclosão de revoltas, fato esse notado em outras regiões e locais de concentração de escravos; "consta-me que os escravos fallão às claras, que no dia de natal hão de ser senhores da terra", escrevia em 1858 o barão de São João do Príncipe ao delegado de polícia. Num horizonte quase esquizofrênico, o resguardo santificado do domingo virava oportunidade de os escravos tramarem. Religião e revolta acabam se imiscuindo no clima final da escravidão!

São Paulo, maio de 2014

Introdução

As irmandades constituídas pelos chamados "homens pretos" tem sido objeto de estudos já há algum tempo. Inseridas no contexto maior de implantação do cristianismo no Brasil, essas entidades surgiram imersas no longo processo de sedimentação de um catolicismo luso-brasileiro, transformado pelos anteriores contatos entre portugueses e africanos, que permitiu a formação de associações religiosas leigas como as ordens terceiras, pias uniões, santas casas e irmandades as mais diversas, entre as quais encontramos aquelas construídas pelo braço escravo. Da interferência dessas associações nas iniciativas de "evangelização" da população brasileira, resultaria um catolicismo denominado pelos estudiosos de "popular", caracterizado por um forte apelo devocional, pela festa e um especial apego aos santos.

Estudos sistemáticos sobre as irmandades de pretos na América portuguesa demonstram que floresceram de norte a sul, cercadas pela vigilância do poder eclesiástico e das autoridades civis. Não obstante, nos interstícios da sociedade escravista, essas confrarias seriam transformadas paulatinamente em espaços de sociabilidade, núcleos aglutinadores de pretos (africanos ou crioulos), libertos ou escravos. Espaços *sui generis* de organização da população escravizada, através dos quais puderam sedimentar identidades construídas no contexto da diáspora.

A historiografia sobre o fenômeno confrarial brasileiro é vasta e oferece importante painel sobre o contexto histórico no qual as irmandades formadas por cativos puderam emergir. No que tange ao tema deste livro, diversos trabalhos nos remetem a questões como a organização social das confrarias, sua hierarquização, composição étnica ou social, estrutura de funcionamento e manutenção, sempre no escopo de mapear as suas articulações internas e possibilidades de intervenções no universo social mais amplo. Todavia, é possível diagnosticar que os mesmos contemplam associações formadas em regiões de perfil eminentemente urbano, relativamente distantes das áreas de grande *plantation*.

Nesse contexto, o presente estudo apoiou-se na constatação de que faltam ainda pesquisas contundentes acerca das irmandades de pretos constituídas no âmbito rural, uma questão apontada por Lucilene Reginaldo, cuja menção serviu-nos como referência norteadora.[1] Na tentativa de contribuir para sanar essa lacuna, o ponto central de minhas pesquisas incidiu em analisar as confrarias de pretos constituídas no Vale do Paraíba paulista. Uma região marcada pela existência de áreas de grandes *plantations* e expressiva população cativa, sobretudo no decorrer do século XIX.

Surpreendentemente, encontrei confrarias constituídas já nos primeiros lustros do século XVIII, um período considerado ainda de baixa densidade demográfica negra na região vale-paraibana. Contudo, dada à exiguidade de fontes para os setecentos, o recorte temporal incidiu majoritariamente sobre o século XIX. É preciso ressaltar que os dois séculos representam momentos distintos na formação dessa área fortemente ruralizada, na qual vilas e termos, em seus primórdios, conformar-se-iam em extensões dos arraiais, no que tinham de precárias e distantes. Nesse ínterim, cabe nessa introdução um breve resgate acerca da formação do Vale do Paraíba paulista, inserido no contexto da expansão bandeirante e de descoberta da área mineradora.

O empenho da coroa portuguesa em expandir e dominar territórios mais ao interior do Brasil em meados do século XVI, aliado à necessidade de arregimentação de braços para a crescente lavoura canavieira nordestina, levou-a a incentivar as expedições bandeirantes. A descoberta de jazidas de ouro e pedras preciosas na região que ficaria conhecida como Minas Gerais, fomentou uma horda de aventureiros que se lançaram em busca de riquezas minerais e no escopo do preamento indígena, o que levou a metrópole a intensificar a exploração local e conceder benefícios aos homens mais destemidos e organizados, que aos poucos ocuparam vastas extensões de terra.

---

1   REGINALDO, Lucilene. *Os rosários dos angolas: irmandades negras, experiências escravas e identidades africanas na Bahia setecentista*. Tese (doutorado) – Unicamp, Campinas, 2005, p. 87-88.

A abertura de caminhos que levavam o ouro das Minas Gerais até o porto de Paraty, onde era embarcado para o Rio de Janeiro, propiciou o povoamento da região vale-paraibana, com o surgimento de pequenos lugarejos, locais de passagem e de estalagem dos tropeiros que subiam e desciam com seus muares, para abastecer a crescente população mineira. Em 1636, o bandeirante Jacques Félix foi autorizado pelo governador da Capitania de Itanhaém a explorar as terras que dariam origem à vila de Taubaté, fixando-se ali com sua família, agregados, índios escravizados e animais domésticos.[2] Segundo Pedro Taques:

> A vila de São Francisco das Chagas de Taubaté foi ereta em 1645 por Jacques Félix, natural de São Paulo, e nela foi povoador e fundador (...) este paulista tinha passado de São Paulo com sua família e grande número de índios de sua administração, gados vaccuns e cavalares; e tendo conquistado os bravos gentios das nações Jerominis e Puris, habitadores deste sertão, levantou a sua custa igreja matriz construída de taipa de pilão, fez cadeia e casa de sobrado para conselho, moinho para trigo e engenho de açúcar.[3]

Um ano mais tarde, Félix seria incumbido por ordem régia de "penetrar no ainda sertão inculto de Guaratinguetá, com o intento principal de descobrir minas".[4] O trecho no qual surgira a vila de Santo Antônio de Guaratinguetá, descia por uma trilha indígena, desembocava em Paraty e fora aberto por Domingos Velho Cabral, que no ano de 1651 ergueu pelourinho e iniciou o seu povoamento. No encalço de Taubaté e Guaratinguetá, sempre rumo a Parati, viriam as localidades do morro do Facão e Hepacaré.[5] Essa estrada ficou conhecida como "Caminho Velho" e foi utilizada durante certo tempo para os deslocamentos do ouro e o abastecimento da área mineradora.

---

2   Consta que Jacques Félix já participava de entradas desde pelo menos, 1604, por certo conhecia bem a região. Também foi vereador em São Paulo em 1632, ano em que chefiou uma expedição contra os Uerominis e Puris do Vale do Paraíba (REIS, Paulo Pereira dos. *Lorena nos séculos XVII e XVIII*. São Paulo: Fundação Nacional do Tropeirismo, 1988).

3   LEME, Pedro Taques de Almeida Paes. *História da Capitania de São Vicente*. São Paulo: Melhoramentos, s/d. p. 150.

4   REIS, Paulo Pereira dos. *Lorena nos séculos XVII... op. cit.*, p. 36.

5   *Ibidem*, p. 36-37

No percurso de ida, atravessava-se por terra a ligação entre a Baía de Guanabara e o porto de Sepetiba, do qual rumavam embarcações até porto da vila de Nossa Senhora dos Remédios de Paraty. Dali dever-se-ia cruzar o rio Paraitinga, alcançar Taubaté e Pindamonhanga, para então adentrar Guaratinguetá e a região de Lorena, caindo na garganta do Embaú, acesso direto às Minas Gerais.[6] Em Taubaté e Guaratinguetá foram instaladas por volta de 1701, casas de fundição nas quais o ouro deveria ser derretido e transformado em barras que levariam o selo real antes de prosseguir viagem até o Rio de Janeiro. Em consequência houve um povoamento mais consistente dessas vilas. No entanto, em menos de três anos as casas de fundição seriam fechadas e substituídas por uma única em Paraty.

A concentração do ouro no litoral fluminense atraiu muitos saqueadores, o que levou a corte portuguesa a encomendar a abertura de um novo caminho que passasse ao largo da costa. A empreitada ficou a cargo do paulista Garcia Rodrigues, que por volta de 1698 deu início à abertura da passagem conhecida como "Caminho Novo de Garcia Rodrigues" ou "Caminho da Piedade" que estabeleceu por terra a ligação entre o Rio de Janeiro e as Minas Gerais. Outros caminhos foram abertos, sempre na tentativa de encurtar as viagens e deixá-las mais seguras. Domingos Antunes Fialho construiu o "Caminho Novo da Piedade" por volta da década de quarenta dos setecentos, em suas margens surgiriam os povoados de Areias e Bananal: "pobres arranchamentos de meia dúzia de casebres em torno de toscas capelinhas", segundo Taunay,[7] mas que no século XIX transformar-se-iam em importantes centros agro-exportadores ao concentrarem a produção de café em larga escala na região vale-paraibana.[8] Por esses caminhos não circulavam somente riquezas e mantimentos, os escravos que auxiliavam no transporte eram cada vez mais numerosos. Em 1717 encontramos o seguinte registro do Conde de Assumar:

> Sahimos com bom sucesso da bahia e fomos jantar a villa de Paraty em caza do Capitão Lourenço Carvalho que nos regalou magnificamente. Elle he natural da Villa de Basto, e cazado com huma mulata

---

6   Idem. *O caminho novo da Piedade no nordeste da Capitania de São Paulo*. São Paulo: Conselho Estadual da Cultura, 1971, p. 28.

7   TAUNAY, Affonso de E. *História do café no Brasil*. Vol. 4. Rio de Janeiro: Departamento Nacional do Café, 1939, p. 378.

8   MOTTA, José Flávio. *Corpos escravos, vontades livres:* posse de cativos e família escrava em Bananal (1801-1829). São Paulo: Fapesp/Annablume, 1999, p. 33-39.

> filha de Francisco Amaral: he muy rico, e poderozo; porque se acha
> com trezentos negros, que lhe adquirem grande cabedal com a con-
> dução das cargas, em que continuamente andão serra assima, q. vay
> a sahir a Villa de Gauratingueta: que por ser tão aspera não podem
> subir cavallos carregados, e lhes he preciso aos viandantes valerse
> desse meyo para poder seguir a sua viagem, para as Minas.[9]

O relato produzido pelo conde demonstra que os "negros" circulavam por aque-las paragens em relativa quantidade já nas primeiras décadas do século XVIII. É pro-vável que ao andar "continuamente", "serra assima" conduzindo as cargas a caminho das minas, tenham alguns desses "trezentos negros", aprendido os caminhos que mais tarde os levariam a Guaratinguetá. A evidência da presença desses escravos pela região ajuda a compreender o surgimento de irmandades de pretos nesta vila e também em Taubaté ainda naquele século. É certo que o intenso fluxo e a constante descoberta de jazidas na área mineradora, fizeram afluir os africanos ao Vale do Paraíba. Luna e Klein apontaram como sinal evidente do crescimento da província de São Paulo, o "notável crescimento da população de escravos negros depois de 1700", uma vez que "a força de trabalho, antes principalmente indígena, passou a ser dominada por brancos livres e africanos cativos. Nesse ano os paulistas foram auto-rizados a obter escravos diretamente da África pela primeira vez".[10]

Ao longo do século XVIII o vale paulista estabeleceria uma relação de estreita dependência com a região aurífera, pois o desenvolvimento das pequenas aldeias e vilas condicionava-se essencialmente à produção de gêneros de subsistência que atendessem à crescente demanda mineira. No entanto, a abertura do "caminho novo de Garcia Rodrigues", segundo alguns autores, teria efeito nefasto sobre o vale paulista, favoreceria a sua porção fluminense e ocasionaria um período de estagnação que duraria até pelo menos até o final dos setecentos.[11] Segundo Lucila

---

9   NETO, Luis Camilo de Oliveira. "Diário da Jornada que fez o Exmo. Senhor Dom Pedro o Rio de Janeiro, athé a Cide. de São Paulo e desta athé as Minas, Anno de 1717". *Revista do Serviço do Patrimônio Histórico e Artístico Nacional*, vol. 3 p. 298.

10   LUNA, Francisco Vidal Luna; KLEIN, Herbert S. *Evolução e economia escravista de São Paulo, de 1750 a 1850*. São Paulo: Edusp, 2006, p. 39.

11   Nessa perspectiva se encontram os trabalhos de PRADO JR., Caio. *Formação do Brasil contempo-râneo*. São Paulo: Livraria Martins, 1942; PETRONE, Maria Tereza S. *A lavoura canavieira de São Paulo. Expansão e declínio (1765-1851)*. São Paulo: Difusão Européia do Livro, 1968; e HERRMANN, Lucila. *Evolução da estrutura social de Guaratinguetá num período de trezentos anos*. São Paulo:

Herrmann a estrutura social de Guaratinguetá entre os anos de 1630 a 1775, assentou-se na pequena propriedade, predominando nestas: "as famílias pequenas do tipo paternal (casados tendo o marido como chefe do fogo)", 90,56% do total.

Ainda segundo a autora, cerca de 89,44% deste percentual eram constituídos por brancos. O restante: 1,12% ficavam a cargo de famílias de mulatos livres.[12] Esse quadro iria mudar substancialmente a partir do último quartel do século XVIII, quando a economia de subsistência cederia lugar à lavoura monocultora de cana de açúcar.[13] Ao período compreendido entre os anos de 1775 a 1836, Herrmann deu o nome de "ciclo dos engenhos". A partir de levantamentos demográficos relativos ao biênio 1775-1776, a autora afirma que:

> Até 1775, os Levantamentos mostram a estrutura econômica de Guaratinguetá, baseando-se em populações pobres, entregues à economia de subsistência, possuindo como forças subsidiárias ao trabalho somente os expostos e agregados e estes dois elementos em pequeno número. O levantamento de 1776 já nos mostra que em 742 fogos de Guaratinguetá, 190 possuem escravos, embora em pequeno número. De 1776 em diante, todos os outros censos computam a população de cor que cresce ano a ano, marcando uma diferença nítida na estrutura econômico-social, na da família, na composição da população. Em 1798, encontramos grande número de senhores de engenho com numerosa escravaria e uma taxa de proprietários de "sítios" e negociantes possuindo de 10 a 20 escravos: o resto da população continua a contar somente com a família e poucos elementos subsidiários para o trabalho da propriedade.[14]

IPE/USP, 1986. Flávio Motta em obra citada informa que Capistrano de Abreu teria se referido ao Caminho Novo da Piedade como uma obra "anti-paulística", dados os seus efeitos nefastos sobre a economia do Vale do Paraíba paulista no século XVIII. Ver: MOTTA, José Flávio. *Op. cit.*, p. 33.

12 HERRMANN, Lucila. *Op. cit.*, p. 31.

13 A economia açucareira no vale ganhou impulso com a Revolução de 1791 em São Domingos, que paralisou o maior produtor de açúcar no mundo, não obstante, é preciso ressaltar, conforme aponta Maria Thereza Petrone, que o cultivo de açúcar vale-paraibano não se equipararia à produção da região oeste (compreendida pelo quadrilátero Sorocaba, Piracicaba, Mogi-Guaçu e Jundiaí), sendo sua verdadeira vocação o cultivo do café. A infraestrutura criada em torno da lavoura canavieira seria absorvida quase que inteiramente pela cafeicultura no decorrer do século XIX. Ver: PETRONE, Maria Thereza Schorer. *Op. cit.*, p. 41.

14 *Ibidem*, p. 53-54.

Em relação à Taubaté o retrato histórico feito por Hermann para a maior parte século XVIII, foi bastante relativizado por Maurício Martins Alves.[15] Reportando-se ao desenvolvimento econômico dessa vila no período de 1680 a 1729, o autor afirma que: "a liquidez gerada pela descoberta do ouro agiliza as atividades mercantis e fomenta a remontagem da atividade açucareira".[16] Uma posição diferente da retratada por Herrmman, Petrone e Caio Prado que estabeleciam genericamente para a região, segundo Alves, "uma produção pequena, voltada para a subsistência, utilizando 'raros' escravos, comercializando apenas pequenos excedentes, porque dependente e subsidiária de Minas".[17]

O quadro econômico diferenciado apontado pelo autor traria como consequência ao menos em Taubaté, a substituição do indígena pelo africano já nas primeiras décadas dos setecentos. Martins enuncia em sua pesquisa dados de uma economia que apresentava "todas as características de um centro exportador de cana de açúcar, adquirindo cada vez mais escravos de origem africana".[18] Novamente a hipótese de uma população de "origens africanas", como menciona o autor, vem ao encontro da formação de uma irmandade de pretos em Taubaté nos primeiros anos dos setecentos.

A passagem do século XVIII para o XIX veria o florescer da região em torno da grande lavoura cafeeira. É necessário ressaltar que nem todas as cidades do Vale do Paraíba paulista tiveram o seu crescimento econômico pautado apenas pelo plantio da rubiácea. Caso de Taubaté, que manteve a produção açucareira, bem como as roças de subsistência de arroz, milho e feijão. A partir desse brevíssimo histórico sobre a formação das cidades vale-paraibanas, o qual o retomarei em momento oportuno no que tange às cidades que interessam a este trabalho, destaco que as primeiras irmandades de homens pretos surgiram já nos primórdios do século XVIII, continuaram se espalhando pelo vale tal como os canaviais e pés de café, tornando-se parte importante da paisagem das pequenas vilas que despontavam.

---

15 ALVES, Maurício Martins. *Caminhos da pobreza: a manutenção da diferença em Taubaté (1680-1729)*. Taubaté: Prefeitura Municipal de Taubaté, 1998. Maurício Alves desenvolveu a sua pesquisa com base em 171 inventários *post-mortem* depositados no Arquivo Público de Taubaté.

16 *Ibidem*, p. 172.

17 *Ibidem*, p. 28.

18 *Ibidem*, p. 29.

Sob os auspícios do século XIX a região em foco continuou a desenvolver-se, constituída por uma população cada vez mais heterogênea e miscigenada, mas que, sobretudo, contava com um grande fluxo de africanos. A ocasião é propícia para destacar que o Vale do Paraíba não é o foco de interesse dessa pesquisa. A sua história se encontra discutida por uma ampla bibliografia e tangencia meu real objeto: as irmandades de homens pretos. Privilegiando-as em um espaço em que ainda não foram efetivamente estudadas: as áreas de grande *plantation*. Nesse sentido, o histórico das cidades onde foram encontradas será recuperado na medida em que as fontes assim o "pedirem".

Reconstruir a história dessas irmandades transformou-se em tarefa árdua, como em geral compraz ao ofício do historiador. A partir de uma documentação oficial, produzida no momento de constituição das ordens leigas, trabalhei no sentido de reunir ao máximo um conjunto de fontes que se encontra, de fato, bastante fragmentado, disperso em arquivos públicos e nas cúrias diocesanas. Exemplo disso são as fontes relativas à Irmandade de Nossa Senhora do Rosário do Bananal, cujas referências foram encontradas em arquivos de Cruzeiro, Lorena, Taubaté e São Paulo. Não obstante, pude constatar a existência de irmandades em todas as vilas e cidades da região do Vale do Paraíba paulista. Constituídas entre os primórdios do século XVIII, quando a região ainda sentia os impactos da influência mineira e o decorrer do século XIX, momento de transição das pequenas e médias propriedades para a grande lavoura cafeeira.

Nesse sentido, este estudo teve como escopo maior analisar o alcance das confrarias de homens pretos existentes no Vale do Paraíba paulista e delinear as suas características próprias, distintas ou não daquelas existentes nas áreas ditas urbanas. Considerando-se os altos índices de africanidade entre os grupos escravos de algumas dessas cidades, verificar a presença de elementos de identidades étnicas e suas possíveis interferências na estruturação das irmandades, na composição de cargos administrativos e de liderança. Além disso, averiguar as redes de relacionamento e solidariedade entre as irmandades de homens pretos e as constituídas por outros grupos sociais, tais como os pardos, bem como os conflitos inerentes a esses intercâmbios.

Cabe aqui informar que utilizarei os termos "pretos" e "pardos", para me referir às irmandades e aos seus membros, pois na documentação colimada, são os termos que aparecem com maior recorrência. Também alternarei os termos sinônimos: irmandade e confraria, no sentido de dar maior fluidez ao texto. Segundo Hebe Mattos, pelo menos até meados da metade do século XIX o termo "preto" designava preferencialmente o africano, escravo ou liberto. Os cativos e forros nascidos no Brasil ficaram conhecidos como "crioulos".[19] Com relação ao termo "pardo", designava aqueles que possuíam sangue branco, fruto da mistura entre europeus e africanos ou crioulos, também podiam ser chamados de "mestiços" ou mais comumente de "mulatos".[20] O fato é que as irmandades formadas por este segmento, de um modo geral, incorporaram o termo "pardo" como forma de autodenominação e distinção, reflexo das diferenciações sociais inerentes à cor da pele, tão marcantes no cotidiano das cidades brasileiras. E assim, pardos, crioulos e pretos, estes últimos cindidos em etnias diversas, reproduziram no interior das confrarias por eles criadas, as dissensões da sociedade mais ampla.

Em consonância com a documentação oficial produzida por essas irmandades, utilizei-me de fontes paralelas que auxiliaram no esforço de aproximação de seus confrades. Sobretudo testamentos e inventários, reforçaram a composição de um *corpus* documental mais consistente. No entanto, infelizmente estas fontes revelaram-se mais efetivas para algumas localidades do que para outras.[21] Nesse ínterim, dada a quantidade mais expressiva de fontes, escolhi as irmandades presentes nas vilas de Taubaté e Bananal como foco principal de análise. A primeira cidade

---

19 CASTRO, Hebe Maria Mattos de. *Das cores do silêncio: os significados da liberdade no Sudeste escravista – Brasil, século XIX*. Rio de Janeiro: Arquivo Nacional, 1995, p. 35-37.

20 Segundo Luna e Klein, os índices demográficos ajudam a revelar as nuanças da população brasileira, porém a grande maioria, para a região de Minas Gerais e São Paulo, não arrolavam separadamente os africanos, classificando-os como "pretos". A distinção entre preto (africano) e crioulo (nascido no Brasil), para definir as origens dos cativos e pessoas livres de cor é uma interpretação correta conforme estes autores, a partir de seus estudos e de outros estudiosos. Ver: LUNA, Francisco Vidal; KLEIN, Herbert S. *Op. cit.*, p. 200, nota 11. Os inventários e documentos utilizados neste trabalho apresentam ainda para os africanos, a denominação: "de nação", aparecendo também a distinção entre estes e os "crioulos", o que reafirma a proposição acima explicitada.

21 Os inventários e testamentos são fontes primordiais para apreendermos os movimentos internos das camadas sociais compostas por libertos, por mais limitados que fossem. Ainda segundo Eduardo França Paiva: "os testamentos são relatos individuais que, não raro, expressam modos de viver coletivos e informam sobre o comportamento, quando não de uma sociedade, pelo menos de grupos sociais". Ver PAIVA, Eduardo França. *Escravos e libertos nas Minas Gerais do século XVIII: estratégias de resistência através dos testamentos*. 2ª ed. São Paulo: Annablume, 2000, p. 31. Ainda com relação à documentação, optei por manter a grafia original das fontes, pois acredito que são expressão marcante do momento histórico pesquisado.

formada ainda no século XVII, a segunda constituída em fins dos oitocentos, marcam momentos distintos na história do Vale do Paraíba paulista. Guaratinguetá e Areias, com suas confrarias de pretos, em que pese a exiguidade de fontes, ajudaram a compor um quadro coeso e contínuo das relações sociais engendradas no interior das irmandades de homens pretos.

Face ao exposto, dividi esta obra em três partes. As quais se complementam, mas podem muito bem serem vistas de modo separado. Na primeira parte empreendo uma análise do fenômeno confrarial brasileiro em sua extensão, como fruto de um catolicismo popular formulado a partir dos anteriores contatos entre portugueses e africanos inseridos no contexto da diáspora, os quais são destacados em um item acerca das empreitadas cristãs em África. Em seguida apresento os resultados da pesquisa para a cidade de Taubaté, onde pude apurar a intensa circulação de escravos no interior das Irmandades de Nossa Senhora do Rosário e São Benedito. As irmandades de Bananal serão o tema da parte final. Constituídas em um contexto histórico diferenciado daquele onde se encontraram as suas congêneres taubateanas, nos trazem um panorama das décadas finais do século XIX e, em contraponto com as irmandades de Guaratinguetá, um olhar sobre as estratégias destas frente aos movimentos abolicionistas. Ao final deste livro, gostaria de reforçar a ideia de que os estudos sobre as irmandades de pretos ainda não se esgotaram e precisam ser ainda melhor analisadas em contextos rurais, nos quais floresceram tanto quanto os imensos cafezais.

Parte I

O cristianismo no contexto da diáspora: identidades religiosas a caminho do Brasil

EMPREITADAS CRISTÃS NO CONTINENTE AFRICANO

O final da Idade Média na Europa trouxe consigo a angústia e a exacerbação da religiosidade. A religião representaria papel de destaque na vida dos homens quinhentistas, todavia, esta não se encontrava sobremaneira, isolada da empresa ultramarina conforme apontou Laura de Mello e Souza, uma vez que os portugueses assumiram sinceramente o seu papel de propagadores da fé em meio ao seu projeto de expansão marítima.[1] No intuito de catequizar os povos encontrados em territórios recém-conhecidos, empreenderam as primeiras empreitadas de conversão, que tiveram como alvo inicial as elites locais africanas desde meados do século xv, como no caso da frustrada tentativa de cristianização do Reino do Benim.[2]

Ainda em fins deste século, a partir dos contatos travados na região centro-africana, os portugueses conseguiriam uma presença mais efetiva. No ano de 1485, Diogo Cão aportou pela segunda vez junto à foz do Rio Zaire acompanhado de alguns emissários conhecedores das línguas africanas, os quais se embrenharam

---

1 SOUZA, Laura de Mello e. *O diabo e a terra de Santa Cruz: feitiçaria e religiosidade popular no Brasil colonial.* 2ª ed. São Paulo: Companhia das Letras, 2009, p. 48-50. Ainda segundo a autora, a constatação das atrocidades cometidas em nome da fé e da utilização do ideal catequizador para justificar a empresa colonizadora, tornou-se lugar-comum e não nos permite esmiuçar a complexidade do universo religioso cristão.

2 SOARES, Mariza de Carvalho. *Devotos da cor: identidade étnica, religiosidade e escravidão no Rio de Janeiro, século XVIII.* Rio de Janeiro: Civilização Brasileira, 2000, p. 47-48.

no interior em busca da cidade real e de contatos com o *mani* Congo, deixando o navegador à espera. A demora desses emissários em retornar fez com que Diogo içasse velas e retornasse a Portugal levando consigo por segurança, alguns "reféns" que foram muito bem acolhidos no velho continente.[3]

Esse grupo de nativos, ao retornar pouco tempo depois na companhia de Cão (que nesse retorno reencontraria os conterrâneos "perdidos"), foi recebido com grande regozijo. Vestidos "à europeia" e apresentados aos costumes portugueses, foram festejados como "mortos ressuscitados", pois a travessia do mar, da "kalunga grande", revestia-se de um caráter especial para a maioria dos povos centro-africanos: atravessá-la, equivaleria à morte, o movimento de retorno, ao "renascer".[4] A volta desses congoleses "renascidos" marcaria profundamente as relações entre essas sociedades, e em pouquíssimo tempo se estabeleceriam cordiais relações com troca de presentes e informações.

De sua parte, os portugueses recém-chegados visualizaram de imediato, na estrutura social congolesa, elementos de sua própria hierarquia. Assim, o *mani* Congo seria o rei soberano, enquanto que os demais chefes locais, os *mani*, comporiam a sua corte, bem como a "nobreza congolesa" equiparar-se-ia à fidalguia portuguesa. Segundo Vainfas e Souza:

> doravante, e por muito tempo, portugueses e congoleses passariam a traduzir noções alheias para sua própria cultura, a partir de analogias que permitiriam supor estarem tratando das mesmas coisas, quando na verdade sistemas culturais distintos permaneceriam fundamentalmente inalterados.[5]

No ano de 1489 o *mani* Congo, reconhecido pelos portugueses como soberano de todas as províncias que formavam o chamado "reino do Congo", encaminhou

---

3   VAINFAS, Ronaldo; SOUZA, Marina de Mello e. "Catolização e poder no tempo do tráfico: o reino do Congo da conversão coroada ao movimento antoniano, séculos XV-XVIII". *Tempo*, vol. 3, nº 6, dez. 1998, p. 95-118.

4   Wyatt MacGaffey. "The West in Congolese Experience". In: Philip D. Curtin (org.) *Africa and the West*, Madison, 1972, p. 51-61; Robert Farris Thompson. *Flash of the spirit*. Nova York, 1983, p. 16-111. Citados por Robert Slenes, em "Malungu, ngoma vem! África coberta e descoberta no Brasil". *Revista USP*, 12, 1991-92, p. 53-54. Neste artigo Slenes empreende uma importante análise acerca da formação de uma identidade "bantu" no Brasil.

5   VAINFAS, Ronaldo; SOUZA, Marina de Mello e. *Op. cit.*, p. 99.

ao velho continente alguns homens encarregados de aprender as línguas latinas e os mandamentos da fé católica, manifestando assim, segundo o olhar do cronista Rui de Pina que registrou o evento: "seu desejo de que doravante os dois reinos se igualassem nos costumes e na maneira de viver".[6] O sacramento do batismo foi interpretado pelos congoleses como uma forma de penetrar no mundo português e de melhor conhecê-lo, dessa forma, no ano de 1491 batizaram-se o *mani* Soyo, seu filho e pouco depois o próprio *mani* Congo. A princípio restringiu-se o batismo aos gentios socialmente mais influentes,[7] muito a contragosto dos missionários cristãos que desejavam logo sair a batizar toda a gente.

O contato entre africanos e portugueses no campo das trocas simbólicas, produziu o que MacGaffey chamou de "diálogo de surdos", pois ambos os povos interpretaram à sua maneira e conforme os seus interesses, práticas e atitudes daqueles "outros" com os quais tomavam contato.[8] Um exemplo dessas associações se encontra na aceitação do batismo cristão por parte dos congoleses. De conformidade com interpretações muito particulares, encaravam-no menos como um preceito religioso do que como um processo de introdução ao universo social lusitano. Entendido o batismo "como uma espécie de iniciação à nova religião, que abria as portas para uma série de segredos e privilégios em termos sociais e políticos".[9]

Todavia, resistiram terminantemente à monogamia matrimonial. Este sacramento mostrava-se de difícil aceitação não apenas por parte da elite congolesa, como pela sociedade mais ampla. A poligamia configurava-se como peça fundamental na tessitura de suas relações sociais, uma vez que era através dos casamentos que estas sociedades africanas estabeleciam e ampliavam redes de

---

6   *Apud ibidem*, p. 98.

7   Sobre o *mani* Soyo, Rosana Gonçalves menciona que este recebera o nome de Manuel ao ser batizado juntamente com um sobrinho; enquanto Vainfas e Mello se referem a sua conversão sob o nome de Antônio, junto a seu filho. Ver: GONÇALVES, Rosana Andréa. *África indômita: missionários capuchinhos no Reino do Congo (século XVII)*. Dissertação (mestrado) – FFLCH/USP, São Paulo, 2008, p. 17-19; e VAINFAS, Ronaldo; SOUZA, Marina de Mello e. *Op. cit.*, p. 99.

8   MACGAFFEY, Wyatt. "Dialogues of the deaf: Europeans on the Atlantic coast of Africa". In: SCHWARTZ, Stuart (org.). *Implicit understandings: observing, reporting, and reflecting on the encounters between Europeans and other peoples in the Early Modern Era*. Cambridge: Cambridge University Press, 1994.

9   REGINALDO, Lucilene. *Op. cit.*, p. 17.

solidariedade baseadas em laços de parentesco. Não obstante tal "surdez", o campo mágico-religioso ofereceu espaço para que congoleses e portugueses elaborassem interessantes reinterpretações de signos, símbolos e cosmogonias. Segundo John Thornton o contato entre africanos e europeus, na África, como nas Américas, gestou uma série de transformações culturais que reverberaram em diversos segmentos: na linguagem, nas estruturas sociais, na religião. No campo das crenças, o autor aponta para a emergência de uma nova religião, "afro-atlântica", identificada num primeiro momento como "cristã", sobretudo no Novo Mundo, mas cujo olhar atento permite vislumbrar a sua eficiência em satisfazer "o entendimento das religiões africana e europeia".[10]

Em África, Thornton visualizou uma grande aproximação entre os sistemas religiosos nativos e europeus. Sobretudo na crença comum da existência de um outro mundo, invisível, cuja compreensão e conhecimento dependiam diretamente de revelações e somente poderiam ser acessados por pessoas especiais. A religião cristã encontrava seus conceitos fundamentais em revelações, como por exemplo no registro das Escrituras Sagradas feitas por Moisés, nos profetas que escreveram o Antigo Testamento e ainda por mensagens recebidas através de sonhos, em aparições divinas dos santos e da Virgem Maria. À semelhança, os africanos acreditavam que os sonhos podiam levar os indivíduos ao outro mundo, acessado também por meio da possessão de pessoas, de objetos materiais ou de animais por espíritos além-mundo. Segundo o autor: "a revelação contínua desempenhou um papel importante no desenvolvimento do cristianismo africano, sobretudo quando as revelações foram aceitas por ambas as partes".[11] E assim, ainda segundo Thornton:

> Tanto o cristianismo, quanto as religiões africanas foram construídos da mesma maneira, através de interpretações filosóficas de revelações. As africanas, entretanto, ao contrário das cristãs, não construíram essas interpretações religiosas de modo a criar uma ortodoxia. Assim, os africanos podiam concordar na origem do conhecimento religioso, e por essa razão aceitar as descrições

---

10 THORNTON, John. *A África e os africanos na formação do mundo atlântico, 1400-1800*. Tradução Marisa Rocha Mota. Rio de Janeiro: Campus, 2004, p. 312.

11 *Ibidem*, p. 313-319 e 338.

filosóficas ou cosmológicas, porém não estavam totalmente de acordo com toda a sua especificidade. Quando os africanos entraram em contato com os cristãos, essa ausência de ortodoxia facilitou a conversão, e de modo geral as relações entre as duas tradições não eram hostis, pelo menos do ponto de vista dos africanos.[12]

Como exemplo dessas relações, temos o registro do frade capuchinho João Antonio Cavazzi de Montecuccolo, que viveu na região centro-africana por pouco mais de uma década, entre os anos de 1654-1667. Ao registrar a sua passagem pelo reino do Congo e adjacências, Cavazzi observou com inicial horror as práticas locais de culto aos mortos nas quais alguns "infelizes", enquanto não recebiam "o baptismo e a luz da fé", continuavam a entregar mantimentos aos mortos pois acreditavam "nestas tolices de que a alma sai do corpo aos pedaços, por assim dizer, e que entrementes têm os mortos as necessidades dos vivos".[13] No entanto, logo o próprio Cavazzi disseminaria a tolerância ao afirmar que:

> Os cristãos do Congo, embora não tenham esquecido completamente os ritos dos gentios (*sendo imprudente reformar aqueles abusos que não ofendem a essência da religião*), merecem o louvor de muito pios e zelosos para com os finados. Além de serem solícitos em enterrá-los nos cemitérios ao pé das igrejas ou nos lugares onde a cruz e outras santas imagens despertam nos vivos a lembrança deles, insistem na anual celebração de orações exequiais e, onde não houver padres, em vez de sacrifícios, dão esmolas aos pobres para que rezem pelo defunto.[14]

Os relatos de Cavazzi demonstram a sua pia crença nos benefícios do batismo, suficiente para curar os gentios de suas "tolices" e nos permitem vislumbrar

---

12   *Ibidem*, p. 325.

13   CAVAZZI DE MONTECÚCCULO, João António. *Descrição histórica dos três reinos do Congo, Matamba e Angola*. Tradução, notas e índices do Pe. Graciano Maria de Leguzzano. Lisboa: Junta de Investigações do Ultramar, 1965. 2v. *Apud* GONÇALVES, Rosana Andréa. *Op. cit.*, p. 122-123.

14   *Ibidem*, p. 127. Os escritos do missionário capuchinho João Antonio Cavazzi de Montecuccolo, ajudam a pensar acerca da penetração do cristianismo em solo africano. Nesse sentido, o trabalho já citado de Rosana Andréa Gonçalves apresenta importante contribuição para o conhecimento da presença dos capuchinhos no reino do Congo.

o estabelecimento de algumas práticas cristãs, como os enterramentos no interior e adro das igrejas. Todavia, revelam a continuidade de práticas tradicionais como o oferecimento de comida à alma dos falecidos. No Brasil, os sepultamentos ganharam dimensão expressiva entre os escravos e fomentaram a criação das irmandades de pretos. É mister destacar a importância do culto aos mortos nas sociedades africanas, da passagem do mundo dos vivos para o dos ancestrais, um dos fatores preponderantes para justificar a rapidez com que aderiram ao cristianismo de modo geral.

Especialmente na África Central, região de onde vieram grande parte dos escravos trazidos ao Brasil,[15] acreditava-se que os espíritos dos antepassados insepultos vagariam pela terra trazendo enfermidades e morte aos vivos. Para os ambundos, por exemplo, não bastava simplesmente enterrar seus mortos, estes deveriam descansar em terras de sua própria linhagem, próximos de sua família, que deveria arcar com as responsabilidades inerentes ao seu corpo e espírito.[16] De outra parte, a chamada "boa morte" configurava-se em acontecimento de suma importância na vida comunitária cristã, temia-se que os mortos insepultos virassem alma penada. Era necessário dar aos mortos uma "última morada" digna, que não poderia absolutamente ser uma morada qualquer, esse local deveria ser sagrado. Nos primeiros séculos da vida colonial, muito antes da construção dos primeiros cemitérios, esse lugar era a igreja.[17]

---

15 MILLER, Joseph C. "África Central durante a era dos escravizados, de 1490 a 1850". In: HEYWOOD, Linda M. (org.). *Diáspora negra no Brasil*. São Paulo: Contexto, 2010, p. 29-80. Para dados mais precisos acerca do tráfico atlântico, pode-se verificar a base de dados da Universidade de Emory, *The Trans-atlantic Slave Trade Data Base*. Projeto desenvolvido pelo Instituto W. E. B. DuBois for African American Research da Harvard University, coordenado por David Eltis, David Richardson, Stephen Berendt, atualmente na Universidade de Emory. Congregou pesquisas feitas por estudiosos do tráfico como: Goulart, Curtin, Inikori, Geggus, Curto, Vila Vilar, Daget, Florentino entre outros. Disponível em: http://www.slavevoyages.org/tast/index.faces. Segundo números fornecidos pela base de dados, 46,3% dos africanos desembarcados nas Américas como escravos eram oriundos da região Centro-Ocidental. Deste percentual, cerca de metade vieram apenas para o Brasil.

16 MILLER, Joseph. *Poder político e parentesco: os antigos estados Mbundu em Angola*. Luanda: Arquivo Histórico Nacional, 1995, p. 242.

17 REIS, João José. *A morte é uma festa: ritos fúnebres e revolta popular no Brasil do século XIX*. São Paulo: Companhia das Letras, 1991, p. 171.

Para além dessas associações, conforme tem apontado a historiografia, objetos mágico-religiosos como a cruz, seriam utilizados pelas sociedades centro-africanas muito antes da chegada dos europeus. Mary Karasch afirma não haver dúvidas de que a importância da cruz nos rituais afro-brasileiros contemporâneos está diretamente relacionada aos significados nela existentes para alguns grupos africanos. No Congo, manter-se em pé sobre uma cruz – cujos quadrantes, um voltado para cima, que indicava Deus e o céu; e outro voltado para baixo, que demarcava a terra e o mundo dos ancestrais – era jurar por Deus e pelos ancestrais ao mesmo tempo. Segundo Karasch, "em outras palavras, a cruz é o signo oculto dos quatro momentos do sol, nos quais há reservas enormes de poder".[18]

Imagens de santos, cruzes e ostensórios cristãos introduzidos em território africano, foram chamados de *"minkisi"* pelos religiosos encarregados de doutrinar os gentios. Essa equivalência, elaborada por missionários ansiosos em estabelecer conexões com os povos encontrados, ignoraria "a enorme diferença de significados que tinham para as duas religiões".[19] Na região centro-ocidental, o termo *nkisi* era utilizado para denominar objetos mágico-religiosos nos quais se colocavam ingredientes minerais, vegetais e animais que, de acordo com uma combinação de fatores, possibilitariam aos espíritos ajudar pessoas em dificuldades e até mesmo curar alguns males. Como por exemplo o *Nkisi* Mbumba Maza da imagem abaixo, peça de madeira analisada por Marina de Mello e Souza encontrada em Cabinda no começo do século XX. Nesta peça, que faz parte do acervo do Museu do Homem de Paris, pode-se observar pendurados elementos rituais como penas, peles de animais, conchas, sementes, pedaços de panos, uma cabaça, entre outros.[20]

---

18 KARASCH, Mary C. *A vida dos escravos no Rio de Janeiro (1808-1850)*. São Paulo: Companhia das Letras, 2000, p. 364.

19 SOUZA, Marina de Mello e. "Santo Antônio de nó-de-pinho e o catolicismo afro-brasileiro". *Tempo*, nº 11, 2001, p. 174. Segundo a autora, o termo *minkisi* seria o plural de *nkisi*, ver nota 7.

20 *Idem.* "Catolicismo negro no Brasil: santos e minkisi, uma reflexão sobre miscigenação cultural". *Afro-Ásia*, 28, 2002, p. 125-146.

Nkisi Mbumba Maza. *Astonishment and Power* (Washington, National Museum of African Art, The Smithsonian Institution Press, 1993). *Apud* SOUZA, Marina de Mello e. "Catolicismo negro no Brasil...", *op. cit.*, p. 138.

Contribuindo para a temática das simbologias africanas, Rosana Gonçalves também menciona em sua pesquisa a utilização da cruz pelos congoleses. Segundo os relatos de Cavazzi, os gentios pintavam o sinal da santa cruz de várias maneiras diferentes, um evidente ardil do demônio que mascarava "os sentimentos ocultos de uma sacrílega impiedade". De acordo com a autora, o religioso leria este sinal da cruz como "símbolo exclusivamente cristão, negando qualquer possibilidade de significado próprio a esses grupos centro-africanos"; porém, pode-se apontar a simbologia em torno da cruz como uma "possível convergência entre duas complexidades simbólicas distintas em sua essência".[21]

António Farinha nos traz mais referências sobre a utilização da cruz em seu relato acerca da frustrada tentativa de evangelização da região do Benim, mencionada anteriormente. No ano de 1539, três frades franciscanos de nomes Miguel, António e Francisco, dirigiram-se com carta de apresentação da alteza lusitana destinada a "El-Rey" do Benim. Este, além de demorar cerca de três meses para

---

21 GONÇALVES, Rosana Andréa. *Op. cit.*, p. 110.

abri-la, não facilitou de modo algum a pregação dos religiosos, ventou-lhes a entrada em sua casa e rejeitou inclusive o professor primário encaminhado para "letrar" seus filhos através da catequese. O fato é que os três frades esperavam muito dessa tentativa de cristianização, pois naquelas terras haviam encontrado "pretos" que usavam cruzes semelhantes às da Ordem Militar de Malta. Contudo, em pouco tempo já encaminhavam carta ao rei de Portugal clamando que os retirassem "daquele inferno". Ao final de uma curtíssima e infecunda temporada, conforme refere João de Barros, concluíram que: "El-rey de Benim era muy subjeto a suas idolatrias e mais pedia aos sacerdotes por se fazer poderoso contra os seus vizinhos, com favor nosso, que com desejo de baptismo".[22]

Além de mencionarem a utilização da cruz na região do Benim, os apontamentos de Farinha oferecem um olhar diferenciado no que concerne às relações entre portugueses e africanos. É importante ressaltar que a conversão dos últimos não esteve pautada somente por aspectos de identificação cosmológica, havia um interesse flagrante pelo poderio português, representado por suas armas, suas vestes e sua tecnologia. No caso do Congo, em uma sociedade em que as esferas políticas e religiosas não se encontravam de todo disseminadas a "aceitação" do cristianismo pelo *mani* Congo, fosse ela efetiva ou não, revelava-se estratégica para o projeto de conversão português, pois este além de representar a intercessão entre o mundo dos vivos e dos mortos, também assumia o papel de chefe político, o que lhe conferia maior poder junto à comunidade. À semelhança do Benim, a aceitação da nova religião também esteve condicionada pela percepção das vantagens que a parceria com os portugueses poderia fornecer, era desejo do régulo "obter acesso às inúmeras maravilhas tecnológicas dos homens brancos".[23]

Um caso interessante que demonstra a interação entre cristianismo, práticas africanas e jogo político, já no alvorecer do século XVIII, é o da nobre congolesa Kimpa Vita, precursora do movimento conhecido como "antonianismo", segundo Charles Boxer: "uma forma modificada e totalmente africanizada de cristianismo".[24]

---

22 FARINHA, António Lourenço. *A expansão da fé na África e no Brasil (subsídios para a história colonial)*. Lisboa: Divisão de Publicações e Biblioteca, Agência Geral das Colónias, 1942-1946, vol. I, p. 126.

23 REGINALDO, Lucilene. *Op. cit.*, p. 17.

24 BOXER, Charles R. *A igreja militante e a expansão ibérica: 1440-1770*. São Paulo: Companhia das Letras, 2007, p. 133.

Batizada como Dona Beatriz, a jovem dizia incorporar Santo Antônio todos os sábados após ressuscitar de sua morte, ocorrida no dia anterior. Antes da "ressurreição" jantava com Deus. Conforme a teologia muito particular da "Santo Antônio congolesa", Cristo era natural de São Salvador, antiga Mbanza Congo, esta sim a verdadeira Belém. Batizado em Nsundi (que equivaleria à Nazareth), seria filho de uma escrava do Marquês de Nzimba Npanghi. Os "antonianos" rejeitavam vários sacramentos como o batismo, a confissão e o matrimônio, este último fruto de constante controvérsia, sobretudo no tocante à monogamia cristã.

O movimento antoniano, além da originalidade, implicava "uma leitura banto ou bakongo da mensagem cristã". Algumas orações católicas, como a Ave-Maria e o Salve Rainha foram adaptadas, proibiu-se a veneração à cruz: "esse grande *nkisi* católico-bakongo", instrumento de tortura e local da morte de Cristo. No entanto, não perdeu de vista os aspectos políticos de sua atuação, ao preconizar a reunificação do reino, o retorno de sua capital a São Salvador e ao criticar os missionários estrangeiros, acusando-os de, com prejuízo dos santos negros e benefício dos brancos, monopolizar os mistérios da revelação e das riquezas.[25] Kimpa Vita morreria queimada na fogueira em 1708, não sem antes angariar numerosos adeptos com a força de sua pregação. Despertou a ira de missionários capuchinhos e de setores da nobreza local que se sentiram ameaçados com a força de seu apelo popular. Sua história, relatada aqui de modo breve, reflete as intrínsecas relações entre a aceitação da religião cristã e o poder monárquico no Congo, desenvolvidas ao longo de mais de dois séculos de convivência.

Contudo, a presença missionária no continente africano esteve desde sempre marcada pela irregularidade. Seja pela vastidão do território a ser catequizado, pela escassez de religiosos dispostos a enfrentar adversidades como a distância, as doenças e o clima; seja pela simbiose ritual elaborada pelo encontro entre essas duas culturas que dificultava, sobremaneira, o trabalho de cooptação dos nativos. Farinha aponta algumas dessas dificuldades em Cacheu e Bissau ao final do século XVIII. Em Bissau, por exemplo, setecentos católicos realizavam suas preces em uma minúscula capela sem qualquer assistência missionária; Cacheu por sua vez, mantinha somente um frade e pequenos vestígios de povoação portuguesa, denunciada somente por uma cruz e "alguns cristãos dispersos, sem pasto espiritual,

---

25 VAINFAS, Ronaldo; SOUZA, Marina de Mello e. *Op. cit.*, p. 105-106.

vivendo quase como gentios". Menciona por fim, o desaparecimento de antigas missões estabelecidas em Gâmbia, Caponga e Serra Leoa.[26]

Embora o sucesso da penetração cristã em África antes do século XIX possa ser questionado, é possível inferir a partir dessas interações, que os africanos recém--chegados ao Brasil, sobretudo aqueles provenientes das regiões centro-ocidentais, trouxeram consigo vivências mais ou menos intensas com a religião cristã. Thornton e Heywood apontam nessa direção ao observarem o modo como os centro-africanos souberam incorporar "seletivamente, elementos da cultura europeia em seus contextos culturais", dando margem ao surgimento de uma "cultura crioula, afro-lusitana", cujos impactos, segundo os autores, são constantemente negligenciados nos estudos sobre a diáspora negra no Brasil.[27] Oriundos de sociedades e grupos etno-linguísticos distintos, os escravizados buscaram aqui denominadores comuns entre as suas crenças e o cristianismo, o que lhes possibilitou a convivência e a criação de laços de sociabilidade, sobretudo no interior das irmandades por eles criadas. Nestas paragens, em comparação ao território africano, o esforço missionário verificou-se muito mais efetivo no tocante à instalação de ordens religiosas a partir das quais as mencionadas irmandades puderam emergir.

AS IRMANDADES DE HOMENS PRETOS E SUAS ORIGENS: CONEXÕES ATLÂNTICAS

É difícil precisar exatamente onde surgiram as primeiras irmandades de homens pretos. Em Portugal, em alguns territórios africanos ou na América portuguesa, a impressão que se tem é que irromperam quase que concomitantemente. No convento de São Domingos em Lisboa, funcionava desde meados do século XV uma irmandade de Nossa Senhora do Rosário composta inicialmente por homens brancos. Seu compromisso, aprovado em 1565, tinha como matriz as associações fraternais medievais e tornou-se modelo para todas as demais confrarias

---

26 FARINHA, António Lourenço. *Op. cit.*, p. 75-86.

27 HEYWOOD, Linda M. "De português a africano: a origem centro-africana das culturas atlânticas crioulas no século XVIII"; e THORNTON, John K. "Religião e vida cerimonial no Congo e áreas umbundo, de 1500 a 1700". In: HEYWOOD, Linda M. (org.). *Diáspora negra no Brasil*. São Paulo: Contexto, 2010.

constituídas por homens pretos. No ano de 1551 passaria a abrigar um altar ereto por homens pretos, escravos e forros, em devoção à mesma santa.[28]

Trata-se o compromisso de um documento de fundação exigido a todas as irmandades, as quais deveriam ter os seus estatutos devidamente registrados, reconhecidos e confirmados pelos poderes régio e eclesiástico para assim poderem existir legalmente. Sendo assim, toda a organização social dessas entidades: a divisão de cargos e suas funções, as regras a serem seguidas, as condições impostas para a filiação, os direitos e deveres dos irmãos, estavam expressos nesse documento. O fato de passarem pelo crivo das autoridades competentes, pode impedir em certos momentos que esses compromissos nos revelem aspectos mais profundos, contudo, não são documentos estáticos, estão sujeitos a modificações constantes e as fontes que os permeiam, permite-nos uma maior compreensão da dinâmica do universo confrarial luso-brasileiro. Acerca dos compromissos Mariza de Carvalho Soares pontua que:

> Não devem ser lidos como uma palavra final. Mesmo considerar que resultam de acordos e disputas entre diferentes interesses no seio de uma agremiação, ainda é pouco para avaliar a maleabilidade de tais instrumentos. Embora seja possível crer que muito do que está ali escrito não é cumprido, o intrigante é pensar não o descumprimento da regra, mas o esforço de estabelecer regras e fazê-las serem obedecidas.[29]

Segundo a autora, mesmo que algumas regras não fossem obedecidas, nesse processo de "construção da norma" e no esforço em garantir a sua obediência, podemos identificar questões prementes para essas confrarias. Ainda no século XVI em Portugal, sobretudo por volta da década de 80, surgiriam outras irmandades de pretos, tais como a Irmandade de Nossa Senhora de Guadalupe e São Benedito, sediada no convento de São Francisco e a de Jesus Maria José no convento do Carmo. Nos séculos XVII e XVIII além das irmandades do Rosário dos

---

28 LAHON, Didier. *O negro no coração do Império: uma memória a resgatar – séculos XV-XIX*. Lisboa: Secretariado Coordenador dos Programas Multiculturais – Ministério da Educação, 1999, p. 61-62; SOARES, Mariza de Carvalho. *Devotos da cor... op. cit.*, p. 166. Diversos conflitos entre brancos e pretos levaram à expulsão destes últimos do convento, no final do século XVI (REGINALDO, Lucilene. *Op. cit.*).

29 SOARES, Mariza de Carvalho. *Devotos da cor... op. cit.*, p. 180.

CAMINHO DA PIEDADE, CAMINHOS DE DEVOÇÃO

Pretos nos Conventos do Salvador, Trindade e Graça, e da Irmandade dos Pretos de Jesus Maria José no convento de Jesus, espalharam-se por diversas localidades: Algarve, Setúbal, Alcácer do Sul, Estremoz e Elvas, entre outras. Em Évora, localizava-se a segunda mais antiga irmandade de pretos do Rosário, fundada na segunda metade do século XVI.[30]

Em territórios africanos sob a influência ou domínio português, as irmandades difundiram-se em localidades como: São Tomé, Angola, Bissau, Cacheu, Geba e Farim. Em São Tomé, registra-se no ano de 1526, autorização concedida por D. João III para a fundação de uma irmandade de pretos em devoção a Nossa Senhora do Rosário. No século XVIII esta irmandade tentaria impedir a formação de uma confraria de brancos em homenagem à mesma santa. Como que legítimos "donos" da devoção, esses pretos não pouparam esforços para mantê--la como uma exclusividade sua.[31] A maioria dessas confrarias era mais antiga do que revelam as suas fontes oficiais, pois era comum que existissem extraoficialmente anos antes de sua efetiva legalização, instalando altares nas laterais de outras igrejas, tal como o Rosário dos pretos de São Domingos.

Em Angola, onde cruzes marcadas sobre a pele ajudavam a afastar o mal e a realizar bons negócios,[32] formaram-se em Luanda e mais ao sertão, algumas irmandades do Rosário. No século XVII, apesar de sua estrutura eclesiástica mais precária se comparada à que se formaria na América portuguesa, Luanda contava com duas irmandades de pretos, ambas dedicadas a Nossa Senhora do Rosário. Uma delas, criada em 1628, localizava-se na periferia da cidade, no bairro do Rosário, conhecido acampamento de escravos em trânsito. Essa devoção, reservada especialmente aos negros inseridos na experiência da escravidão, fora estimulada por capuchinhos e jesuítas. Nesse sentido, o culto ao Rosário entre os cativos e forros de Angola nasceu vinculado às marcas da "conversão-cativeiro".[33]

Foram os capuchinhos, "menos citadinos e mais desbravadores" do que os missionários jesuítas, também menos envolvidos nos negócios do tráfico, os responsáveis

---

30   LAHON, Didier. *Os negros em Portugal*. Catálogo de Exposição. Lisboa, Comissão Nacional para as Comemorações dos Descobrimentos, 1999, p. 129-141.

31   REGINALDO, Lucilene. *Op. cit.*, p. 38

32   KARASCH, Mary C. *Op. cit.*, p. 364.

33   REGINALDO, Lucilene. *Op. cit.*, p. 35-36.

por levarem a devoção à Santa do Rosário, ao distante sertão angolano.[34] Consta que no ano de 1663, com autorização de D. Ana de Souza, a rainha Nzinga, Antonio de Gaeta fundou uma confraria de N. S. do Rosário na igreja de Santa Maria de Matamba.[35] Na África oriental, em Moçambique, também se aponta o surgimento de uma irmandade do Rosário estabelecida em um convento dominicano desde o século XVII. Inicialmente composta por portugueses e "cristãos da terra", já no começo dos setecentos encontrar-se-ia sob domínio dos devotos pretos.[36] Por fim, nas áreas de influência portuguesa nos Rios da Guiné, as confrarias tiveram importante papel na organização social das populações de descendência portuguesa, mestiças ou luso-africanas, ali estabelecidas desde o século XVI, bem como entre os africanos cristianizados, os chamados grumetes, em cidades como Cacheu, Bissau e Farim.[37]

Não obstante a presença dessas associações em territórios "luso-africanos", foi na América portuguesa que as irmandades criadas por pretos, cativos e libertos, ganharam dimensão acentuada, conforme apontou Russell-Wood, espalhando-se por cidades, vilas e também por pequenas aldeias ainda em formação.[38] A coroação de reis e rainhas negros, autoridades dessas confrarias e momento máximo

---

34 *Ibidem*. p. 222. Acerca das altercações entre capuchinhos e jesuítas em Angola ver: ALENCASTRO, Luis Felipe de. *O trato dos viventes: formação do Brasil no Atlântico*. Sul. São Paulo: Companhia das Letras, 2000. Em especial o capítulo intitulado "Angola brasílica".

35 REGINALDO, Lucilene. *Op. cit.*, p. 222. Símbolo da resistência angolana contemporânea, a figura da rainha Nzinga se encontra envolta por controvérsias, sobretudo no tocante às suas duas conversões, realizadas ao longo de 82 anos de vida. Carlos Serrano considera que fizeram parte das diversas táticas e estratégias de Nzinga para manter o avanço português sob controle. Inclusive a sua associação aos jagas do oeste (também conhecidos como imbangalas), momento em que Nzinga foi iniciada nas práticas guerreiras quilombolas, pode ser vista como parte de uma estratégia de manutenção de poder (SERRANO, Carlos Moreira Henriques. "Ginga, a rainha quilombola de Matamba e Angola". *Revista USP*, nº 28, 1995/1996 (Dossiê Povo Negro – 300 Anos), p. 136-141. Ver também: PANTOJA, Selma. *Nzinga Mbandi: mulher, guerra e escravidão*. Brasília: Thesaurus, 2000).

36 SANTA MARIA, Frei Agostinho de. *Santuário Mariano e história das imagens milagrosas de Nossa Senhora e das milagrosamente aparecidas em graça dos pregadores e devotos da mesma Senhora*. Lisboa: Oficina de Antonio Pedro Galvão, 1707, tomo I, p. 265-267.

37 Philip Havik menciona as confrarias de Nossa Senhora da Candelária de Bissau; Nossa Senhora do Vencimento em Cacheu; Nossa Senhora do Rosário, em Geba, Nossa Senhora das Graças, em Farim (HAVIK, Philip J. *Silences and Soundbytes*. Münster: Lit Verlag Münster, 2004, p. 35 e seguintes).

38 RUSSELL-WOOD, A. J. R. "The black and mulatto brotherhoods in colonial Brazil". *Hispanic American Historical Review*, vol. 54, nº 4, 1974, p. 600-601. Ver do mesmo autor: *Escravos e libertos no Brasil colonial*. Tradução Maria Beatriz Medina. Rio de Janeiro: Civilização Brasileira, 2005, sobretudo o item: "Comportamento coletivo: as irmandades".

das celebrações dessas instituições, esteve presente em Portugal, na Espanha, na América espanhola, nas ilhas do Caribe e da América do Norte, porém encontrou no Brasil maior expressividade, adequando-se às festividades populares, persistindo em diversas cidades até os dias atuais.[39]

Segundo Russel-Wood, as primeiras irmandades de homens pretos no Brasil surgiram no Rio de Janeiro, em Belém e na Bahia, no decorrer do século XVII. A de Nossa Senhora do Rosário e São Benedito, no Rio de Janeiro, foi organizada por volta de 1639 e reconhecida oficialmente pelo poder régio apenas trinta anos depois, o que não impediu, contudo, o seu efetivo funcionamento.[40] À semelhança do que ocorrera em Portugal e na África, foi sob a égide da Senhora do Rosário que se erigiram grande parte das irmandades de pretos em território brasileiro. Há diversas hipóteses para explicar essa predileção. José Ramos Tinhorão acredita que se deva à associação que escravos e libertos fizeram de seu Rosário com as contas mágicas de Ifá, orixá da adivinhação que lançava nozes de palmeira para consultar os destinos. Como a princípio os rosários portugueses feitos em madeira apresentavam uma simetria bastante irregular no artesanato de suas contas, facilmente foram associados às cascas de madeira e nozes de árvores que compunham o "rosário" de Ifá.[41]

Já Antonia Quintão relaciona tal predileção às histórias relativas às cruzadas cristãs, mais especificamente ao episódio da batalha contra os albigenses, ocorrida no ano de 1213, na qual São Domingos, em pedido de proteção ao seu amigo Simão de Monfort que chefiava a expedição, invocou a proteção de Maria com seu

---

39   SOUZA, Marina de Melo e. *Reis negros no Brasil escravista: história da festa de coroação de rei Congo*. Belo Horizonte: Editora UFMG, 2002; VIEIRA, Camila Camargo. *No giro do Rosário: dança e memória corporal na comunidade dos arturos*. Dissertação (mestrado) – FFLCH-USP, São Paulo, 2003; KIDDY, Elisabeth W. "Quem é o rei do Congo? Um novo olhar sobre os reis africanos e afro-brasileiros no Brasil". In: HEYWOOD, Linda M. (org.). *Diáspora negra no Brasil*. São Paulo: Contexto, 2010, p. 127-164; Contemporâneo das celebrações religiosas no Brasil no século XVIII, Frei Agostinho de Santa Maria observaria o fervor das festividades religiosas em torno da Santa do Rosário. Ver: SANTA MARIA, Frei Agostinho de. *Op. cit.*, p. 265-267.

40   *Ibidem*, p. 567-602.

41   TINHORÃO, José Ramos. *Os negros em Portugal: uma presença silenciosa*. Lisboa: Editorial Caminho, 1988, p. 126-127. Hipótese considerada "nagocêntrica por excelência" e de "difícil sustentação" por Lucilene Reginaldo, para quem a obra de Tinhorão "peca pelo anacronismo e pelo equívoco no tocante ao tráfico atlântico de escravos". Ver: REGINALDO, Lucilene. *Os rosários dos angolas: irmandades de africanos e crioulos na Bahia setecentista*. São Paulo: Alameda, 2011, p. 93.

Rosário. Vitorioso, o cruzado construiu em agradecimento no mesmo ano, uma capela dedicada à santa no interior da Igreja de Santiago de Muret. Alguns séculos mais tarde, entre os anos de 1566 e 1572, o papa dominicano Pio V criaria a festa do Rosário em homenagem aos 20 mil escravos libertos na Batalha de Lepanto na Grécia, contra os turcos. Em 1716, finalmente o papa Clemente XI estenderia a festa do Rosário a toda igreja, instituindo o primeiro domingo de outubro como data comemorativa de seu orago. Desde estes acontecimentos a Senhora do Rosário estaria associada à "liberdade", ao "resgate". A relação entre esta santa e a libertação da escravidão, seria então, segundo a autora, a melhor forma de explicar a enorme adesão dos escravos africanos ao seu culto.[42]

Qualquer que seja a sua origem, o fato é que, no Brasil, a devoção à virgem do Rosário foi efetivamente absorvida por escravos e forros. Segundo Margarida Moura, o mito dessa devoção permaneceria contado no Serro mineiro ainda na década de 70 do século XX:

> Conta o mito que Nossa Senhora estava em cima do mar. Vieram os caboclos, que eram os índios, o povo da terra, tocar os instrumentos de música para que ela se aproximasse da praia, mas ela não se moveu. Vieram os marujos, povo do mar (brancos, de origem ibérica), tocaram suas rabequinhas e seus instrumentos de sopro e ela se moveu um pouquinho. Veio então, o povo da África (escravos, depois ex-escravos pobres e pretos na sua maioria), os mais desvalidos de todos. Tocaram seus instrumentos e ela foi se aproximando, se aproximando, até chegar à praia e ir com eles.[43]

Ao analisar as diferentes devoções praticadas tanto pelas elites quanto pelas classes pobres, Moura reforça a ideia de predileção dos pretos pela Senhora do Rosário, a princípio protetora de escravos e libertos, e, posteriormente, dos pobres das zonas rurais e urbanas. De outra parte, junto às classes mais abastadas, em especial a dos grandes fazendeiros, as preferências devocionais concentraram-se nas figuras do Santíssimo Sacramento, Bom Jesus, entre outras. E assim, no contexto

---

42 QUINTÃO. Antonia Aparecida. *Lá vem o meu parente: as irmandades de pretos e pardos no Rio de Janeiro e em Pernambuco (século XVIII)*. São Paulo: Annablume, 2002, p. 79.

43 MOURA, Margarida Maria. "Devoções marianas na roça e na vila". *Cadernos CERU*, série 2, nº 8, 1997, p. 126.

de formação de um catolicismo muito particular, outros santos ganhariam a preferência de escravos e libertos em terras brasileiras.

Entre eles São Benedito, um santo preto que nasceu na Sicília no ano de 1526. Filho de escravos africanos, ainda jovem juntou-se à ordem dos franciscanos e trabalhou no convento como cozinheiro. Em sua cozinha nada faltava mesmo em épocas de alimento escasso. Sua fama correu mundo e hoje seu culto se encontra ligado aos alimentos. Por essa razão, na casa dos devotos, sua imagem deve estar presente no ambiente da cozinha para que impere a fartura.[44] A identificação com o santo negro pode ser ainda reforçada por uma lenda que conta ter sido a sua mãe natural de Kissama, região localizada ao sul da Angola portuguesa.[45] É curioso observar que no Brasil, a devoção e a ereção de irmandades em homenagem a São Benedito surgiram antes mesmo de sua beatificação em 1743 e de sua posterior canonização em 1807, como no caso da mencionada Irmandade de Nossa Senhora do Rosário e São Benedito no Rio de Janeiro, ereta em meados dos seiscentos.

Assim como São Benedito, outros santos pretos disputaram as "devoções negras". Entre os que mais se destacaram estão Santa Efigênia e Santo Elesbão. Ela, princesa da Núbia, filha do rei Egipô. Apesar de nobre, manteve-se sempre "indiferente aos prazeres mundanos e aos requintes da corte". Casta e piedosa, ao ser convertida pelo apóstolo Mateus fundou um convento que seria alvo de criminoso incêndio por parte de um tio que desejava desposá-la. Por intervenção divina, a futura santa salvou-se milagrosamente. Santo Elesbão também possuía origem nobre. Segundo Frei José Pereira de Santana nasceu na Etiópia, sendo o 46º neto do Rei Salomão e da Rainha de Sabá, governando o seu país no século VI. No fim da vida transformar-se-ia em anacoreta após renunciar ao trono em favor de seu filho.[46]

A devoção a estes santos foi estimulada fortemente por carmelitas e franciscanos. Introduzida no universo colonial brasileiro como parte de uma estratégia da igreja católica para garimpar a fidelidade dos escravos. A sua propagação insere-se no contexto maior do projeto de dominação português. Face ao crescimento do contingente africano, sobretudo a partir de meados do século XVIII, urgia um

---

44 QUINTÃO, Antonia Aparecida. *Lá vem o meu parente… op. cit.*, p. 82-84.

45 REGINALDO, Lucilene. *Op. cit.*, p. 38-40.

46 OLIVEIRA, Anderson José Machado de. "Santos pretos e catequese no Brasil colonial". Comunicação apresentada no X *Encontro Regional de História* – Anpuh, Rio de Janeiro, 2002, p. 2-3.

projeto catequizador "ciente do seu papel de manutenção de uma estrutura social excludente". Nesse sentido, a catequese foi instrumento de fundamental importância para um processo de cristianização que atendia aos interesses de uma sociedade extremamente hierarquizada. Segundo Oliveira: "ao longo dos setecentos a Igreja multiplicou as suas ações na tarefa de inserção dos chamados 'homens de cor' no interior da Cristandade".[47]

Se por um lado a religião cristã apregoava a igualdade de todos perante Deus, de outro, gestava um cabedal interpretativo para justificar a escravidão africana, utilizando-se especialmente do modo de vida dos santos como exemplo. No caso de Santa Efigênia e Santo Elesbão, ambos tinham em comum a origem nobre e o fato de abdicarem de riquezas e poder para viverem na humildade da servidão a Deus. Uma obra publicada no século XVIII pelo frei José Pereira do Santana, marcou a difusão dos cultos a Santa Efigênia e Santo Elesbão no Brasil. Trata-se de *Os dois Atlantes da Etiópia. Santo Elesbão, imperador XLVII da Abissínia, advogado dos perigos do mar e Santa Efigênia, princesa da Núbia, advogada dos incêndios dos edifícios. Ambos carmelitas.*

Nesta obra, as origens de Santa Efigênia e Santo Elesbão aparecem como elemento de destaque, por serem ambos, exemplos de abdicação cristã e por contribuírem para a construção do ideal de servidão e abandono a Deus como forma de alcançar a virtude, apelo essencial ao processo de conversão. Apesar de nobres, a cor preta representou para esses futuros santos, um importante fator de distinção social. É preciso ressaltar que em nenhum momento porém, a sua cor negra deixou de representar um fator de distinção social. Baseado em São Tomás de Aquino (que construiu em sua obra uma hierarquia cristã das cores), Frei Pereira de Santana menciona que embora sejam os seres humanos iguais perante Deus, criados a sua imagem e semelhança, trata-se a cor preta de um "acidente". Segundo Oliveira, "os acidentes, portanto, não só individualizam como também hierarquizam, pois o branco e o preto não estavam na mesma esfera, já que o branco traduz a verdade e o preto é o seu contrário imperfeito".[48]

---

47 *Idem.* "A Santa dos pretos: apropriações do culto de Santa Efigênia no Brasil colonial". *Afro-Ásia*, 35, 2007, p. 240.

48 OLIVEIRA, Anderson José Machado. "A Santa dos pretos…", *op. cit.*, p. 243. Para uma análise mais aprofundada acerca da presença dos santos negros no Brasil, consultar a tese do mesmo autor:

A identificação dos escravos com estes santos negros incentivou o surgimento de diversas irmandades de pretos em sua homenagem, porém jamais sobrepujaram a popularidade de Nossa Senhora do Rosário entre os escravos. Ainda assim, no interior das inúmeras igrejas do Rosário que se construíram Brasil afora, suas imagens apareceriam em pequenos altares laterais. Nos dias de festas e procissões, desfilariam pelas cidades, vilas e arraiais, carregadas ou impressas em estandartes, cortejados esses santos por levas de homens e mulheres negros, impossíveis de serem ignorados, disputando espaço e atenções. Tal como registrado por Rugendas em sua passagem pelo Brasil:

Festa de Nossa Senhora do Rosário. Johann Moritz Rugendas, 1835.

Alguns desses altares deram origem a pequenas e grandes irmandades constituídas por homens e mulheres negros. Importantes espaços de sociabilidade que contribuíram sobremaneira para a formação de um "catolicismo brasileiro", de forte apelo popular, festivo, lúdico e ao mesmo tempo associativo. Resquício de um "cristianismo africano" como sugere Thornton, ou oriundo diretamente de terras lusitanas? Talvez ambos. Pois em Portugal, especialmente após a instalação do Estado moderno, grassava uma religiosidade eclética, na qual se fundiam

---

"*Os Santos Pretos Carmelitas*": *cultos dos santos, catequese e devoção negra no Brasil colonial*. Tese (doutorado) – UFF, Rio de Janeiro, 2002.

elementos, cristãos, islâmicos, judeus e africanos, produzindo "uma religião *sui generis*, permeada de superstições, de rituais mágicos, de feitiçarias".[49]

O resultado do encontro de práticas ora difusas, ora convergentes, foi a concepção de uma religiosidade festiva que se verteria em exterioridade: procissões, romarias, festa. Segundo Caio Boschi:

> a religiosidade portuguesa se expressaria por atos externos, pelo culto aos santos e não por reflexões dogmáticas; muito mais por ritualismos que por introspecção espiritual (…) religião exteriorista, epidérmica, caracterizada por um ritualismo festivo.[50]

Pierre Sanchis identificou em território português um catolicismo de dimensões coletivas, de uma liturgia sumamente popular, no qual toda a celebração giraria em torno da figura do santo. Às imagens, comumente se associavam elementos da natureza revestidos de significados místicos, como a água (presente também em banhos sagrados ou fontes milagrosas), os rochedos, as árvores e certas plantas (medronheiro, alfádega, cizirão, rosmaninho, alhos-porros, manjerico e azinheira).[51] Usos que podem facilmente nos remeter à figura do *Nkisi* Mbumba Maza, encontrado na região de Cabinda, mencionado anteriormente.

O uso das imagens dos santos proporcionava aos fiéis um contato físico que se transmutava em personificação. A atitude dos devotos para com estas imagens era a mesma que se dava a uma pessoa viva: chamavam carinhosamente por seu nome tocando os seus pés e mãos, fixando-lhes o olhar insistentemente no aguardo de respostas às preces, para maior agrado ofertavam-lhes flores e objetos pessoais. Alguns, mais desesperados talvez, impingiam castigos às imagens, tirando-lhes o

---

49   MONTENEGRO, João Alfredo de Souza. *Evolução do Catolicismo no Brasil.* Petrópolis: Vozes, 1972, p. 18.

50   BOSCHI, Caio César. *Os leigos no poder: irmandades leigas e política colonizadora em Minas Gerais.* São Paulo: Ática, 1986, p. 37.

51   SANCHIS, Pierre. *Arraial: festa de um povo. As romarias portuguesas.* 2ª ed. Lisboa: Publicações Dom Quixote, 1992, p. 41. O autor observa nesta obra, que essas manifestações permanecem vivas nas práticas religiosas lusitanas até os dias atuais. Acerca desta temática, ver também: WISSENBACH, Maria Cristina Cortez. "Da escravidão à liberdade: dimensões de uma privacidade possível". In: NOVAIS, Fernando A. (dir.); SEVCENKO, Nicolau (org.). *História da vida privada no Brasil.* Vol. 3: *República – da Belle Époque à Era do Rádio.* São Paulo: Companhia das Letras, 1997.

menino Jesus que carregavam ao colo, guardando-as em úmidos esconderijos, até que realizassem seus ardorosos pedidos.

Tratados com intimidade e aconchego por apelidos pessoais ou diminutivos carinhosos, os "santinhos" e "santinhas" espalharam as suas curas mágicas para todos os males: de amores, de perdas e roubos, de entes queridos e até de animais doentes ou fugidos, cuja cura ou o retorno se faziam essenciais para a sobrevivência daquele devoto.[52] Configurava-se então uma religiosidade de um caráter místico e devocional, lúdica, fortalecida pelo contato direto estabelecido entre o santo milagreiro e seus fiéis, e que viria a se reproduzir sobremaneira na América portuguesa.[53]

Eduardo Hoornaert nomeou o advento religioso no Brasil de "cristianismo moreno". Posto que este assumisse um caráter mestiço, de adaptação às outras culturas pagãs, não europeias com as quais manteve contato. Uma postura devocional diferenciada que, segundo o estudioso, "amorenou" o cristianismo brasileiro. O autor destaca o importante papel exercido pelas irmandades no campo social e político, ressaltando, no entanto, que a sua obra mais duradoura teria sido a de "morenizar o imaginário cristão", ou pelos de contribuir para que o nosso panteão tivesse um aspecto menos "estrangeirado", menos "importado". Dessa forma, aos poucos, as imagens esteticamente europeizadas, brancas de olhos azuis, foram substituídas por outras "mais escuras": "pintadas por mãos morenas e beijadas por lábios grossos".[54]

Em terras brasileiras, as imagens de Nossa Senhora do Rosário, São Benedito e São Jorge, teriam sido "africanizadas", em face das "morenizadas" Nossa Senhora de Aparecida ou Nossa Senhora de Nazaré em Belém do Pará, todas elas incorporadas como devoção e orago por diversas irmandades espalhadas pelo Brasil.[55] A apropriação dessas imagens denota o viés singular de um catolicismo que certamente fora difundido de maneira muitas vezes violenta, mas que se insere no processo de gestação de novas formas culturais, sobretudo a partir da chegada dos escravos africanos.

---

52 SANCHIS, Pierre. *Op. cit.*, p. 42-48.

53 HIGUET, Etienne. "O misticismo na experiência católica". In: MENDONÇA, Antonio G. (org.). *Religiosidade popular e misticismo no Brasil*, São Paulo: Paulinas, 1984.

54 HOORNAERT, Eduardo. *O cristianismo moreno do Brasil*. Petrópolis: Vozes, 1990, p. 90-100.

55 *Ibidem.* Hoornaert não deixa contudo de mencionar o ambiente violento em que esse cristianismo teria sido forjado.

O CATOLICISMO POPULAR NO BRASIL: DEVOÇÕES, ALTARES E FESTA

O catolicismo brasileiro ficou conhecido pela historiografia como "popular" ou "barroco". De acordo com Riolando Azzi: "este catolicismo é a um só tempo: luso-brasileiro, leigo, medieval, social e familiar". Luso-brasileiro, porque traz consigo o gosto pelas procissões, romarias, a festa em torno dos santos, a crença no milagre divino. Leigo, pois diretamente ligado ao "monarca" que detinha o poder de escolha dos seus membros. Característica fundamental que, ao vincular o poder máximo de estruturação de sua hierarquia à figura do rei de Portugal, permitiu no Brasil o surgimento de irmandades como em nenhum outro território colonizado, oriundas da iniciativa de grupos leigos. Foram estes, aliás, quem com frequência, introduziram novas devoções no Brasil, ergueram os primeiros locais de culto nas pequenas cidades, vilas e aldeias em formação e ainda ermidas e cruzes que espalhavam às margens dos caminhos de passagem.[56]

A relativa tolerância observada em território brasileiro no que diz respeito à constituição de devoções relaciona-se diretamente ao regime do padroado gestado em Portugal ainda no século IV. O padroado contribuiu para que a religiosidade estive quase sempre permeada pela mão leiga, quer seja a dos senhores de escravos, ou de outros grupos, não raro compostos apenas por escravos. As relações entre Estado e Igreja desde a consolidação do cristianismo, mantiveram-se envoltas por tensões e conflitos, pois, embora o Estado trouxesse privilégios e benefícios materiais, era comum que estes viessem acompanhados pela obstrução de um efetivo controle eclesiástico sobre a vida religiosa local. Tratava-se este regime de uma aliança entre a Igreja de Roma e o governo de Portugal que uniu os direitos políticos da realeza aos títulos de grã-mestre de ordens religiosas, facultando aos monarcas portugueses o exercício de um poder ao mesmo tempo civil e religioso, especialmente nos territórios e domínios portugueses ultramarinos.[57]

A fim de tentar controlar a vida religiosa nas colônias do além-mar, a coroa portuguesa instituiu dois órgãos que deveriam gerenciar as políticas eclesiásticas: a Mesa de Consciência e Ordens e o Conselho Ultramarino. O primeiro dirimia sobre os

---

56 AZZI, Riolando. "Elementos para a história do catolicismo no Brasil". *Revista Eclesiástica Brasileira*, vol. 36, 1976, p. 96.

57 HOORNAERT, Eduardo; AZZI, Riolando; VAN DER GRIJP, Klaus; BROD, Benno. *História da Igreja no Brasil: ensaio de interpretação a partir do povo – Primeira época*. 2ª ed. Petrópolis: Vozes, 1979, p. 163.

estabelecimentos religiosos como as irmandades, ordens pias ou terceiras, santas casas de misericórdia, paróquias, conventos, entre outros. Já o Conselho arrazoava sobre as questões administrativas coloniais, encaminhando pareceres aos órgãos competentes. Segundo Caio Prado Júnior, devido aos efeitos do regime do padroado a Igreja jamais gozou de independência e autonomia no Brasil. Nas mãos do rei de Portugal, os negócios eclesiásticos da colônia tiveram alguma influência da Igreja romana enquanto esteve presente em território brasileiro a Companhia de Jesus. Após a expulsão dos jesuítas em 1759, o clero esteve sob total controle do monarca.[58]

Todavia, o autor destaca em sua obra a ingerência da Igreja nos assuntos cotidianos da colônia e a sua presença na vida íntima da crescente população: imiscuindo-se nos assuntos particulares e domésticos dos casais, na educação dos filhos, catequizando os gentios da terra e os escravos africanos, batizando, casando e dando os últimos sacramentos na extrema-unção. Articuladores e fiscalizadores da moral e dos bons costumes, os religiosos presentes no Brasil também tomaram para si todos os assuntos relativos à "assistência social ao pauperismo e indigência; à velhice e infância desamparadas, aos enfermos, etc."[59] Ainda assim, com a constante expansão do território brasileiro, o alcance da Igreja em relação à assistência foi-se tornando limitado, e as irmandades e ordens terceiras desempenharam importante papel na tentativa de suprir as demandas sociais existentes.

Neste interstício, abriu-se espaço para o surgimento de instituições formadas por leigos. Fritz Teixeira de Salles observou em sua obra sobre as associações religiosas mineiras, que a ausência de grandes congregações proporcionou o florescimento de ordens religiosas leigas estimuladas pela Coroa, que tratou de colocar nas mãos do povo (mineradores, comerciantes e escravos) o dispendioso ônus da construção de templos, cemitérios, ermidas e capelinhas.[60] Dessa forma, pessoas comuns, sem formação clerical, reuniam-se e instituíam a devoção em torno da figura de um santo.

Com relação à presença escrava na colônia, essa ausência de investimentos na construção de templos e o diminuto número de sacerdotes deslocados para o vasto

---

58 PRADO JR., Caio. *Formação do Brasil contemporâneo: colônia.* 24ª reimpr. São Paulo: Brasiliense, 1996, p. 332.

59 *Ibidem*, p. 330.

60 SALLES. Fritz Teixeira de. *Associações religiosas no ciclo do ouro.* Belo Horizonte: Editora UFMG, 1963, p. 14.

território a ser colonizado, também contribuíram para certa "liberdade religiosa". Geralmente os escravos erigiam um pequeno altar com as suas imagens no interior das igrejas matrizes, sendo-lhes facultado o direito de ali se reunirem sob a égide de seu santo, formarem irmandades e organizarem as festas de orago até o momento em que construíssem seus próprios templos. Em *Cultura e opulência do Brasil*, Antonil dedicou um capítulo de sua obra para instruir "como se há de haver o senhor do engenho com seus escravos", aqueles que lhes são "as mãos e os pés". Entre outras coisas, o jesuíta pregava aos senhores a aceitação de suas festas religiosas:

> Negar-lhes totalmente os seus folguedos, que são o único alívio do seu cativeiro, é querê-los desconsolados e melancólicos, de pouca vida e saúde. Portanto, não lhes estranhem os senhores o criarem seus reis, cantar e bailar por algumas horas honestamente, em alguns dias do ano, e o alegrarem-se inocentemente à tarde depois de terem feito pela manhã suas festas de Nossa Senhora do Rosário, de São Benedito e do orago da capela do engenho.[61]

Tolerância estratégica, que ao buscar a uniformização ideológica e a obediência, abria precedentes para o surgimento de associações religiosas formadas também por escravos. Roger Bastide endossa essa indulgência, ao afirmar que os missionários jesuítas mantiveram uma postura complacente com relação aos africanos recém-chegados e destaca a importância das irmandades neste contexto. Segundo Bastide, esses religiosos não viam a ruptura dos conversos com alguns costumes anteriores como algo necessário, o que propiciou a existência de "um catolicismo negro que se conserva dentro das confrarias e que, não obstante a unidade dos dogmas e da fé apresenta características particulares".[62] Destarte, as recomendações de Antonil, permitem-nos entrever as devoções mais comuns dos africanos: os folguedos de coroação de reis, as festas do Rosário e São Benedito.

As festividades populares que emergiram com o surgimento dessas devoções, movimentavam a insípida vida social da colônia em seus primórdios, dinamizando o ritmo lento e monótono do cotidiano. Religião e cultura profana se complementavam, oferecendo a única opção de lazer e reunião social possíveis naqueles

---

61 ANTONIL, André João. *Cultura e opulência do Brasil por suas drogas e minas.* Belo Horizonte: Itatiaia; São Paulo: Edusp, 1983, p. 159-164.

62 BASTIDE, Roger. *As religiões africanas no Brasil.* São Paulo: Pioneira, 1985, p. 171-172.

tempos.[63] Riolando Azzi destaca ainda o viés social e familiar desse catolicismo, imerso em um patriarcalismo inerente ao universo mais amplo da sociedade colonial brasileira, difundido fortemente tanto nas áreas urbanas quanto naquelas mais ruralizadas. No âmbito rural, a religiosidade manifestou-se de forma ampla nos oratórios e nas capelinhas construídas no interior das propriedades. Algumas delas com capelão próprio a serviço da família, responsável pela iniciação religiosa de sinhozinhos e escravos, circunscritos estes últimos, no mais das vezes, aos sacramentos do batismo e do matrimônio, realizados quase sempre coletivamente.

E foi a partir dessa proximidade entre escravos e senhores, proporcionada pela ritualística cristã, que se gestou no Brasil, esse catolicismo dito popular, que também acabaria por se impregnar de elementos das culturas africanas com as quais teve contato. Seguindo seus passos, Stanley Stein encontrou na região do Vale do Paraíba fluminense a sua ampla difusão: nos oratórios e capelas, nas ermidas e cruzes ao longo das estradas que margeavam o rio Paraíba, nos altares portáteis e mesmo nos testamentos dos fazendeiros com extensas recomendações a serem seguidas para "guardar a sua alma".

Nessas paragens, as sinhazinhas, cujas primeiras palavras de surpresa ou receio que soltavam eram sempre "Nossa Senhora" ou "Mãe Santíssima", influenciavam crianças e escravos domésticos e do eito. Nas escolas, aprendia-se "os princípios e moral cristãos, e a doutrina da Religião Apostólica Romana, de acordo com a sua capacidade de compreensão".[64] Ainda assim, muitas crenças africanas permearam as fervorosas devoções locais. Segundo Stein:

> Duas fortes correntes de sentimentos religiosos influenciavam as populações das fazendas de Vassouras. Aceito oficialmente como religião do Estado, o Catolicismo Romano era a religião dos senhores, dos homens livres e – nominalmente – dos escravos negros. Não obstante, as tradições religiosas africanas formavam um substrato de crenças e práticas entre a maioria dos escravos e muita gente livre. Havia certos pontos em que as duas concepções do universo coincidiam, apoiando-se mutuamente. Quando entravam em conflito, porém, as crenças e as práticas africanas tinham a tendência

---

63   AZZI, Riolando. *Op. cit.*, p. 110.

64   STEIN, Stanley J. *Grandeza e decadência do café no Vale do Paraíba*. São Paulo: Brasiliense, 1969, p. 235-237.

a existirem sub-repticiamente, ou "no mato". Ambas constituíam forças poderosas na vida cotidiana de livres e escravos; ambas emprestavam matizes às maneiras de pensar e de agir da sociedade da grande lavoura vassourense.[65]

Num sentido análogo, Cristina Wissenbach menciona a independência dos rituais do catolicismo popular, sobretudo nas regiões rurais, nas quais certas práticas religiosas extrapolavam os ritos oficiais e incorporavam-se a concepções mágico-religiosas remotas. A autora ressalta a permissividade dos senhores, que liberavam danças e cânticos aos "moradores das senzalas", como forma de mantê-los relativamente apaziguados. Em tempos de final de colheita ou mesmo durante os festejos da Casa Grande, uma intensa "dualidade cultural" podia ser observada. De um lado, saraus e recitais de piano, a guisa de impressionar visitantes de ocasião; de outro, o batuque dos sambas, lundus e cocos. E mesmo nas cidades, lugar em que as irmandades de homens pretos "acolhiam o anseio dos escravos e forros por formas religiosas e associativas". Nesses espaços, africanos escravizados e seus descendentes, puderam desenvolver seus "autos singulares", tais como os moçambiques, maracatus, congadas, cucumbis... Dessa forma, ainda conforme Wissenbach, elementos culturais de matriz africana puderam sobreviver "reeditando desde as festas de colheita até as celebrações de identidade étnicas e sociais", e assim:

> a escravidão mantinha as portas abertas aos elementos culturais dos negros escravos e forros, que recriavam em expressões ímpares aquilo que havia sido interrompido pelo desenraizamento e pela destribalização, compactuando a memória da África e a vivência da escravidão. Embora não explicitamente, encobertos pelas estratégias de dissimulação característica do enfrentamento da dominação escravista, elementos de uma cosmovisão singular expressos muitas vezes por meio de sua religiosidade difusa estariam subjacentes às festas e aos batuques dos negros, mesmo quando se seguiam a colheitas que, de fato, só eram fruto de seu trabalho.[66]

---

65 *Ibidem*, p. 235.

66 WISSENBACH, Maria Cristina Cortez. "Da escravidão à liberdade...", *op. cit.*, p. 84-86.

Um exemplo desta "cosmovisão singular" são as imagens de Santo Antônio feitas em nó-de-pinho, localizadas no Vale do Paraíba paulista no século XIX. Pequenas esculturas de madeira utilizadas como uma espécie de amuleto, carregado junto ao peito ou nas costas.

Imagens de Santo Antônio em nó-de-pinho. Museu de Arte Sacra de São Paulo[68]

Segundo Carlos Lemos, esses artefatos ganharam pouca atenção dos pesquisadores, não obstante a sua importância no contexto das devoções religiosas.[68] Ao referir-se às pequenas imagens, o autor retira da obra *"Conversas ao pé do fogo"*, de Cornélio Pires, um interessante trecho que reitera os usos que se faziam dessas imagens, fruto de entrevistas com um morador local:

> Uma última Nho Thomé, e vamos para o vale dos lençoes.
> — Intão *lá* vae! Quano a gente tá ficano véio, molengão, perna mole, a gente tira um nó de pinho, fais um Santo Antónho, põe um fio e depindura no pescoço, dexando o santo inforcado na cacunda... Prá

---

67   Imagem retirada do site oficial do Museu de Arte Sacra de São Paulo.
68   LEMOS, Carlos. "A imaginária dos escravos de São Paulo". In: ARAÚJO, Emanuel (org.). *A mão afro-brasileira: significado da contribuição artística e histórica*. São Paulo: Tenege, 1988, p. 193-197. Essas imagens foram encontradas no século XIX na região do Vale do Paraíba paulista e aindaem Bragança, Joanópolis, Piracaia, Itú, Piracicaba e Tietê.

vacê ficá forte cumo um rapais, basta rezá: "Santo Antônho, nó de pinho…Dae força nas cadera como porco no fucinho"…

Tia Polycena arrenegou:

— Aaah! Véio damnado…[69]

Na retórica singela de Nho Thomé revela-se o antigo hábito dos amuletos de proteção, neste caso para ludibriar a velhice e "ficá forte cumo um rapais".[70] Marina de Mello e Souza apontou a presença de pequenas esculturas de Santo Antônio e de Nossa Senhora no antigo reino do Congo, chamadas ali respectivamente de *Toni Malau* e *Nsundi Malau*. Na grande maioria dos dialetos kikongo, *Malau* quer dizer sorte, sendo *Toni* uma contração para Antônio e *Nsundi* uma mulher jovem que ainda não havia conhecido o sexo. Dessa forma, *Toni* e *Nsundi Malau* vinham acompanhados da boa sorte, do sucesso e foram utilizados como amuletos protetores, mesmo que seus usos não fossem tão difundidos quanto os que se faziam das cruzes.[71]

Com relação às imagens encontradas na região do Vale do Paraíba paulista, os Santo Antonio de nó-de-pinho ocuparam um espaço maior no universo religioso das áreas rurais. A autora enfatiza a aceitação dos santos como intermediários entre os escravos e o mundo sobrenatural, tanto mais por já haverem os africanos, mantido contatos anteriores com a religião cristã. É certo que a devoção dos escravos agradou sobremaneira aos senhores, erroneamente, acreditaram que seus cativos seguiam os preceitos cristãos, quando na verdade, agiam conforme os padrões de suas crenças tradicionais, sobretudo ao utilizarem seus amuletos de nó-de-pinho como objetos mágico-religiosos.[72] Fato que singulariza ainda mais o catolicismo gestado na América portuguesa.

A questão do catolicismo nas áreas rurais, sublinhada pelos autores vistos, pode ser referenciada também por alguns testemunhos coevos. No século XVIII, Nuno

---

69   PIRES, Cornélio. *Conversas ao pé do fogo*. São Paulo: Editora Monteiro Lobato, 1924. *Apud* LEMOS, Carlos. *Op. cit.*, p. 194.

70   A respeito da utilização de amuletos de proteção pelos escravos no Brasil, ver: SANTOS, Vanicléia Silva. *As bolsas de mandinga no espaço atlântico – século XVIII*. Tese (doutorado) – FFLCH/USP, São Paulo, 2008.

71   SOUZA, Mariana de Mello e. "Santo Antônio de nó-de-pinho…", *op. cit.* p. 179.

72   *Ibidem*, p. 181-183.

Marques Pereira, em seu *Compêndio Narrativo do Peregrino da América* [73], espécie de manual para aqueles que se aventuravam a "peregrinar" pelos inóspitos territórios brasileiros, registrou o seu encontro com um grupo de escravos do eito na região do interior baiano. Conta o peregrino que certo dia, em uma de suas andanças, ouviu ao longe a "música pastoril dos pretos", era um dia santo e julgou que cantassem em devoção. Ao aproximar-se, avistou cerca de doze escravos, "entre machos e fêmeas", ocupados com a lavoura. Ao perguntar-lhes porque mourejavam naquele dia, ouviu queixas contra o senhor que os forçava ao trabalho mesmo sabendo que não deveriam. O tirano proprietário alegava em resposta às constantes reclamações de seus escravos que "se comiam naqueles dias também haviam de trabalhar".

A partir desse diálogo, Nuno Marques tece uma série de considerações acerca da necessidade de suportarem as agruras do cativeiro e cumprirem com as suas obrigações religiosas, pois na obediência e no sofrimento estariam as chaves para a salvação eterna. Em suas palavras: "quem não padecer por Cristo [na terra] não terá o prêmio da glória que nos prometeu [o céu]", argumento utilizado largamente para justificar do ponto de vista religioso, a escravidão africana. A fim de reforçar a sua prédica, o viajante menciona alguns santos pretos "premiados" pelo Altíssimo, como São Benedito e Santo Antônio de Catalagerona, por seu desprendimento e doação. E ainda, como exemplo mais próximo de obediência e devoção a ser seguido, destaca um escravo que conhecera em suas andanças:

> Eu conheci um preto casado, por nome Manoel, em certa vila, o qual, sendo cativo, tinha sua casa na fazenda de seu senhor, mui limpa e asseada. E na varanda tinha um nicho feito e nele um altar, onde estava colocada uma imagem de Cristo e outra da *Senhora do Rosário*, com outros santos. E todos os dias cantava o terço de Nossa Senhora com sua mulher e filhos, *e depois se assentava em um assento e exortava aos demais que vivessem bem e que sofressem o trabalho temporal, porque maiores eram as penas da outra vida...* Com estas e outras razões os capacitava e evitava muitos vícios e pecados. *Era mui bem visto de todos os brancos e nas eleições de suas confrarias e irmandades tinha o primeiro voto, pelo zelo com que servia a Deus e*

---

73 PEREIRA, Nuno Marques. *Compêndio Narrativo do Peregrino da América.* Tomos I e II. Rio de Janeiro: Academia Brasileira de Letras, Coleção Afrânio Peixoto, 1988. Ver especialmente o capítulo XIII. O compêndio de Marques Pereira foi escrito entre os anos de 1728 e 1765.

à Senhora do Rosário na sua matriz. Teve boa morte e acabou com mui boa opinião.[74]

Segundo os apontamentos de Nuno Marques, pode-se observar que o preto Manoel, certamente um africano,[75] mantinha em sua casa um altar no qual se destacava uma imagem de Nossa Senhora do Rosário. O peregrino ressalta a participação do cativo em "confrarias e irmandades", nas quais, segundo o próprio autor: "tinha o primeiro voto". É lídimo inferir-se que Manoel ocupasse um importante cargo nas associações às quais pertencia, tais como o de rei ou juiz, o que lhe garantiria a primazia de voto apontada por Marques. Uma tradição entre as ordens leigas, que certamente trazia ao preto Manoel o reconhecimento e a distinção social entre seus pares e perante a sociedade mais ampla, onde era "mui bem visto de todos os brancos".

Nesse ínterim, destaco que um dos aspectos interessantes a serem observados a partir dos compromissos elaborados pelas irmandades, é a distribuição de cargos administrativos, que atendiam a uma dinâmica de funcionamento própria e seguiam uma rigorosa hierarquia social. Os que conferiam maior poder e prestígio eram os de rei, rainha, juiz e juíza. A maioria das confrarias impunha que esses cargos fossem ocupados apenas por homens e mulheres pretos e as suas atribuições podiam variar de uma para outra. Em geral, além do voto de minerva, cabia à realeza zelar pela organização das festas de orago, fiscalizar o recolhimento de esmolas, exéquias e missas, bem como arbitrar acerca de atos que apresentassem dúvidas entre os irmãos.

Em algumas irmandades deveriam também vigiar os tesoureiros, responsáveis por registrar e guardar as divisas da entidade. Aos juízes e juízas incumbia-se de zelar pelo comportamento dos irmãos, dos quais exigiam uma postura cristã exemplar, sem vícios, envolvimento em brigas, feitiçarias ou relações de concubinato. Em certos casos, esses cargos confundiam-se. Havia momentos em que realeza e juizado disputavam entre si o poder; em outros, invertia-se a lógica de supremacia e de funções, havendo dissensões entre juízes e reis no tocante ao comando da confraria.[76]

---

74 *Ibidem*, tomo I, p. 174. Grifos meus.

75 Conforme apontei anteriormente, a utilização do termo "preto" sugere que Manoel fosse africano, tanto mais quando observamos que Marques Pereira escreve o seu compêndio durante a primeira metade dos setecentos.

76 BORGES, Célia Maia. *Escravos e libertos nas Irmandades do Rosário: devoção e solidariedade em Minas Gerais – séculos XVIII e XIX*. Juiz de Fora: Editora UFJF, 2005, p. 79-88.

Aparentemente, o preto Manoel, apresentado por Nuno Marques, além da exortação em prol do sofrimento laboral, propagava a moralidade e os bons costumes, uma vez que "capacitava" os demais escravos a viverem sem "vícios" e "pecados", exercendo entre seus pares do eito, um papel atribuído aos mais altos estatutários das confrarias de homens pretos. O olhar do peregrino pode levar os incautos a concluírem que o cativo encampasse um discurso inerente ao cristianismo português. No entanto, note-se que ao "propagar a boa fé", Manoel tomava assento perante os "demais", ato que reafirma o seu prestígio junto aos companheiros de infortúnio. Prestígio este que pode não necessariamente guardar relação com a sua presença em irmandades de pretos ou com a definitiva aceitação de uma religiosidade imposta, mas sim com um possível resgate de sua africanidade, uma vez que em numerosas sociedades africanas, os assentos (tronos, bancos ou cadeiras), configuravam-se em insígnias de poder.

Kabengele Munanga e Helmy Manzochi localizaram a sua importância, juntamente com outros objetos como esculturas, peles, facas, bastões, entre os povos Ashanti, Agni e Basanga. Entre esses últimos, durante as cerimônias ou reuniões públicas, apenas o chefe podia tomar assento em uma cadeira. Os autores consideram que muito embora haja peculiaridades inerentes a cada sociedade, e que existam semelhanças e diferenças no contexto em que as insígnias são utilizadas, as relações entre esses objetos e os ancestrais fundadores das linhagens, chefias, reinos ou impérios, são um dado "constante e geral". No caso dos assentos, as relações que se estabelecem entre ancestralidade e presente, se concretizam por meio destes, que se tornam "uma fonte legitimadora do poder, e, portanto, um símbolo da continuidade". Nas insígnias de poder, se encontra presente a força vital dos ancestrais, que se irradia para toda a sociedade.[77]

Oportunidade ideal para retornarmos ao reino do Congo, onde por volta de 1490, uma embaixada chefiada por Rui de Sousa, foi recebida pelo *mani* Congo, sentado em uma cadeira de madeira, fabricada localmente "com embutidos de marfim".[78] Cadeira que dois séculos mais tarde se reverteria em trono, a partir da

---

77 MUNANGA, Kabengele; MANZOCHI, Helmy Mansur. "Símbolos, poder e autoridade nas sociedades negro-africanas". *Dédalos*, nº 25, 1987, p. 23-38. Acerca da importância dos assentos consultar também o trabalho de Fábio Leite, *A questão ancestral: África negra*. São Paulo: Palas Athena/ Casa das Áfricas, 2008, especialmente o capítulo 13: "Os ancestrais e o poder", p. 287-305.

78 DIAS, Jill Rosemary. *África*. Lisboa: Universidade Nova de Lisboa, 1992, p. 217 e seguintes. *Apud* QUINTÃO, Antonia. *Lá vem o meu parente... op. cit.,* p. 48.

paulatina incorporação pela sociedade congolesa de elementos do cristianismo e da cultura portuguesa, ressignificados a partir de "uma interpretação bacongo dos ensinamentos, ritos e símbolos lusitanos propostos".[79]

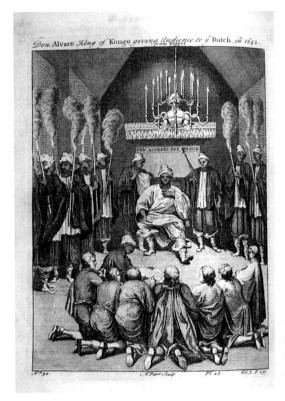

"Dom Álvaro, Rei do Congo dando audiência aos holandeses em 1642" – Fonte: Aa. Pieter van der, 1659-1733. *La galerie agreable du monde...* Leide, 1729. Vol. 37. Biblioteca José Mindlin[81]

Tal associação não parece espúria, tanto mais se considerarmos os contatos anteriores entre africanos e portugueses, como bem ilustrado pela imagem e testemunho coevos. Dessa forma, a partir do relato de Nuno Marques Pereira, pode-se enveredar por diferentes caminhos na análise da trajetória de um personagem destacado no discurso para dar "bom exemplo". O peregrino menciona que o preto teve "boa morte e acabou com mui boa opinião". É possível que o apreço de Manoel e dos demais escravos pelas devoções cristãs possa ter origem em outras preocupações. Conforme mencionado anteriormente, os ritos pós-morte estiveram desde sempre fortemente marcados no trato luso-africano.

---

79 SOUZA, Marina de Mello e. *Reis negros no Brasil escravista...* op. cit., p. 89.

O cuidado com os mortos, ponto de intercurso entre as diferentes sociedades, tornou-se no Brasil um dos fatores que mais influenciaram a aderência dos africanos ao cristianismo, fomentando a criação de confrarias.

Essa perspectiva é reafirmada por Riolando Azzi, ao mencionar a construção das pequenas ermidas e capelas Brasil afora. Construídas "pelo fervor de pessoas particulares dão origem às primeiras irmandades destinadas ao cuidado desses locais de culto, e cujos membros buscam a proteção do santo contra as vicissitudes da vida e para obter uma boa morte".[81] Até meados do século XIX os enterros eram realizados no interior das igrejas e em cemitérios anexos a estas. As irmandades que não possuíam seu próprio edifício realizavam seus enterros no adro das matrizes ou das capelas nas quais mantinham as suas devoções. Ser enterrado dentro da igreja, próximo aos altares era motivo de grande honra, pois colocava o defunto próximo ao santo, algo destinado somente aos irmãos de maior prestígio, qualquer que fosse o *status* social da irmandade.

O interior das igrejas guardava ainda a possibilidade de discrição e zelo com práticas rituais muito particulares, que no caso dos africanos, despertavam a atenção das autoridades para o seu teor pouco ortodoxo, como atestou o bispo Dom Antônio de Guadalupe no ano de 1726, reportando-se às Minas Gerais:

> Achamos que alguns escravos, principalmente da costa da Mina, retêm algumas relíquias de sua gentilidade, fazendo ajuntamento de noite com vozes e instrumentos em suffragios de seus fallecidos, ajuntando-se em algumas vendas, onde compram varias bebidas e comidas, e depois de comerem lançam os restos nas sepulturas; recommendamos aos Rd, vigários que de suas Freguezias façam desterrar estes abusos, condemnando em três oitavas para a Fabrica aos que receberam em suas casas e ajudarem estas superstições.[82]

---

80 Apesar de a inscrição na imagem referir-se a Dom Álvaro, a ilustração reporta-se à narrativa de Olivier Dapper acerca de uma embaixada holandesa que chegou ao reino do Congo no ano de 1642, ocasião em que o poder era exercido por Dom Garcia II. Ver: Marina de Mello e Souza. *Reis negros..., op. cit.*, p. 87.

81 AZZI, Riolando. *Op. cit.*, p. 110.

82 SANTOS, Acácio Sidinei Almeida. *A dimensão da morte resgatada nas irmandades negras, candomblé e culto de babá egun*. Dissertação (mestrado) – PUC-SP, São Paulo, 1996, p. 91; REIS, João José. *A morte é uma festa... op. cit.*, p. 160.

No ano de 1780, um relatório denunciava a realização de danças profanas pelas ruas do Recife, por ocasião dos festejos em homenagem a Nossa Senhora do Rosário. Escravos, novamente originários da Costa da Mina, foram acusados de venerarem às escondidas, divindades africanas, e de se utilizarem de magias, como óleos e sangue de animais.[83] Anos mais tarde, o "modo particular" com que os escravos enterravam seus mortos, foi mencionado por Mello Morais Filho, ao observar um enterro de "moçambiques", realizado na Igreja da Lampadosa na cidade do Rio de Janeiro:

> Não sendo o finado totalmente miserável, possuindo bens ou dinheiro, as pompas fúnebres tornavam-se regulamentares, e tanto mais ruidosas quando se tratava de algum personagem ilustre entre eles, tais como reis e rainhas e príncipes de raça. Excluindo os carregadores da rede mortuária, o mestre-de-cerimônias e o tambor-mor, o préstito compunha-se de mulheres ou de homens, conforme o sexo do cadáver. O de pessoas reais congregava ambos e mais ainda crianças, que desfilavam com estrépito pelas ruas até a igreja, que esperava ao morto com as portas encostadas e círios guarnecendo a essa. Nessas cerimônias, sempre atraentes pela originalidade, os infelizes africanos manifestavam a seu modo a dor profunda que os acabava de ferir, a desolação da tribo vendo-se separada de um dos seus membros.[84]

Ao revelar o espírito festivo e as formas "atraentes" e "atroadoras" com que os negros celebravam a passagem para o mundo dos mortos, Morais Filho, reforça a importância das relações hierárquicas no seio das comunidades afro-brasileiras, a existência de elementos africanos nos enterramentos e a solidariedade entre aqueles que se chamavam mutuamente de "parentes". Reconhecido o rei Moçambique, seus conterrâneos, aqueles "da mesma nação", prestavam-lhes as últimas homenagens, "batendo palmas cadenciadas e cantando os seus lamentos".[85] Não obstante o destaque dado pelo folclorista, ao grupo étnico e

---

83 MULVEY, Patricia. "Black brothers and sisters: membership in the black lay brotherhoods of colonial Brazil". *Luso-Brazilian Review*, 17, 1982, p. 261.

84 MORAIS FILHO, Mello."Um funeral moçambique em 1830". In: *Festas e tradições populares do Brasil*. Belo Horizonte: Itatiaia; São Paulo: Edusp, 1979, p. 243.

85 *Ibidem.*

suas manifestações, é importante observar que o cortejo que seguia o corpo era um elemento de distinção social das irmandades e ajudava a identificar a posição ocupada pelo falecido no interior das mesmas.

Jean Baptiste Debret registrou em pincel esses rituais tão comuns nas vilas e cidades brasileiras. Observando o enterro de uma negra, o francês destaca a diferença de suas cerimônias fúnebres nas quais havia apenas mulheres e crianças, excetuando-se os carregadores. Também destaca a pobreza de algumas delas. Tão miseráveis que seus parentes e amigos depositavam seus corpos indigentes pela manhã, "junto ao muro de uma igreja ou perto da porta de uma venda". Ali, uma ou duas mulheres mantinham acesa uma vela, "recolhendo dos passantes caridosos módicas esmolas para completar a importância necessária às despesas de sepultura na igreja ou mais econômicamente, na Santa Casa de Misericódia". E não ficavam insepultas segundo o curioso pintor, pois seus compatriotas veem em seu socorro, e assim, o número de contribuições "supre a modicidade do óbolo, pois não há exemplo de indigente moçambique que fique sem sepultura por causa de dinheiro".[86]

Enterro de uma mulher negra. Jean Baptiste Debret
Viagem Pitoresca e Histórica ao Brasil.

Neste caso não haveria pobreza. O cortejo fora acompanhado por muitas mulheres que se detiveram diante da igreja da Lampadosa, conhecida por abrigar uma irmandade de mulatos. Algumas delas com suas cestas de produtos à

---

86 DEBRET, Jean Baptiste. *Viagem Pitoresca e Histórica ao Brasil.* Tomo II, vol. III. São Paulo: Livraria Martins, 1940, p. 184-185.

cabeça batiam palmas e entoavam seus cantos. Debret espantou-se com o rufar dos tambores durante a cerimônia, a qual descreveu como uma "ruidosa pompa funerária". Já no enterro do filho de um rei negro estão impressos em tela e relato, detalhes de ritos fúnebres associados às irmandades:

> Não é extraordinário encontrarem-se, entre a multidão de escravos empregados no Rio de Janeiro, alguns grandes dignitários etiópicos e mesmo filhos de soberanos de pequenas tribos selvagens. O que é digno de nota é que essas realezas ignoradas, privadas de suas insígnias, continuam veneradas por seus antigos vassalos, hoje companheiros de infortúnio no Brasil. Êsses *homens de bem*, que na sua maioria prolongam sua carreira até a sua caducidade, morrem em geral estimados por seus senhores. É comum, quando dois pretos se encontram a serviço na rua, o súdito saùdar respeitosamente o soberano de sua casta, beijar-lhe a mão e pedir a bênção. Dedicado, confiando nos conhecimentos de seu rei, consulta-o nas circunstâncias difíceis. Quanto aos escravos nobres, graças à sua posição, conseguem de seus súditos os meios suficientes para comprar a própria liberdade; e desde então empregam escrupulosamente tôda a sua atividade no reembolso da dívida sagrada. Retirado econômicamente no porão de um beco qualquer, cobre com seus andrajos a sua grandeza e, revestido de suas insígnias reais, preside anualmente no seu pobre antro as solenidades africanas de seus súditos. Quando não possue nenhuma das peças de seu traje africano, o mais artista de seus vassalos supre a falha traçando no muro o retrato de corpo inteiro e de tamanho natural do monarca defunto no seu grande uniforme embelezado com tôdas as suas côres, obra prima artística ingênua, servil imitação que estimula o zêlo religioso de seus súditos, solícitos em jogar água benta sobre o corpo venerado. (...) O defunto é visitado também por deputações das outras nações negras. (...) O cortejo dirige-se para uma das quatro igrejas mantidas por irmandades negras; a Velha Sé, Nossa Senhora da Lampadosa, Nossa Senhora do Parto ou São Domingos.[87]

---

87   *Ibidem*, p. 185-186.

Enterro do filho de um rei negro. 1826. Jean Baptiste Debret
Viagem Pitoresca e Histórica ao Brasil.

Flagrante no texto de Debret, a presença de irmandades de homens pretos durante as cerimônias fúnebres, demonstra a sua importância no que tange aos cuidados como os mortos. Num sentido análogo, podemos nos reportar ao não muito distante Vale do Paraíba paulista, onde a documentação pesquisada revela que os itens acerca dos enterramentos, estão entre as recomendações mais importantes presentes nos compromissos das irmandades de pretos. A esse respeito vejamos o caso da Irmandade de São Benedito da cidade de Areias, cujos estatutos datam de 1867:

> Artigo 8º
> Qualquer Irmão que fallecer será seu enterramento acompanhado pela Irmandade com ópas e tochas, a saber: os que tiverem servido o cargo de Juiz Mordomo serão acompanhados por toda a Irmandade com ópas e tochas; os que tiverem servido de Secretario, Thesoureiro, Procurador, serão acompanhados por vinte Irmãos; e os que tiverem servido outros quaisquer cargos, por deseseis Irmãos. E os que não tiverem servido cargo algum por dez Irmãos.
>
> Artigo 9º
> O Irmão que fallecer notoriamente pobre será sepultado as expensas da Irmandade, fornecendo-lhe ella um habito

> preto e cordão; o caixão da Irmandade, e o acompanhamento do
> Capellão, quatro Irmãos para carregarem o caixão, uma para a
> cruz, e seus com ópas e tochas.
>
> Artigo 10º
> A Irmandade deverá mandar dizer missas pelas almas dos Irmãos
> fallecidos a saber: para os que tiverem servido de Juiz Mordomo
> seis missas; para os que tiverem servido de Secretario, Thesoureiro,
> Procurador, Zelador, cinco missas; para os mais empregados duas;
> e para os que nunca exercerão cargo algum uma.[88]

Nestes artigos, pode-se observar que a hierarquia social estabelecida pela confraria prevalecia no tocante aos funerais. Quanto maior o cargo ocupado, mais préstimos: seis missas rezadas para aqueles que haviam sido juízes-mordomos;[89] cinco para secretários, tesoureiros e demais cargos administrativos, uma missa para quem nunca havia ocupado cargo algum. Além disso, o cortejo fúnebre também seria maior dependendo da atuação do falecido; aos juízes, por exemplo, caberia a honra de contar com a presença de toda a irmandade.

Tanto Mello Morais quanto Debret nos oferecem um painel dessas devoções fúnebres, registrando a sua singularidade em momentos de um pesar ao mesmo tempo lúdico e festivo, mas também significativos na construção da visibilidade e, sobretudo, da mobilidade desses homens e mulheres negros pelas ruas das vilas e cidades brasileiras. Destaque-se ainda no relato de Debret sobre os escravos falecidos, a distinção conquistada entre seus pares, que em algum momento se cotizaram para comprar a sua liberdade em vida, bem como o apreço dos senhores a esses "homens de bem", e podemos compreender bem a figura do preto Manoel, mencionado pelo peregrino Nuno Marques. Reconhecido pelos demais escravos, a quem "propagava a fé" tomando assento diante dos mesmos e bem quisto por seus senhores, provavelmente seria uma figura de prestígio dentro de sua irmandade.

É possível apontar-se ainda que a devoção do escravo à virgem do Rosário se encontrava alocada em altar na igreja matriz da vila em que residia, uma vez

---

88   Arquivo da Mitra Diocesana de Lorena – AMDL. Compromisso da Irmandade de São Benedito da Cidade de Areias – 1867.

89   Neste caso, podemos observar uma variante do cargo de juiz, no caso desta irmandade, certamenteseria o de maior importância. Identificando-se novamente a autonomia das confrarias no tocante à criação e distribuição de funções.

que Nuno Marques afirma que o zeloso escravo, servia "a Deus e à Senhora do Rosário na sua matriz". Dessa forma, é muito provável que Manoel se deslocasse do eito até a vila em períodos determinados, a fim de exercer as suas funções, bem como participar de atividades relativas à sua devoção. É evidente aqui a possibilidade de deslocamento entre as lavouras e as vilas durante as festividades e dias santos, propiciada aos escravos pela sua participação em confrarias, fato importante que também foi capturado entre os escravos da região do Vale do Paraíba paulista, e que será retomado em momento oportuno.

Para além do seu caráter de pregação moral e religiosa, o *Compêndio Narrativo do Peregrino da América*, de Nuno Marques Pereira, nos ajuda a observar a penetração das devoções religiosas nas fazendas, em áreas distantes das vilas, pois conforme apontou Cristina Wissenbach, tanto nas áreas urbanas quanto nas rurais, os maracatus, moçambiques, sambas e cateretês haviam sido acoplados às festas cristãs do Divino Espírito Santo, Santa Cruz, São Gonçalo, e em especial do Rosário e São Benedito e permaneceram ainda durante muito tempo, "apesar da destruição do regime escravista e da desmontagem das senzalas, alimentando as coletividades de ex-escravos".[90]

Parte integrante do processo maior de formação do catolicismo brasileiro, as irmandades, todas elas, de brancos, de pretos (africanos ou crioulos, escravos ou libertos); ou de pardos, tiveram importante papel na sedimentação de uma religiosidade de cunho eminentemente popular e leigo. Em relação aos escravos, seja ao realizarem as procissões em homenagem ao seu orago ou o festivo enterro de um ilustre irmão, essas instituições lhes propiciaram movimentar-se e buscar estratégias de sobrevivência a partir de "um infindável rol de atalhos por onde pessoas têm acesso a distinções e dignidades, em diferentes esferas".[91] O acesso a esses "atalhos" foi possível principalmente a partir da integração do escravo a uma das muitas irmandades de pretos que proliferaram pelo vasto território brasileiro. Essas associações ofereceram espaço para a reunião de grupos étnicos diferenciados que se integraram ou se altercaram, criando fortes laços identitários e de sociabilidade sob o manto de uma devoção cristã.

---

90 WISSENBACH, Maria Cristina Cortez. "Da escravidão à liberdade…", *op. cit.*, p. 83 e 87.

91 SOARES, Mariza de Carvalho. *Devotos da cor… op. cit.*, p. 165.

No entanto, é preciso destacar que ao mesmo tempo em que se configuraram como espaços de luta e resistência, essas irmandades consolidaram em seus primórdios, grandes desavenças entre os grupos que as formaram, refletindo dissensões étnicas e sociais entre africanos (minas versus angolas, por exemplo); crioulos e pardos, entre outros conflitos. Não obstante os desentendimentos é preciso reconhecer que, superados os conflitos, nos termos da sociedade escravista vigente na qual foram impostas normas rígidas de conduta, as irmandades ajudaram a abrir espaços nos interstícios de um universo marcado pela violência e pela segregação a uma população negra de proporções ascendentes.

AS IRMANDADES E OS GRUPOS SOCIAIS E ÉTNICOS NO BRASIL

Os pretos

Segundo Joseph Miller o mundo mental africano opera a partir de uma lógica diferente daquela encontrada no mundo europeu, na qual o valor moral mais alto está no indivíduo e em seus direitos: "penso, logo existo", é a declaração da idade moderna. No universo africano, o valor predominante é o da comunidade: "pertenço, logo existo". Cada indivíduo funciona como peça fundamental de um todo e a sua importância será mensurada pela qualidade de sua teia de relações. Aquele que consegue manter mais ligações dentro do grupo com pessoas de talento e conhecimentos diferentes, consequentemente se destaca, pois a sua identidade está intrinsecamente ligada ao universo mais amplo das relações estabelecidas com a coletividade. Ou seja, o sujeito é aquilo que o seu grupo lhe permite ser. A experiência comunal da economia doméstica africana agrega valor às pessoas, às suas histórias, que são contadas sempre por meio de genealogias: "ele nasceu!".[92]

Conforme tem apontado alguns estudos, a lógica de pertencimento das sociedades africanas foi transmutada para a América colonial. Viajou através dos mares com os navios negreiros e foi incorporada pelos *malungos*, que construíram laços ainda na travessia do Atlântico, sob novas formas de solidariedade. Os escravos traficados receberam as denominações de angolas, minas, nagôs, jejes, congos,

---

92 MILLER. Joseph C. *Poder político e parentesco... op. cit.* E ainda: "Retention, re-invention, and remembering: restoring identities through enslavement in Africa and under slavery in Brazil". In: CURTO, José C.; LOVEJOY, Paul E. (eds.). *Enslaving connections: changing cultures of Africa and Brazil during the era of slavery.* Amherst, NY: Prometheus/Humanity Books, 2003.

benguelas, guiné, entre outras, e as incorporaram para si, transformando-as em identidades que chamarei de diaspóricas, porque forjadas no âmbito do universo escravista. Segundo João José Reis:

> A dificuldade que tinham os africanos escravos, e mesmo os libertos, de formar famílias, pode explicar por que na Bahia eles redefiniram a abrangência semântica da palavra *parente* para incluir todos da mesma etnia: o nagô se dizia "parente" de outro nagô, jeje de jeje, etc. O africano inventou aqui o conceito de "parente de nação". Aliás, a intensidade com que os escravos produziam parentescos simbólicos ou fictícios revela como era grande o impacto do cativeiro sobre homens e mulheres vindos de sociedades baseadas em estruturas de parentescos complexas, das quais o culto aos ancestrais era uma parte importantíssima.[93]

A questão das identidades é tema relevante para o estudo do fenômeno confrarial negro, pois foi em torno destas que muitas irmandades se ergueram.[94] Mariza de Carvalho Soares, para quem a hierarquia social se encontra intrinsecamente ligada à hierarquia dos homens e dos santos, ao analisar as irmandades na cidade do Rio de Janeiro no século XVIII, atribuiu a denominação de "grupos de procedência", às solidariedades africanas gestadas no interior da sociedade colonial. Segundo ela, a origem comum no local de onde partiam na África, que no mais das vezes não era o mesmo de sua procedência natal, permitia a esses homens e mulheres um autorreconhecimento e identificação. Assim sendo, essa "marca de saída" adquire com a longa permanência em território americano, um novo caráter:

> Os indivíduos procedentes de determinada localidade passam a constituir não apenas grupos, no sentido demográfico, mas grupos sociais compostos por integrantes que se reconhecem enquanto tais e interagem em várias esferas da vida urbana, criando formas de sociabilidade que – com base numa procedência comum – lhes

---

93 REIS, João José. *A morte é uma festa… op. cit.*, p. 55.

94 MILLER, Joseph. "Retention, re-invention…", *op. cit.*, p. 81-121; SOUZA, Marina de Mello e. *Reis negros no Brasil escravista… op. cit.*

possibilitam compartilhar diversas modalidades de organização, entre elas as irmandades.[95]

Outra formulação para pensarmos a questão é a proposta por Luis Nicolau Pares, que divide as denominações utilizadas para distinguir os escravos entre si, conforme a sua origem em: "internas" e "externas". As internas seriam utilizadas pelos membros de um determinado grupo para se autoidentificarem, e podem ser consideradas como "étnicas". As externas, utilizadas pelos próprios africanos ou pelos escravocratas europeus, para designar uma variedade de grupos, a princípio heterogêneos, como "metaétnicas". O autor observa que alguns grupos incorporaram as denominações metaétnicas, internalizando-as e com o passar do tempo transformaram-nas em denominações étnicas.[96] Como exemplo, Pares cita o caso dos nagôs.

Nagô, anagô ou *anagonu* era a autodenominação de um grupo de fala ioruba da região de Egbado, atual Nigéria, mas que se espalhou por várias partes da República do Benim. Os habitantes do reino do Daomé também utilizavam o termo "nagô" para uma variedade de povos que falavam o ioruba e que se encontravam sob a influência de seus inimigos do reino de Oyo. Dessa forma, essa expressão espalhou-se a partir de um grupo em particular, generalizou-se, e, incorporada inclusive pelos traficantes europeus, chegou ao Brasil. Tal generalização guarda a sua lógica, que reside no compartilhamento de componentes culturais comuns entre esses povos, tais como a língua e alguns hábitos e costumes. Com o passar do tempo, esses "nagôs", assimilaram essa denominação imposta externamente a eles pelos daomeanos, aceitando-a como uma autodenominação.[97]

As solidariedades estabelecidas na longa travessia do atlântico e que se constituíram em laços identitários, iriam ajudar a compor em solo, grupos étnicos diversificados, os quais se uniriam ou altercariam socialmente segundo seus interesses. Com relação às irmandades, não obstante possibilitassem aos recém-chegados a convivência cotidiana em espaços próprios, reproduziram durante certo tempo as clivagens étnicas subjacentes à sociedade colonial, incorporando laços que

---

95 SOARES, Mariza de Carvalho. *Devotos da cor... op. cit.,* p. 113.

96 PARÉS, Luis Nicolau. *A formação do candomblé: história e ritual da nação jeje na Bahia.* Campinas: Editora da Unicamp, 2007, p. 25-26.

97 *Ibidem,* p. 25.

atuariam como fonte de demarcação territorial e se tornariam fruto de dissensões entre a população escrava e liberta. Bahia e Rio de Janeiro apresentam semelhanças no tocante à questão das etnias que tangenciaram a formação de irmandades. Em ambas as localidades, sobretudo nos grandes centros urbanos, constituíram-se importantes confrarias de pretos que atuavam junto aos irmãos cativos e libertos, mas que quanto à sua organização mantinham-se separadas por etnias.

Na Bahia, por exemplo, angolas, nagôs e jejes mantiveram confrarias separadas. Em Salvador, desde 1752, funcionava a Irmandade do Senhor Bom Jesus das Necessidades e Redenção, composta por jejes. Na igreja da Barroquinha, sob a égide de Nossa Senhora da Boa Morte, se encontravam os africanos nagôs, de nação queto. Os angolas, os primeiros a chegarem à Bahia em grande número, espalharam-se por muitas irmandades e comumente aliavam-se aos grupos de crioulos. Nesse ínterim, é preciso relativizar o alcance das clivagens étnicas dentro e fora das irmandades, sobretudo quando se considera que foram nocivas à mobilização da população africana no Brasil.[98] Segundo Reis, as irmandades de pretos funcionaram muito mais como centros de afirmação cultural, na medida em que impedirem a uniformização ideológica dos escravos que assumiram as identidades criadas pelo tráfico escravo:

> Imaginadas [as irmandades] como veículo de acomodação e domesticação do espírito africano, elas na verdade funcionaram como meio de afirmação cultural. Do ponto de vista das classes dirigentes, isso foi interessante no sentido de manter as rivalidades étnicas entre os negros, prevenindo alianças perigosas. Ao mesmo tempo, do ponto de vista dos negros, impediu-lhes a uniformização ideológica, que poderia levar a um controle social mais rígido. Com o passar do tempo as irmandades serviram até como espaço de alianças interétnicas, ou pelo menos como canal de "administração" das diferenças étnicas na comunidade negra.[99]

Num sentido análogo, Lucilene Reginaldo propõe um olhar mais apurado acerca do exclusivismo e das rígidas divisões inerentes aos grupos étnicos africanos na Bahia, propostos pelos estudos clássicos. A autora considera que também os

---

98 REGINALDO, Lucilene. *Op. cit.*, p. 92-100.

99 REIS, João José. *A morte é uma festa... op. cit.*, p. 55.

conflitos entre crioulos e africanos tão decantados pela historiografia existente, não podem ser considerados como absolutos, visto terem angolas e crioulos formado nas confrarias em devoção a Nossa Senhora do Rosário, "a mais recorrente associação na história das irmandades baianas setecentistas".[100] A presença (ou antes, a ausência) de mulheres contribuía de certa forma para dissipar possíveis rusgas étnicas. A escassez de africanas no que Reis chamou de "mercado afetivo"[101] favoreceu a entrada de crioulas em algumas confrarias, como por exemplo, na Irmandade do Bom Jesus dos Martírios, fundada por homens pretos de "nação gege", ereta na Vila de Cachoeira. A mesma confraria agregava inclusive mulheres pardas e brancas. De outra parte, os crioulos da Irmandade de Bom Jesus da Cruz, que não permitiam de modo algum a entrada de irmãos angolas, benguelas ou minas, não estendiam absolutamente essa restrição às mulheres destas nações visto que:

> Muitos irmãos eram casados com mulheres Angola, Benguela e Costa da Mina estas poder[iam] ser Irmãs em atenção aos maridos; caso [ficassem] viúvas, e se [casassem] em segunda vez, sem ser com os da terra, [perderiam] toda a honra da Irmandade, e outro [?] qualquer filha da terra que [fosse] casada com de mar fora [poderia] ser irmã, e não o marido.[102]

No Rio de Janeiro desde o século XVII, à semelhança do que ocorrera na Bahia, angolas e crioulos reuniam-se na Igreja de São Sebastião sob a égide de Nossa Senhora do Rosário e São Benedito. Dividiam o espaço com os pretos da Guiné, devotos da Irmandade de São Domingos, bem como com alguns pretos-minas, que no ano de 1715 fundaram a pouco documentada Irmandade do Glorioso Santo Antônio da Mouraria. Os pretos do Rosário inauguraram a sua igreja em 1725, ali, outras irmandades iriam constituir os seus oragos em pequenos altares laterais, entre elas a de Nossa Senhora da Lampadosa, criada por pretos-minas. Entre 1740 e 1765, instituía-se a confraria de Santa Efigênia e Santo Elesbão também organizada

---

100 REGINALDO, Lucilene. *Op. cit.*, p. 99.

101 REIS, João José. "Identidade e diversidade étnicas nas irmandades negras do tempo da escravidão". *Tempo*, Rio de Janeiro, vol. 2, nº 3, 1997, p. 16.

102 Compromisso da Irmandade do Senhor Bom Jesus da Cruz dos Crioulos da Vila de Cachoeira, Freguesia de São Gonçalo dos Campos, 1800, cap. XI. *Apud* REGINALDO, Lucilene. *Op. cit.*, p. 98-99.

por pretos-minas, na Igreja de São Domingos. Segundo Mariza Carvalho este grupo se distribuía por diversas irmandades, o que erroneamente pode levar a atribuir-lhes um caráter minoritário. Contudo, representavam parcela significativa entre os escravos africanos da cidade.[103]

A autora ressalta em sua obra a importância da apropriação do termo "nação" pelos diversos grupos africanos que se estabelecem na cidade do Rio de Janeiro. Para Soares é necessário: "distinguir o uso do termo "nação" como emblema de identidade de procedência (nação angola, nação mina); e o uso do termo "nação" enquanto emblema de identidade étnica: a nação rebolo-tunda, nação mina-sabaru, nação mina-maki, e tantas outras", pois tanto as "nações/grupos de procedência" como as "nações/grupos étnicos", emergem no interior de algumas confrarias. Sendo de suma importância distingui-las para compreender qual delas atua em uma determinada situação.[104]

No caso da confraria de Santa Efigênia e Santo Elesbão sabe-se que era composta majoritariamente por pretos oriundos da Costa da Mina e de procedências diversas, como aqueles oriundos de Cabo Verde, São Tomé e Moçambique; também se aceitavam pardos e brancos sem acesso a cargos diretivos. Inicialmente proibiram a entrada de angolas e crioulos, porém em 1767, por ordem régia foram obrigados a permitir o seu acesso. Apesar disso, criaram mecanismos para isolar os "intrusos" restringindo-lhes o acesso à mesa diretiva.[105] Não obstante a diversidade de grupos que conviviam entre si, os pretos-minas eram maioria e evidentemente controlavam a irmandade, segundo a autora, esse grupo ilustra bem a questão da dissensão étnica no interior das "nações/grupos étnicos".

---

103 SOARES, Mariza de Carvalho. *Devotos da cor... op. cit.*, p. 148-149.

104 *Ibidem*, p. 188-189.

105 A partir da segunda metade do século XVIII, com a política pombalina a Coroa portuguesa empreende uma fiscalização e um controle mais rigoroso das ordens leigas, na tentativa de combater a excessiva independência que mantinham. Dessa forma, inúmeros compromissos e pedidos para a instalação de devoções são recusados ou tem os seus estatutos alterados, como é o caso de Irmandade de Santo Elesbão e Santa Efigênia. O recurso utilizado para controlar o acesso de angolas e crioulos foi estabelecer que a mesa da Irmandade compor-se-ia por doze membros, sendo que destes, seis deveriam ser "irmãos-fundadores", ou seja, oriundos da Costa da Mina, Cabo Verde, São Tomé e Moçambique, o restante das vagas seria dividido entre angolas crioulos e os agora autorizados brancos e pardos. E assim, os fundadores garantiam para si a maioria no comando da irmandade, dispersando os demais entre os seis cargos restantes (*ibidem*, p. 186-187).

Os minas dividiam-se em pequenos subgrupos que compartilhavam uma língua geral: makis, sabarus, agolins, ianos e dagomés, os quais protagonizariam diversos casos de dissensões entre os anos de 1762 e 1764. Em um deles, minas-makis criariam a *Congregação dos pretos-minas do reino de Maki*, que abrigaria mais tarde, também a partir de conflitos étnicos, uma devoção às almas e a Confraria de Nossa Senhora dos Remédios. Em 1762, makis, sabarus, agolins e ianos se uniriam em rivalidade aos dagomés, uma parceria que duraria apenas alguns anos, vitimada por desentendimentos.[106] As identidades que estruturaram a dinâmica social das confrarias, sobretudo entre os séculos XVII e XVIII, declinariam paulatinamente e dariam vazão a uma divisão mais resistente, baseada na cor da pele. Os antagonismos entre brancos, pardos e pretos (africanos e crioulos), ganhariam espaço e garantiriam a permanência de dissensões entre as irmandades no alvorecer do século XIX.

O caso das confrarias mineiras demonstra significativas diferenças no modo como se articularam os grupos que constituíram essas associações. Fritz Teixeira de Salles, um dos primeiros pesquisadores a analisar o fenômeno confrarial mineiro em toda a sua extensão, afirma que as associações mineiras se polarizaram em grupos sociais diferenciados: pretos-crioulos, pardos e brancos, fechados à penetração de outros, reproduzindo em seu interior a tônica social vigente. Como exemplo menciona o caso da Irmandade do Rosário da Capela do Alto da Cruz, formada por brancos e pretos. No ano de 1733 os brancos se retiraram da confraria, os demais irmãos reformularam o seu estatuto para que dali por diante, esta se compusesse somente de pretos.

Segundo o autor: "nos primeiros anos da colonização, a população se constituía de um aglomerado heterogêneo sem estratificação grupal e, portanto, sem conflitos de interesses. Já em 1733 havia vários grupos antagônicos com suas lutas".[107] À semelhança de Rio de Janeiro e Bahia, as ordens terceiras e algumas devoções como o Santíssimo Sacramento, destinavam-se exclusivamente às camadas mais abastadas da população. Em contraponto, as devoções dos pretos mineiros concentravam-se em torno das figuras de Nossa Senhora do Rosário, São Benedito, Santa Efigênia e Nossa Senhora

---

106 Ver especialmente os capítulos 5 e 6 da obra já mencionada de Mariza de Carvalho Soares.

107 SALLES, Fritz Teixeira de. *Op. cit.*, p. 34.

das Mercês. Os pardos comumente se congregavam em torno das figuras de Nossa Senhora da Conceição e do Amparo.

Salles destaca em sua obra que a estratificação social decorrente dos processos de miscigenação e do aumento do contingente populacional negro, também atingiu as confrarias, fazendo com que estas se distinguissem socialmente a partir de diferenciações que chamou de "inter-étnicas".[108] Segundo o autor: "as irmandades realizaram como que um escalonamento da população nas cidades da mineração. (...) E pelo toque do sino em finados, ao longe, já se sabia que havia falecido um irmão do Rosário ou do Carmo ou do Santíssimo".[109] Contudo, os mais acirrados conflitos se dariam entre brancos e pardos, em detrimento das dissensões entre estes últimos e os pretos. Exemplo lapidar da estremecida relação entre pardos e brancos ocorreu entre a Ordem Terceira da Penitência de São Francisco e a Arquiconfraria dos Mínimos do Cordão de São Francisco, liderada pela "agitada mulataria de Vila Rica".

No ano de 1761 os terceiros de São Francisco acusaram os pardos do Cordão de realizarem procissão utilizando a insígnia de São Francisco, um escandaloso abuso, segundo eles. Em petição expedida à corte, os irmãos terceiros reclamavam que os pardos: "tudo isto fazem afim de perturbarem as regalias da ordem e querer lhe usurpar por este modo a posse pacífica em que estão à tantos annos no que lhe cometem força e expolio em uzarem de insígnias e armas e o demais que só compete aos suplicantes".[110] O fato pitoresco dessa contenda, que durou quinze anos, foi que os irmãos terceiros anexaram às suas reclamações uma ilustração que nomearam de *"Retrato da forma pela qual andam os homens pardos"*, além das seguintes declarações:

> Nos autos anda a pintura de um dos ditos confrades da forma como se vestem, donde se pode ver o *descôco* da sua devoção; faziam Ministros e tôda a Mesa, como Ordem Terceira, tratando-se de Caridades, andando as *pardas meretrizes com toda a bazofia e cordão grosso, sem diferença das brancas bem procedidas.*[111]

---

108   *Ibidem*, p. 27.

109   *Ibidem*, p. 64.

110   *Ibidem*, p. 102-106.

111   *Ibidem*, p. 104-105. Grifos meus

Não bastava aos terceiros reclamar das imposturas dos pardos, encaminharam provas cabais de seu "descocô" ao anexaram o dito retrato. A adjetivação pejorativa dada às mulheres pardas reflete o modo como eram encarados os mestiços no universo colonial, pessoas fadadas ao descaramento e à profanação, atribuições que ganhariam contornos folclóricos com o avançar dos séculos e marcariam profundamente esse grupo social. A atitude dos mínimos do Cordão pode muito bem refletir a necessidade de igualar-se aos brancos, postura muito comum a uma sociedade em que a cor da pele determinava os lugares ocupados por esses indivíduos, mas também revela desprendimento e coragem em enfrentar a ordem social estabelecida.

Reportando-se também às Minas Gerais, Julita Scarano chama a atenção para a necessidade de não generalizar-se as animosidades existentes entre brancos e pretos, pois de modo geral as rivalidades nas confrarias mineiras se estabeleceram essencialmente entre grupos de nível socioeconômico semelhante. Como exemplo, menciona a Ordem Terceira de São Francisco do Tijuco, formada por brancos, que estabeleceu altar lateral na Igreja do Rosário com prévia autorização dos irmãos pretos reunidos em mesa, muito antes de construir o seu próprio templo.[112]

Com relação às irmandades de pretos, Scarano ressalta que as eleições de reis e rainhas, favoreciam "a união entre as raças", pois a concorrência à coroação

> se impunha indistintamente a negros de "qualquer nação". (…) Não obstante o nome de "Rei do Congo", dado em muitas regiões ao personagem – nome que ainda existe em nossos dias – poucas associações mineiras eram restritivas no tocante a nação de origem dos indivíduos que subiam a tal posto.[113]

Interessante observar que embora identifique em território mineiro uma grande variedade de nações, a autora recusa dissensões étnicas no interior das confrarias, nem mesmo em relação à ocupação dos cargos de prestígio, numa perspectiva diferente daquela apresentada pelos trabalhos que analisam as confrarias na Bahia e no Rio de Janeiro.[114] Havia no contexto mineiro uma presença grande de minas em

---

112 SCARANO, Julita. *Devoção e escravidão: a Irmandade de Nossa Senhora do Rosário dos Pretos no Distrito Diamantino no século XVIII*. São Paulo: Conselho Estadual de Cultura, 1975, p. 33-34.

113 *Ibidem*, p. 45-46.

114 Célia Maia Borges em pesquisa recente aponta na mesma direção, ao afirmar que na capitania de Minas, não houve "restrições à entrada de qualquer grupo ou "nação", como aconteceu na Bahia

relação aos demais grupos, que se fizeram visíveis nas confrarias de pretos, logo atrás destes vinham os benguelas (ou "banguelas") e os nagôs. Segundo a autora:

> Logo abaixo desses grupos encontramos os angolas (...) Além dessas há todo um desfilar de "nações", algumas com apenas dois ou três representantes: Dagomé, Tapa, Congo-Cabinda, Moçambique, Maqui, Sabará, Timbu, Cobu, Xamba, Male. Há alguns indígenas, como Carijós, Cravari, mas com pouquíssimos representantes e abrangendo por vezes classificações fantasiosas.[115]

Embora admita a existência de um ou outro episódio de inimizades entre os membros das distintas nações que compunham as confrarias de pretos, a autora afirma que as dissensões entre esses grupos configuraram casos excepcionais, no mais das vezes oriundos de "interesses privados que se procuravam apaziguar". Dessa forma, as irmandades propiciaram a união entre etnias diversas que se unificaram na defesa de interesses comuns. Os pretos do Rosário no Distrito Diamantino, por exemplo, não eram discriminatórios e faziam questão de alardear que aceitavam associados de qualquer condição, sexo ou estado.[116] Scarano conclui que o antagonismo entre os grupos esteve circunscrito à lógica da cor de pele e também no que tange à distinção entre africanos e os pretos nascidos no Brasil. A quantidade de etnias não causou sobremaneira a desagregação das irmandades, no entanto, um fator importante de dissensão entre os diversos grupos incidia sobre a condição de serem compostos por escravos ou libertos.

Um caso ocorrido na vila do Tijuco ilustra bem esta questão. No ano de 1771 os "crioulos naturaes do Brasil", instauraram irmandade própria sob a proteção da Senhora das Mercês, separando-se dos irmãos do Rosário, por ser esta uma confraria formada por pretos. Acerca das motivações desses crioulos, Scarano explana que "possivelmente seriam mulatos em sua maioria, talvez parte pretos forros, embora o fato de ofenderem os negros os devesse colocar ante na posição de pardos". A autora aventa ainda a possibilidade de que a desavença seja fruto da disputa pelo comando

---

e Rio de Janeiro". Ver: *Escravos e libertos nas irmandades do Rosário: devoção e solidariedade em Minas Gerais – séculos XVIII e XIX*. Juiz de Fora: Editora UFJF, 2005.

115 SCARANO, Julita. *Devoção e escravidão... op. cit.*, p. 107-108.

116 *Ibidem*, p. 99.

da organização, supostamente liderada por africanos, mas que tinha nos crioulos "de espírito muito mais avançado e reivindicatório", um grupo rival.[117]

Nesse aspecto, Salles e Scarano evidenciam o relativo espaço de autonomia dessas organizações, que enviavam constantemente petições e correspondências ao governo da Metrópole. Entre os assíduos missivistas se encontravam os crioulos e pardos do Distrito Diamantino: ora solicitando terem como procurador alguém de "sua categoria" que representasse seus interesses em cada vila ou arraial; ora endereçando apelos à majestade para que fossem tratados com mais dignidade. Exemplo desse fato ocorreu no ano de 1756, quando irmãos crioulos e pardos das quatro comarcas das Minas Gerais enviaram à corte portuguesa uma representação na qual exigiam que a lealdade e presteza com que serviam à sua Majestade, fossem reconhecidas em detrimento dos brancos, aos quais acusavam de ser contumazes "desviadores" das riquezas produzidas na região. Agiram nesse caso, como um grupo coeso, distante dos africanos "por sua elevada condição".[118]

Essa união entre crioulos e pardos seria temporária uma vez que a partir da segunda metade do século XVIII o crescimento vegetativo da população mestiça contribuiria sobremaneira para o afastamento desses grupos não apenas nas minas gerais. Como reflexo temos o aumento sucessivo de irmandades formadas apenas por homens pardos. A partir da perspectiva apontada por Scarano, pode-se concluir que as irmandades mineiras serviram como elemento homogeneizador das etnias africanas, que se diluiriam no interior dos consistórios e gerariam um elemento único: o africano. Este iria altercar-se com os crioulos, rivalizar e polarizar com os brancos, mas especialmente com os pardos. É fato que as diferenças étnicas ou sociais no interior das confrarias foram asseguradas pela tônica social vigente. Nesse ínterim, por sua importância no contexto confrarial, sobretudo no que tange às altercações e/ou associações aos pretos, o grupo social dos chamados "pardos", merece uma reflexão mais apurada.

---

117 *Ibidem.*

118 *Ibidem*, p. 123-125.

Os pardos

A miscigenação ocorrida em território brasileiro gerou grande preocupação por parte da administração colonial, especialmente a partir de meados do século XVIII, quando há um processo de recrudescimento do tráfico de escravos africanos. A presença dos mestiços foi apontada por Antonil em sua passagem pelo Brasil. Ao comparar o trabalho do escravo africano com o do mulato, não obstante ressalte a qualidade deste último na execução de "qualquer ofício", alerta para os perigos que a sua condição de mestiço lhes traz. Os mulatos, que levariam "melhor sorte" em relação aos pretos, segundo o jesuíta por terem nas veias parte de "sangue de bran-cos", abusariam constantemente de seus senhores, enfeitiçando-os com sua soberba, arrancando-lhes préstimos e mimos.[119]

Há ainda em sua obra a clássica afirmação de que o Brasil seria o "inferno dos negros, purgatório dos brancos e paraíso dos mulatos e das mulatas". Em dado momento o jesuíta acusa os brancos de se deixarem "governar de mulatos", uma evidente percepção dos avanços mestiços e da necessidade de contenção dessa classe emergente. Além da alcunha de mulatos, os descendentes de brancos e negros recebiam a denominação de pardos. Contemporaneamente ao padre jesuíta, a edição do dicionário português de Raphael Bluteau oferece a seguinte descrição acerca dos termos mulato, pardo e também mestiço:

> Mulato
> Este nome Mulato vem de Mú, ou mulo, animal gerado de dous outros de differente espécie.

> Pardo
> Cor entre branco, & preto, propria do pardal, dõde parece lhe veyo o nome. Homem pardo. *Vid*. Mulato

> Mestiço
> Animaes racionaes, & irracionaes. Animal mestiço. Nascido de pay, & mãy de differentes espécies, como mú, leopardo
> Homem mestiço. Nascido de pays de differentes nações.[120]

---

119 ANTONIL, André João. *Op. cit.*, p. 89-90.

120 BLUTEAU, Raphael. *Vocabulario portuguez & latino, aulico, anatomico, architectonico...* 1712-1728. Coimbra, Acervo on-line IEB/USP, p. 114, 455 e 628. Silvia Hunold Lara também analisa a

De certa forma os termos são sinônimos segundo o dicionário. No Brasil correntemente prevalecia o termo pardo em documentações oficiais, embora seus usos variassem de região para região, como por exemplo, no Centro-Sul, em que o adjetivo "pardo" era aplicado ao indígena escravizado no século XVII.[121] Realidade crescente no Brasil o processo de miscigenação forçou a metrópole a repensar as relações jurídicas entre a população da colônia e a determinar o *status* e o lugar social de cada um. Dessa forma, a sociedade colonial tentaria de maneira contumaz, tanto no Brasil quanto no ultramar, resguardar seus espaços frente ao avanço mestiço, criando mecanismos de contenção, que, muito embora não fossem legalmente estabelecidos, pautavam-se nos estatutos de "pureza de sangue".

A investigação da "pureza de sangue", prática registrada em Portugal desde meados do século XVI, era fruto de uma sociedade estamental em que o indivíduo seria reconhecido pelo estrato social ao qual pertencesse. Grupos ou regimes de privilégio concentravam na honra (transmitida através do sangue) um critério de integração ou seleção que perpetuaria a hierarquia social vigente. Os estatutos eram pré-requisitos fundamentais para a distribuição de cargos públicos, títulos de nobreza, filiação em entidades religiosas ou ordens terceiras, bem como para o exercício do sacerdócio. Encontramos as origens dessa discriminação entre os ibéricos, imposta aos "cristãos-novos" (judeus ou muçulmanos recém-convertidos ao cristianismo), mas especialmente aos de "sangue mouro", alvo preferencial de tais estatutos.[122]

Face ao evidente avanço da mestiçagem incluir-se-ia agora, ao rol dos impuros, o mestiço, incorporando-se o "sangue mulato" também como estigma, criando-se ao longo dos séculos XVII e XVIII barreiras para o acesso a cargos da administração pública, sacerdócio, exército e todas as áreas que pudessem ser restringidas. Os candidatos deveriam passar por um profundo exame de suas "origens", visto que nem eles, tampouco seus ascendentes, poderiam apresentar resquícios de "sangue impuro" ou contato com trabalhos manuais, o chamado "defeito mecânico". As

---

terminologia presente no dicionário de Bluteau em *Fragmentos setecentistas: escravidão, cultura e poder na América portuguesa*. São Paulo: Companhia das Letras, 2007, p. 132-139.

121 MONTEIRO, John Manuel. *Negros da terra: índios e bandeirantes nas origens de São Paulo*. São Paulo: Companhia das Letras, 1994. Com a chegada de africanos em território paulista, os índios que eram chamados de "negros da terra", passaram a receber outras denominações, tais como pardos ou carijós.

122 VIANA, Larissa. *O idioma da mestiçagem*. Campinas: Editora da Unicamp, 2007, p. 47-66.

Constituições Primeiras do Arcebispado da Bahia incorporaram ao rol dos impuros, encabeçado por aqueles de "nação não hebréa", os de "outra qualquer infecta: ou de negro ou de mulato".[123] Entretanto, havia sempre a possibilidade de proceder-se à "limpeza do sangue" através de serviços prestados à coroa.

Com o passar dos anos e o avanço da população mestiça, à barreira de acesso social – frequentemente quebrada dentro do próprio sistema, é preciso frisar – juntaram-se outras tentativas de contenção dos mulatos. Como por exemplo, o estabelecimento de leis que os proibiam de utilizar vestimentas e acessórios que denotassem ascensão social ou riqueza, proibição extensiva aos negros forros. Marcadores sociais típicos da sociedade europeia, essas roupas não deveriam ser utilizadas por aqueles homens e mulheres impuros de sangue. Tais tentativas geraram protestos por parte de uma população já bastante significativa em meados dos séculos XVIII e XIX e redundaram em fracasso. Segundo Silvia Lara, era preciso controlar os mestiços, no entanto, havia uma divergência constante entre o pensamento e as práticas coloniais no que tange à presença da população liberta.[124] A autora observa que em localidades afastadas dos grandes centros ou de ocupação mais recente, não raro as funções públicas eram exercidas por indivíduos não brancos.[125]

Nesse contexto de hibridismo e tensões, surgem as primeiras irmandades de homens pardos, inseridas num quadro social em que a realidade crescente de uma paisagem cada vez mais "mestiça" tornava-se impossível de ignorar. Conforme apontou Larissa Viana criou-se em torno desses irmãos uma espécie de "identidade parda". Investiam-se esses homens e mulheres mestiços, cada vez mais de sua hereditariedade branca para ascender socialmente, esvaindo as inúmeras tentativas de sê-lhe demarcarem lugares sociais. A autora avalia que, em detrimento do termo mulato, tão sobrecarregado e estigmatizado, extremamente vinculado a características animais, conforme demonstrado acima pela definição do dicionário de Bluteau, o termo "pardo" foi assimilado pelas irmandades possivelmente como um arranjo social que configuraria "uma alternativa

---

123 *Constituições Primeiras do Arcebispado da Bahia. Apud* VIANA, Larissa. *Op. cit.*, p. 77.

124 LARA, Silvia Hunold. "Sob o signo da cor: trajes femininos e relações raciais nas cidades de Salvador e do Rio de Janeiro (1750-1815)", 1996, p. 5, mimeo.

125 *Idem. Fragmentos setecentistas: escravidão, cultura e poder na América portuguesa*. São Paulo: Companhia das Letras, 2007, p. 137.

simbólica à idéia de "impureza" do "sangue mulato", circunscrita no âmbito maior do processo de valorização da mestiçagem".[126]

E assim, aquelas "mãos morenas", citadas por Hoornaert, que pintaram as imagens dos santos no Brasil, e as "morenizaram", se apropriaram de algumas devoções e se juntaram em irmandades próprias. A partir de meados dos setecentos, concomitantemente ao crescimento dessa parcela da população, surgiram devoções associadas aos pardos, como as de Nossa Senhora da Conceição,[127] Nossa Senhora do Livramento e das "virgens morenas" de Guadalupe e Amparo.[128] Assim como os pretos tiveram os santos de sua cor, também os pardos foram hábeis em "morenizar" algumas imagens, trazendo para o quadro devocional brasileiro, santos que pudessem ser associados diretamente à sua condição de mestiços. É o caso de São Gonçalo Garcia, o primeiro santo pardo a integrar as devoções religiosas no Brasil.

Gonçalo Garcia nasceu em Baçaim na Costa do Malabar por volta de 1533, filho de um português e de uma nativa hindu, exerceu a profissão de mercador antes de entrar para a ordem dos franciscanos. Morreu crucificado com outros missionários em uma empreitada de conversão em Nagasáqui no ano de 1597. Seu culto difundiu-se no Brasil por volta de 1740, antes mesmo de sua canonização, que só ocorreria muitos anos depois, em 1862.[129] A figura de São Gonçalo Garcia foi utilizada em território brasileiro como baluarte do processo de valorização dos mestiços, a partir do discurso de entronização da imagem em Recife, elaborado pelo padre capuchinho Frei Antônio de Santa Maria Jaboatão, em 1745. Além de pregar as qualidades do santo, o religioso proferiu em seu sermão, o que Lins e Andrade chamaram de "elogio do homem pardo", ao denunciar os percalços enfrentados pelos pardos, considerados por ele inclusive como uma raça superior às demais.[130] Senão vejamos um pequeno trecho desse discurso:

---

126 VIANA, Larissa. *Op. cit.*, p. 86-87.

127 O culto a Nossa Senhora da Conceição, difundiu-se largamente entre os pardos a partir das primeiras décadas do século XVIII em diversas áreas coloniais. A primeira irmandade dedicada a essa Santa na América portuguesa, surgiu na Bahia por volta de 1549. Fundada por Tomé de Souza pertencia aos brancos da colônia. Ver: VIANA, Larissa. *Op. cit.*, p. 120-121.

128 TINHORÃO, José Ramos. *As festas no Brasil Colonial.* São Paulo: Editora 44, 2000, p, 97.

129 Gonçalo Garcia havia sido beatificado em 1627, pouco depois de sua morte.

130 Sobre a entronização de São Gonçalo Garcia no Brasil ver: LINS, Raquel; ANDRADE, Gilberto. "Elogio do homem pardo". *Ciência e Trópico*, Recife, vol. 1, nº 12, 1984. Este interessante artigo traz a íntegra do discurso de entronização proferido pelo Frei Antônio de Santa Maria Jaboatão:

CAMINHO DA PIEDADE, CAMINHOS DE DEVOÇÃO

> Assentado assim com tão sólidos fundamentos, que o Santo Gonçalo Garcia é Pardo legítimo por nascimento, e descendência, é tempo já de beatificarmos a sua cor, e declararmos, que é também bem-aventurada, e ditosa como as mais, e mais ainda. As cores que têm, e teve sempre opostas à sua cor parda, foram a branca, e a preta, o que tem feito ditosas, e bem-aventuradas estas duas cores, foram os povos, e Nações, de que cada uma delas tem sido princípio e origem; os Príncipes, Reis e Monarcas, que dominaram estes povos, e as Pessoas grandes; e assinaladas em todos os estados, e Hierarquias, e porque assim a cor branca, como a preta tenham para si, que tudo isto faltava na cor parda, este era o motivo de a terem por menos ditosa, e bem-aventurada. Mas enganava-se certamente assim a cor branca, como a preta, porque a cor parda em tudo isto tem sido, não só também bem-aventurada e ditosa como elas, mas ainda alguma cousa mais.[131]

Além de considerar a cor parda como ditosa e bem aventurada, distante das concepções de uma raça degenerada, o discurso de Frei Jaboatão, baseado em análise da gênese bíblica, apresenta a ideia muito original, diga-se de passagem, de que:

> A cor parda também tem sido princípio, tronco, e origem de povos, e nações inteiras. Todos sabem que os Ismaelitas, Agarenos, ou Mauritanos, são descendentes de Ismael. (...) E quem era este Ismael? Ismael era um homem de cor Parda, e Pardo legítimo,

---

"Discurso histórico, geográfico, genealógico, político e economiástico recitado na nova celebridade que dedicaram os pardos de Pernambuco ao santo de sua cor, o Beato Gonçalo Garcia na sua Igreja do Livramento do Recife aos doze de setembro de 1745" proferido por Frei Antonio de Santa Maria de Jaboatão. Segundo os autores Jaboatão considera: "o homem pardo como sendo uma raça superior às demais. Superior a brancos e pretos, é a sua tese, apoiada numa argumentação de se desdobra por muitas das páginas do Sermão, e caprichosamente deduzida de textos bíblicos e profanos, nos quais sua mencionada erudição é levada ao mais alto grau. Trata-se enfim dum autêntico elogio da cor parda, ou do mulato, a propósito de São Gonçalo Garcia". O discurso de Jaboatão tem 52 páginas e em busca de respaldo para o seu "elogio" menciona inclusive o dicionário do padre Raphael Bluteau. Os autores optaram por atualizar a ortografia durante a transcrição do discurso. Para uma análise dos aspectos festivos da devoção ao santo, ver: ARAÚJO, Rita de Cássia Barbosa de. "A redenção dos pardos: a festa de São Gonçalo Garcia no Recife, em 1745". In: JANCSÓ, István; KANTOR, Iris. *Festa: cultura e sociabilidade na América Portuguesa*. São Paulo: Edusp/Fapesp, 2001, vol. 1, p. 419-444.

131 LINS, Raquel; ANDRADE, Gilberto. *Op. cit.*, p. 94.

> porque era filho de Abraão que era branco, e de Agar sua escrava, a qual era preta, e negra por nascimento, porque era natural do Egito (...) E que os Egípcios, por natureza, e descendência sejam negros, é opinião comum dos Sagrados Expositores.[132]

Criava-se assim, um cabedal interpretativo que auxiliava sobremaneira o escopo maior de criação de uma "identidade parda" positiva, dissociada da figura pejorativa do mulato. Segundo Sílvia Lara, havia uma evidente diferença de conotação entre os epítetos: "mulato" e "pardo". O primeiro comumente era utilizado como xingamento ou em termos e documentos oficiais que restringiam o acesso dos mestiços, nos quais se distinguiam os "mulatos" ou o "mulatismo". De outra parte, o termo pardo seria apropriado por filhos bastardos que solicitavam privilégios, ordens militares como o Terço dos Henriques e principalmente pelas irmandades de homens pardos.[133]

Segundo Larissa Viana, existe relação direta entre o surgimento das irmandades de pardos e os direcionamentos administrativos da corte portuguesa em relação ao tratamento dado aos mestiços. A autora associa às crescentes barreiras sociais impostas aos mestiços, o surgimento e fortalecimento das irmandades de homens pardos e destaca seus conflitos internos e externos. Reportando-nos à cidade do Rio de Janeiro do século XVIII, a autora relata um problema ocorrido entre os pardos da Irmandade de Nossa Senhora da Boa Morte. No ano de 1761, os pardos cativos desta irmandade encaminharam correspondência ao Conselho Ultramarino reclamando do desprezo e da petulância com que eram tratados pelos seus congêneres libertos. Alegavam os suplicantes que as suas doações, patrocinadas algumas vezes por seus senhores e destinadas às festividades de orago, seriam constantemente desviadas pelos pardos libertos para outras finalidades.[134]

Outras duas irmandades seriam protagonistas de conflitos, só que desta vez entre pardos e pretos. Trata-se das Irmandades de São Gonçalo, composta por pardos e de São Felipe e São Tiago, formada por pretos de nação congo. Os irmãos de São Felipe e São Tiago entraram com uma reclamação ao rei de Portugal, acusando os pardos de descumprirem um acordo no qual haviam permitido que utilizassem

---

132 *Ibidem.*

133 LARA, Silvia Hunold. *Fragmentos setecentistas... op. cit.*, p. 141-142.

134 VIANA, Larissa. *Op. cit.*, p. 158-159.

metade da capela de São Gonçalo para seus sepultamentos e se apropriassem de um pequeno terreno onde construiriam "sacristia, consistório e oficinas próprias". Em troca, teriam de construir duas casas térreas para usufruto dos pardos. As casas foram construídas às expensas dos pretos congos, porém, os pardos não cumpriram com sua parte no acordo e não cederam o terreno nem mesmo para sepultar os irmãos pretos mortos naquele período, além disso, proibiram-nos de organizarem as suas reuniões na Igreja de São Gonçalo.

Em sua apelação, os pretos acusavam os pardos de serem "orgulhosos e inimigos dos suplicantes".[135] Mais uma vez, destacamos que os conflitos entre os membros dessas irmandades são também reveladores de relações que extrapolaram o âmbito religioso e permitem-nos entrever tensões sociais latentes. Algumas confrarias de pardos também estabeleceram restrições à entrada de certos irmãos. Em seus estatutos algumas vetavam a presença de pretos, como é o caso da Irmandade de Nossa Senhora do Livramento dos Homens Pardos da Vila de Serinhaém em Pernambuco. Alegavam aqueles pardos, que os pretos já possuíam o Rosário para sua própria devoção e que a sua admissão poderia semear discórdias e um menor zelo por parte dos irmãos pardos.[136]

Pode-se observar neste ínterim, que no Rio de Janeiro e Bahia, além dos conflitos étnicos, as disputas entre o que chamarei de grupos "sociais" polarizados: entre brancos, pardos e pretos (crioulos ou africanos), foram a tônica das relações entre as irmandades leigas, durante boa parte dos séculos XVIII e XIX. Não obstante, na região das Minas Gerais seriam os conflitos entre brancos, pardos e pretos (crioulos ou africanos), chamados de inter-étnicos e étnicos por Salles e Scarano, respectivamente, que tomariam dimensão mais acentuada, em detrimento das contendas entre as diferentes nações que compunham as irmandades de pretos mineiras.

No que interessa a este trabalho no tocante aos conflitos internos e externos localizados no Vale do Paraíba paulista, pude observar uma semelhança maior com a realidade da região mineira, posto que não tenha conseguido captar conflitos étnicos no interior das confrarias pesquisadas. A polarização entre pretos e pardos e a questão das identidades étnicas ou sociais ganharam contornos diferenciados nessa região.

---

135 *Ibidem*, p. 167.

136 QUINTÃO, Antonia Aparecida. *Lá vem o meu parente... op. cit.*, p. 96.

Todavia, a exposição acerca dos conflitos étnicos e sociais inerentes a confrarias de outros espaços servirão como base de comparação para as próximas explanações.

Por fim o fato de se encontrarem as nossas irmandades em grande proximidade com a área rural, também lhes denota uma diferença com relação às congêneres mencionadas, as quais se encontravam em áreas de concentração urbana. Fritz Teixeira de Salles aponta a importância das irmandades presentes nas áreas urbanas em detrimento daquelas estabelecidas nas áreas de característica agrícola. Segundo o autor, em Minas Gerais, nas regiões de formação social agropecuária, as irmandades não tiveram nenhuma significação.[137] No entanto, João José Reis aponta em outra direção ao mencionar a mobilização dos escravos para a realização das festas de Natal em Santo Amaro, na Bahia, em 1809.

Não obstante essas festividades mantivessem angolas apartados de nagôs e uças, evidenciam uma grande capacidade de mobilização "para uma festa em que os recursos materiais e simbólicos mobilizados não deveriam ter sido poucos, além da energia pessoal e coletiva." Um evento que envolveria escravos da cidade e do campo, e que sugere "uma importante conquista de espaço de barganha sob a escravidão, do qual não ficavam excluídos os escravos rurais". Segundo Reis, ao menos na Vila de Santo Amaro, nos dias de festa "os escravos de engenho não se isolavam em comunidades fechadas dentro de cada engenho e fazenda, mas circulavam entre uma propriedade e outra, e entre estas e as vilas da região".[138] Dessa forma, a assertiva de João José Reis, bem como o mencionado relato do peregrino Nuno Marques Pereira, são reveladores da circularidade entre os escravos da cidade e do eito, consubstanciada pela participação em irmandades, o que espero comprovar a partir da aproximação com as confrarias do Vale do Paraíba paulista.

---

137 SALLES. Fritz Teixeira de. *Op. cit.*, p. 64-65. Para referendar a sua assertiva, Salles menciona irmandades constituídas em cidades como Montes Claros, Uberaba, Teófilo Otoni, além da zona da mata e sul de Minas.

138 REIS, João José. "Identidade e diversidade étnicas…", *op. cit.*, p. 9.

Parte II

As irmandades no contexto vale-paraibano: Taubaté nos caminhos do ouro e as confrarias de Nossa Senhora do Rosário e São Benedito

O ROSÁRIO DOS PRETOS DE TAUBATÉ

No universo escravista, as esferas de liberdade podem estar na escolha dos parceiros conjugais, na frequência aos batuques, em ir e vir pela cidade e na possibilidade de filiar-se e frequentar uma irmandade. As irmandades são uma das poucas vias sociais de acesso à experiência da liberdade, ao reconhecimento social e à possibilidade de formas de autogestão, dentro do universo escravista.[1]

O surgimento da Irmandade de Nossa Senhora do Rosário dos Pretos de Taubaté se deu em meados do final do século XVII, quando um grupo de escravos estabeleceu um pequeno altar no corredor lateral da Igreja Matriz de São Francisco. Nos primeiros anos do século seguinte já funcionaria em templo próprio. Segundo Bernardo Ortiz: "a 20 de agosto deste último ano [1705], o bispo do Rio de Janeiro, D. Francisco de São Jerônimo aprovava, em provisão, o compromisso da Irmandade em ornar e paramentar a pequena Igreja".[2] Localizada na Rua do Rosário, sua vistosa construção ocupava lugar de destaque no cenário da pequena vila de Taubaté.

---

1   SOARES, Mariza de Carvalho. *Devotos da cor… op. cit.*, p. 166.

2   ORTIZ, José Bernardo. *São Francisco das Chagas de Taubaté*. Livro 2º: *Taubaté Colonial*. Taubaté: Prefeitura Municipal de Taubaté, 1988 [Coleção Taubateana, nº 10], p. 593.

Igreja de Nossa Senhora do Rosário de Taubaté – 2007. Mantém ainda a estrutura original com paredes e abóbada em madeira e taipa de pilão.

A história dessa irmandade de homens pretos pôde ser recuperada através de documentos encontrados no Arquivo da Divisão de Museus e Patrimônio Histórico de Taubaté, os quais permitiram verificar que esta instituição manteve-se ativa no decorrer do século XIX. Trata-se do "Livro de Termos de Mesa",[3] no qual se registraram as eleições e posses de cargos entre os anos de 1805 e 1812 e do "Livro de Entrada de Irmãos e Irmãs", referente ao período de 1809 a 1815.[4] Este último, além do registro do filiado, trazia informações como o nome do proprietário, no caso dos escravos, data de entrada, registro de pagamentos das joias e os cargos ocupados pelos irmãos.

Ambos os documentos foram analisados em conjunto por possuírem informações complementares e revelaram a regularidade com que os confrades do Rosário se encontravam bem como a importância das reuniões de mesa para a

---

3 Divisão de Museus e Patrimônio Histórico de Taubaté – DMPAH – Livro de "Termos de Mesa" da Confraria dos Homens Pretos da Irmandade do Rozario – 1805 – doc. 4B – Caixa 119. Este livro apresenta folhas soltas, algumas delas em estado precário de conservação, suas páginas não se encontram numeradas.

4 DMPAH – "Livro de Entrada de Irmãos e Irmãs". Irmandade de N. Sra. do Rozario dos Pretos de Taibathé, doc. 5 – Caixa 119. Este livro encontra-se em estado precário de conservação, observamos que os registros prolongam-se até o ano de 1824 mais ou menos, porém conseguimos resgatar as anotações de ingresso somente entre os anos de 1809 a 1815.

configuração de sua hierarquia administrativa. Não foram encontrados outros tipos de registro, tais como: livros de receitas e despesas ou de atas, que possibilitariam avaliar a dinâmica de seu funcionamento bem como os temas tratados nas reuniões. Todavia, o cruzamento dessa documentação com outro conjunto documental formado, sobretudo por inventários e testamentos, viabilizou uma aproximação com os irmãos, em especial os escravos. A começar pelos seguintes trechos do "Livro de Termos de Mesa":

> Ao primeiro dia do mês de Novembro de mil oitocentos e sinco annos nesta Capella de Nossa Senhora do Rozário nos Pretos da Villa de Taubaté estando prezente o Rdo. Vigário Bento Cortez de Toledo, e todos os mais Juiz, e Irmãos de Mesa, com a Lizencia do Ir. Procurador Jozé Moreira de Gouvêa, do Thezoureiro o Ir. Tenente. Coronel Cláudio Joze de Camargo (ilegível) a mesma Irmandade fique desempenhada assim do que esta [mesa] determina, (ilegível) *das dispezas necessárias que se ham de fazer como he a do novo Compromisso, para saber na prezensa de Suas Alteza Real na prezente Meza* justaram com Manuel Gomes da Luz fazer dito compromisso acrescentando ou diminuindo os capítulos do antigo Compromisso por quatro mil réis. *Que se hão de satisfazer pelas oitavas do Natal dando a mesma Irmandade valor do que se tem ou o que quizerem para capa do compromisso.*
>
> (...)
>
> Dispezas que se fizeram e se am de fazer na confirmaçam do novo compromisso na conformidade do estabelecido nas Ordens do Direito previstos ficando decidido um pleno rigor ao termo antecedente feito por esta mesma cauza em atensam as dittas dispezas que se fizerem e de como assim aseitaram uniformemente lavrei este termo em que asignaram eu Manuel Pinto Barboza, escrivão.
>
> O vigário Bento Cortez de Toledo
>
> *Asigno a rogo do Irmão Juiz Francisco escravo de S. Clara – Manuel Pinto* Barboza.
>
> Joze Moreira
>
> Manuel Gomes da Luz
>
> Antonio Maxado
>
> Francisco Bras de Souza
>
> Lourenço Justiniano

> A rogo do Ir. Domingos Ferreira, Manuel Pinto Barboza
> A rogo do Ir Luiz Antonio escravo do Alferes Amaro, Manuel Pinto
> Barboza
> A rogo do Ir. Pedro, Manuel Pinto Barboza
> A rogo do Ir. Joaquim de Loyola.[5]

Os fragmentos acima evidenciam a movimentação dos irmãos do Rosário em torno da reforma de seu compromisso. Naquele novembro de 1805, reuniram-se diante do procurador, José Moreira de Gouveia, do tesoureiro, o Tenente Coronel Claudio José de Camargo, e ainda do vigário,[6] Bento Cortez de Toledo.[7] Ao final do documento é possível observar-se algumas assinaturas "a rogo", prática recorrente para validar, em documentos oficiais, a anuência daqueles irmãos que não sabiam assinar. Note-se que o analfabetismo atingia também aos irmãos livres, alguns deles inclusive proprietários de escravos como veremos mais adiante.

Não obstante, o que este documento nos revela de mais importante, é a presença em mesa do juiz Francisco, escravo do Convento de Santa Clara e de "suas (sic) alteza real", durante a organização da reforma do compromisso, tarefa da qual ficara incumbido oficialmente o irmão Manuel Gomes da Luz. É fato que a presença de uma realeza na hierarquia das irmandades de pretos esteve desde sempre fadada a inúmeras controvérsias. Em determinadas circunstâncias, a autoridade dos "reis negros" poderia ser contestada ou até mesmo rejeitada. Como por exemplo, em caso ocorrido no Arraial do Tijuco no século XVIII, em que um morador local, cujo escravo encontrava-se preso, aconselhado a procurar o rei da irmandade do Rosário a fim de intermediar a sua soltura, recusou-se terminantemente por não aceitar reportar-se a um "rei negro".[8]

---

5   Grifos meus.

6   Em meados do século XVIII a coroa portuguesa ordenaria que as reuniões das irmandades de pretos se realizassem diante de uma autoridade paroquial, em caso de ausência do vigário, este poderia ser substituído pelo sacristão (BORGES, Célia Maia. *Op. cit.*, p. 84).

7   O padre Bento Cortez de Toledo teve dois irmãos, Luiz Vaz de Toledo e Padre Carlos Correa de Toledo, condenados à morte por participação na Inconfidência mineira. No entanto, a pedido de outro de seus irmãos, o bispo de Rodovalho, suas penas foram comutadas para degredo perpétuo, cumpridas em Cambembe e Lisboa respectivamente (ABREU, Maria Morgado de. *História de Taubaté através de textos*. Taubaté: Prefeitura Municipal de Taubaté, 1996, p. 181 [Col. Taubateana, nº 17]).

8   BORGES, Célia Maia. *Op. cit.*, p. 84-85.

De outra parte, alguns estudiosos discordam de seu papel decisivo durante as reuniões administrativas. João José Reis menciona que em geral, as celebrações das confrarias negras entronizavam uma monarquia fictícia, em que reis e rainhas ocupavam cargos "meramente cerimoniais".[9] Ainda assim, a "realeza" revestia-se de suma importância na hierarquia das confrarias. Algumas delas, mesmo não mencionando a existência dos cargos de rei e rainha em seus compromissos, substituíam na mesa diretora a sua autoridade pela dos juízes, mantendo extraoficialmente a coroação da realeza durante as festividades de orago. Estratégia que visava, sobretudo, escapar às inúmeras tentativas de controle empreendidas pela coroa portuguesa, tal como fez a Irmandade do Rosário de Itabira, nas Minas Gerais em meados do XIX, quando criou a figura do "juiz coroado" na tentativa de contornar as restrições oficiais.[10]

Em certos casos os juízes rivalizam em importância diante do grupo ou mesmo da sociedade mais ampla, o que gerava dissensões. Como por exemplo, no episódio ocorrido na Irmandade do Rosário de Caquende, da Freguesia do Pilar (Vila Rica), que em seu compromisso expressou a recusa de juízes e juízas em buscarem reis e rainhas "à sua porta". Tampouco de esperá-los à "porta da igreja", pois tudo isso levaria ao atraso no início das festividades, o que não era justo com a Irmandade que ficava "parada e o povo esperando por eles até a hora que quiserem vir".[11]

No caso do Rosário dos Pretos de Taubaté, pode-se observar a interação entre juízes e a realeza e ainda verificar a importância dessa presença conjunta. Através da análise do mencionado "Livro de Termos de Mesa", no qual se registraram as eleições e posses dos irmãos entre os anos de 1805 e 1812, podemos observar num primeiro momento, que em um período de sete anos, reis e rainhas foram escravos na maioria das vezes. Senão vejamos o seguinte fragmento deste documento que nos permite realizar esta, entre outras observações:

---

9   Com relação à presença de reis e rainhas nas mesas diretoras das irmandades, João José Reis afirma: "o único compromisso que conheço que registra rei e rainha como cabeças de mesa diretora é o de 1842 da Irmandade do Rosário de São João Del Rei, em Minas Gerais" (REIS, João José. *A morte é uma festa... op. cit.*, p. 62).

10   BORGES, Célia Maia. *Op. cit.*, p. 83. Segundo a autora, o juiz coroado nada mais era do que o rei da irmandade.

11   *Ibidem*, p. 86-87.

Eleiçam que se fez este prezente anno de 1805 para o de 1806 servirem nesta Irmandade de Nossa Senhora do Rozario em Meza.

Rei

O Ir. Antonio Francisco escravo do Cap. Mor

Rainha

A Ir. Luzia escrava do Cap. Mor Marzagam

Juiz

O Ir. Francisco escravo de S. Clara (reeleito)

Juiza

O Ir. Izabel de Oliveira mulher de Manuel Joaquim (livre)

Eleiçam que se fez este prezente anno de 1806 para o de 1807 servirem nesta Irmandande de Nossa Senhora do Rozário dos Pretos em Meza.

Rei

O Ir. Francisco escravo de Rita Francisca

Rainha

A Ir. Micaela escrava de S. Clara

Juiz

O Ir. Domingos escravo de Manuel Luiz dos Santos

Juiza

A Ir. Gertrudes Florinda de Jesus (livre e proprietária de escravos)

Eleiçam que se fez este prezente anno de 1807 para o de 1808 servirem nesta Irmandade de Nossa Senhora do Rozario em Meza.

Rei

O Ir. Simam escravo de Joze Peixoto da Silva

Rainha

A Ir. Gertrudes Florinda de Jesus(livre e proprietária de escravos, eleita para reinar ao lado do escravo Simão)

Juiz

O Ir. Francisco escravo do Alfes. Amaro Antonio de Carvalho

Juiza

A Ir. Domingas mer. do Ir. Miguel, congo, escravo do falecido Sarg. Mor.

Eleiçam que se fez este prezente anno de 1808 para o de 1809 servirem nesta Irmandade de Nossa Senhora do Rozario em Meza.

Rei

O Ir. Ricardo Jose Cortez
Rainha
A Ir. Maria Cubas Dias
Juiz
O Ir. Gonçalo Francisco
Juiza
A Ir. Anna Francisca de Camargo mer. Do Ir. Faustino Pereira

Eleiçam que se fez este prezente anno de 1809 para o de 1810 servirem nesta Irmandade de Nossa Senhora do Rozario em Meza.
Rei
O Ir. Ricardo Jose Cortez
Rainha
A Ir. Sebastiana mer. Do Ir, Antonio Joze Barbosa
Juiz
O Ir. Francisco escravo do Alfes. Amaro
Juiza
A Ir. Izabel Francisca[12]

Notadamente, nos primeiros anos do período apurado, além dos cargos reais, também o de juiz foi exercido na maioria das vezes por irmãos escravizados. É bem provável que inclusive durante as discussões acerca da reforma do compromisso, o juiz Francisco, escravo do Convento de Santa Clara, estivesse acompanhado por uma realeza igualmente escrava.[13] Diferentemente dos anos de 1809, quando estariam ausentes os escravos dos principais postos; e 1810, no qual apenas o cargo de juiz seria ocupado por Francisco, propriedade do Alferes Amaro. É lídimo inferirmos que o fato de haver irmãos livres e libertos dividindo posições de comando com escravos certamente traria conflitos. O fato é que nos dois anos seguintes os eleitos seriam novamente escravos, à exceção da liberta Domingas, escolhida para servir como rainha no ano de 1812, conforme se pode observar pelo fragmento abaixo, que nos permite fazer esta entre outras observações:

---

12   Observações e grifos meus.

13   Francisco seria reeleito para o cargo de juiz, naquele mesmo ano de 1805, para governar ao lado dos escravos Antonio Francisco e Luzia, coroados como rei e rainha respectivamente.

> Eleiçam que se fez este prezente anno de 1810 para o de 1811 servirem nesta Irmandade de Nossa Senhora do Rozario em Meza.
> *Rei*
> *O Ir. Mathias escravo de D. Anna Modesta*
> *Rainha*
> *A Ir. Maria mer. de Lourenço escravo de D. Margarida Florinda*
> *Juiz*
> *O Ir. Lourenço escravo de D. Margarida Florinda*
> *Juiza*
> *A Ir. Jozefa escrava de Domingos Joze de Castilho*
>
> Eleiçam que se fez este prezente anno de 1811 para o de 1812 servirem nesta Irmandade de Nossa Senhora do Rozario em Meza.
> *Rei*
> *O Ir. Matheos escravo do Alfes. Joze Faustino*
> *Rainha*
> *A Ir. Domingas escrava que foi do falecido Lourenço Garcia*
> *Juiz*
> *O Ir. Ignacio escravo do Alfes. Amaro*
> *Juiza*
> *A Ir. Mariana escrava de D. Thereza Izabel Lopes*[14]

Neste ponto podem-se levantar algumas questões: teria havido conflitos internos por conta do resultado das eleições? Figuraria Francisco em 1809, como único irmão escravo em meio aos livres para aquietar os ânimos de seus iguais? O motivo para essas alterações na composição diretiva da irmandade não foi possível precisar, no entanto, acredito que tal quadro denote a mobilização dos irmãos escravizados no sentido de retomar os espaços de comando. Em que pesem as possíveis dissensões, em relação ao Rosário de Taubaté, pude apurar ainda uma considerável presença de irmãos durante as chamadas reuniões de mesa, realizadas especialmente por ocasião da organização das festas de orago ou para dirimir sobre questões do interesse da irmandade, tal como ocorreu por ocasião da alteração de seu compromisso. Observemos então o trecho abaixo, referente aos anos eletivos de 1809 e 1810:[15]

---

14   Grifos meus.

15   A escolha desses anos para análise deve-se ao fato de estarem mais legíveis os nomes dos irmãos de mesa, em uma documentação que se encontra em estado bastante precário.

CAMINHO DA PIEDADE, CAMINHOS DE DEVOÇÃO

1809

(...)

Irmaons de Meza

O Ir. Francisco Leite de Moraes

O Ir. Manuel Cabral de Camargo

José Andrade da Silva

José Gonçalves da Silva

Antonio (ilegível) de Siqueira

Francisco escravo do Alferes Amaro

Joze escravo

Salvador escravo

Furtuozo escravo de Margarida Florinda de Jesus

Mathias escravo

Irmans de Mesa

Domingas escrava do falecido Lourenço Gouveia

Francisca da Silva Leme mer de Francisco Montemor

Micaela de Jesus mer. de Antonio Francisco de Faria

Maria escrava do Alfes. Joze Antonio Nogueira

Francisca Maria de Castilho mer de Salvador Porttes

Florencia mer de Francisco Gonçalves

Quiteria Francisca mer de Bazilio Moraes

Thereza Izabel Lopes

Antonia de Jesus

1810

(...)

Irmaons de Meza

Ricardo Joze Cortes

Paulo escravo do Tenente Coronel Claudio Joze de Camargo

Ignacio escravo do Alferes Amaro

Antonio escravo do Capm. Francisco Ramos

Bernardo escravo de D. Margarida Florinda de Jesus

Sebastiam escravo que foi do Capm. Marzagam (liberto)

Francisco Matheos de Camargo

Joaquim Pires filho de Antonio Pires de Cassapava

Vicente Ferreira de Morais

Januario Pereira

Joam da Cruz da Gloria

> *Irmans de Meza*
> *Izabel escrava de Bazilio Moreira*
> *Maria escrava que foi de Thomaz de Villanova* (liberta)
> Maria Francisca filha de Matheos Martins
> Catherina Alzs. Thenoria mer de Manuel Andrade
> *Izabel escrava de Pedro Francisco de Toledo*
> Maria filha de Francisco de Freitas de Andrade[16]

Ainda que este fragmento do documento apresente diversos trechos ilegíveis devido ao mau estado de conservação, no tocante ao ano de 1809, além dos nomes acima transcritos, pude observar a presença de mais quatro nomes entre os irmãos de mesa além dos acima descritos, sendo que todos eram escravos. No que diz respeito às irmãs, constam também cerca de seis nomes ilegíveis que, somados aos já transcritos, totalizam doze irmãs presentes à mesa, entre as quais ao menos três eram cativas. Sendo assim, pode-se afirmar que naquele encontro, dos vinte e seis presentes, doze eram escravos, entre homens e mulheres, e ainda apontar uma incidência menor dessa condição entre estas últimas. Mas avancemos ao ano seguinte a fim de explanar mais sobre esse assunto.

No tocante ao ano de 1810 podemos observar novamente a presença dos escravos. Neste caso, entre os homens, num total de onze presentes temos quatro escravos e um liberto, Sebastiam (*sic*), "que foi do Capm. Marzagam". Entre as mulheres, visualizamos seis irmãs, entre as quais duas escravas e uma liberta, Izabel, que havia sido propriedade de Pedro Francisco de Toledo. Em estado ilegível, contudo possível de serem computados, encontram-se mais seis nomes, entre os quais figuram duas escravas. Sendo assim, dentre os vinte e três irmãos de mesa, oito são escravos. Desta feita, os números estão equilibrados, registrando-se a presença de quatro cativos para cada parte, em aparente declínio em relação ao ano anterior.

Importante destacar que não se encontram incluídos neste total a realeza e tampouco os confrades que assumiram cargos administrativos. Nesse sentido, considerando-se os ocupantes dos principais cargos de comando (rei, rainha, juiz e juíza, procurador, tesoureiro, escrivão, mais o "vigilante vigário"), que deveriam comparecer obrigatoriamente às reuniões e acrescentando-se a este número os demais "irmãos de mesa", obtém-se, no mínimo, cerca de trinta confrades reunidos a

---

16 Observações e grifos meus.

cada encontro. Não obstante, é preciso atenção! Pois nos estertores daquele decênio, haveria novos postos a serem ocupados no interior da irmandade:

Capm. do Mastro
O Ir. Miguel dos Santos escravo de D. Margarida Trindade

Alfes de Bandeira
O Ir. Januario Pereira

Juiz de Promessa
Lauriano escravo do Alfes. Amaro

Juiza de Promessa
Maria Joze filha do falecido Joam do Prado Correa

Juizas de Ramalhete
Maria da Conceição mer. Do Alfes. Antonio [ilegível] Pinto
Marta de Souza viuva de [ilegível] Angelo
Gertrudes Pereira Cardozo viuva
Francisca Moreira mer. de Salvador Portes
Maria do Rozario (viuva)
Sancha Maria mer de Antonio Pinto de Carvalho
Maria mer de Francisco Antonio de Souza
Vicencia escrava de D. Margarida Florinda.[17]

Ainda que entre estes nomes figurem apenas três escravos: Miguel, Laureano e Vicencia, é de extrema relevância destacar que justamente naquele ano de serviço de 1810, apenas o cargo de juiz fora ocupado por um escravo e que tenham surgido novas funções, algumas das quais devidamente apropriadas por irmãos cativos. Notem-se as sugestivas variantes para juízes e rainha, bem como os novíssimos cargos de alferes de bandeira e capitão de promessas e de mastro. É preciso pontuar dois fatores importantes: em primeiro lugar que estes cargos não existiam antes, foram criados no ano anterior, justamente no momento em que apenas irmãos livres compunham a realeza e a administração da irmandade; por fim, que apesar da ausência dos irmãos cativos no

---

17 DMPAH – Livro de "Termos de Mesa" da Confraria dos Homens Pretos da Irmandade do Rozario – 1805 – doc. 4B. Ano de serviço de 1810.

corpo diretivo naquele ano, estes representavam quase cinquenta por cento dos presentes na mesa deliberativa.

Nesse sentido, acredito que a criação do que chamarei de "postos alternativos", relaciona-se à existência de tensões internas que motivaram a elaboração de outros espaços de poder ou mesmo de destaque entre os irmãos pretos, tanto mais quando sabemos que por ocasião das procissões e festas de orago, coroados e dirigentes saíam publicamente sempre à frente do cortejo, primazia privilegiada e certamente muito disputada. Não nos esqueçamos da importância dos enterramentos, nos quais o fausto durante as exéquias e missas solenes, dentro das condições da irmandade, estaria assegurado àqueles que tivessem ocupado posições de prestígio, bem como a certeza de sepultamento em "bons lugares", no interior ou adro das igrejas. Destaco ainda a presença de Vicencia – propriedade de Dona Margarida Florinda (nome recorrente na documentação) – uma escrava eleita juíza de ramalhete em meio a "distintas senhoras", entre casadas e viúvas, reforçando a circulação de pessoas de diferentes esferas sociais no interior do Rosário dos Pretos de Taubaté, uma característica que se tornará cada vez mais nítida no decorrer da análise documental e descortina aspectos fundamentais de uma agência escrava.

A criação de novos cargos assegurava ainda o aumento de divisas para as irmandades, uma vez que quanto mais elevado o posto, maior a contribuição dos irmãos.[18] A respeito do incremento de recursos, vejamos o seguinte registro presente no "Livro de Entrada de Irmãos e Irmãs da Irmandade de N. Sra. do Rozario dos Pretos de Taibathé" (sic), o qual permitirá ampliar a discussão com outras informações:

> Entrada de *Josefa escrava de Domingos Joze de Castilho*. Aos 27 de Dezembro de 1809, entra pa. esta Irmandade Josefa, escrava de Domignos Joze de Castilho, com lissensa de seo senhor, sogeitando--se e obrigando-se as leiz da mesma Irmde. *E por nam saber escrever assigna a seu rogo o Escrivam e juiz a cruz, e eu Manuel Pinto Barboza, escrivam da Irmde. o escrevi. A rogo e signal do juiz da Irmde. Gonçalo Francisco*

---

18 Mariza de Carvalho Soares encontrou a duplicação dos cargos de juiz e juíza como forma de aumentar a receita ao analisar o compromisso da Irmandade de São Benedito e Santo Elesbão do Rio de Janeiro. Ver obra já citada: *Devotos da cor…*, p. 183.

Cruz e signal do juiz da Irmde.

Gonçalo+Francisco

A rogo Manuel Pinto Barboza

1809	Entrada	pg	$ 160
1810		pg	$ 160
1811	*Juíza*	pg	*2$000*
1812	Mezaria	pg	*$ 320*
1813		pg	$ 160
1814		pg	$ 160
1815		pg	$ 160
1816		pg	$ 160
1821		pg	*$ 800*
1822		pg	$ 160
1823		pg	$ 160
1828		pg	$ 160
1830, 1831, 1832		pg	*$ 800*[19]

Josefa entrou para a irmandade na condição de escrava, no ano de 1809. Seu registro permite saber que contribuiu por um período de pouco mais de 20 anos com alguns intervalos, depois dos quais pagou devidamente os anuais em atraso. Ausência de recursos, uma enfermidade ou mesmo o trabalho como escrava podem tê-la afastado da confraria durante algum tempo, todavia, esta inadimplência não significa necessariamente que estivesse fora dela. Logo depois de sua filiação, Josefa ocuparia consecutivamente os cargos de juíza e mesária. Como simples irmã contribuiu com anuidade no valor de $160 réis. As funções de prestígio com direito a voto lhe custaram 2$000 e $320 réis, respectivamente.

Se quisesse coroar-se rainha da irmandade, Josefa teria de desembolsar a quantia de 4$000 réis, valor igual ao de seu companheiro de reinado. Já para acompanhar Vicencia e as "distintas senhoras" como juíza de ramalhete, seriam necessários cerca de 1$000 réis.[20] Por fim, um importantíssimo detalhe se encontra

---

19 DMPAH – "Livro de Entrada de Irmãos e Irmãs". Irmandade de N. Sra. do Rozario dos Pretos de Taibathé, doc. 5– Caixa 119, folha avulsa. O estado precário deste livro não permite visualizar a ordem numérica de suas páginas. Grifos meus.

20 Valores modestos se comparados aos de irmandades localizadas em cidades como o Rio de Janeiro, onde encontramos a Irmandade de Santo Elesbão e Santa Ifigênia, que ainda na segunda metade do século XVIII, cobrava a quantia de 15$000 réis para reis e rainhas; 12$000 réis para os

junto ao seu registro da escrava. Trata-se de uma pequena nota lateral na qual se pode ler: "hoje agregada a [ilegível] Ignacio Vieira". Esta inscrição, além de revelar um pouco mais sobre a vida dessa irmã do Rosário, nos leva a refletir acerca das possibilidades de transição no interior da sociedade escravista. Não foi possível precisar a data em que Josefa tornou-se agregada, mas o fato é que sua condição modificara-se no decorrer desses vinte anos de presença na irmandade. A partir do livro de "Termos de Mesa da Confraria dos Homens Pretos da Irmandade do Rozario" sabemos que exercera o cargo de Juíza ainda na condição de escrava, dividindo suas tarefas com outros parceiros de cativeiro: o rei Mathias, escravo de Dona Anna Modesta e Maria, esta mulher do juiz Lourenço, ambos propriedade da já mencionada Dona Margarida Florinda.[21]

O elemento agregado constituiu-se como substrato de uma sociedade marcada pela concentração fundiária. Segundo Roberto Schwarz, latifundiários, escravos e "homens livres" foram classes produzidas com base no monopólio da terra. Estes últimos: "nem proprietários, nem proletários", cujo "acesso à vida social e a seus bens" dependia diretamente dos favores dos primeiros.[22] Em sua passagem pela província de São Paulo, durante estadia num rancho em Taubaté, Saint-Hilaire captou a presença desses agregados ao percorrer o Caminho da Piedade, exato cenário dos fatos aqui narrados:

> Confirmou-se o que escrevi ontem sobre os habitantes da beira da estrada. São quase todos agregados que nada absolutamente possuem e cujos casebres, e ranchos, pertencem a proprietários vivendo a certa distância do caminho, para não serem incomodados pelos viajantes. Fazem construir ranchos e tabernas à margem da estrada e os alugam a pessoas pobres a quem dão milho e aguardente para que os venda aos transeuntes.[23]

---

cargos de juízes, e cerca de 2$000 réis para aqueles que quisessem servir como irmãos de mesa com direito a voto. A joia de ingresso estava fixada em "módicos"$480 réis (SOARES, Mariza de Carvalho. *Devotos da cor... op. cit.*, p. 183).

21 DMPAH – Livro de "Termos de Mesa" da Confraria dos Homens Pretos da Irmandade do Rozario – 1805 – doc. 4B. Ano de serviço de 1811.

22 SCHWARZ, Roberto. *Ao vencedor as batatas: forma literária e processo social nos inícios do romance brasileiro.* São Paulo: Duas Cidades/Editora 34, 2000, p. 15-16.

23 SAINT-HILAIRE, Augusto de. *Segunda viagem a São Paulo e quadro histórico da Província de São Paulo.* São Paulo: Biblioteca Histórica Paulista, 1954, p. 118.

Eni de Mesquita Samara, ao analisar a presença dos agregados em Itú entre os séculos XVIII e XIX, caracterizou este grupo como uma "camada flutuante e bastante complexa", constituindo-se tanto por elementos bens situados socialmente, com atividades específicas (boticários, negociantes, cirurgiões, entre outros); como por homens livres e pobres que circulavam em busca de trabalho, abrigo e proteção, ou que esmolavam pelas ruas das vilas e beiras de estradas.[24] Maria Helena Machado observou a difícil situação dos livres pobres num quadro comparativo entre Taubaté e Campinas, pontuando a existência de conflitos entre estes e os escravos como consequência das intensas relações entre essas duas categorias sociais. Intercursos estabelecidos tanto no espaço urbano quanto na área rural, especialmente nas pequenas vendas que circundavam as fazendas e nas beiras de caminho, como testemunhou Saint-Hilaire. Espaços menos vigiados que favoreciam contatos mais livres e o desenvolvimento de um "inter-relacionamento íntimo".[25] No que tange aos libertos, ainda segundo Machado, no universo agrícola havia uma tendência de orbitarem a volta do homem branco e de suas propriedades, devido ao "leque de oportunidades profissionais mais reduzido", vivenciando mesmo na condição de egressos da escravidão, situações estritamente escravistas, em que continuavam a partilhar com outros cativos as fainas agrícolas.[26]

A história de Josefa espelha a existência dessas relações. Na falta do inventário de seu antigo proprietário, não pude apurar de que forma ocorreu a sua transição. O mais provável é que durante a passagem para a condição de liberta, não tenha conseguido "viver sobre si", mantendo-se atrelada a um pequeno proprietário. De escrava a agregada, talvez não tenha havido uma alteração substancial em seu cotidiano, mas certamente essa nova condição lhe traria um *status* diferenciado perante os demais irmãos, além de uma mobilidade maior para frequentar a irmandade.

Outros agregados, dos quais nada consegui apurar, lhe fizeram companhia: como Joze, agregado a Maria Cubas Dias, inscrito em 1810; Maria, "agregada a caza do falecido Antonio Pereira Amarante", que entrou para a irmandade no ano

---

24 SAMARA, Eni de Mesquita. "Os agregados: uma tipologia ao fim do período colonial (1780-1830)". *Estudos Econômicos*, vol. 11, nº 3, dez. 1981, p. 159-168.

25 MACHADO, Maria Helena Pereira Toledo. *Crime e escravidão: trabalho, luta e resistência nas lavouras paulistas, 1830-1888*. São Paulo: Brasiliense, 1987, p. 41-42.

26 *Ibidem*, p. 44.

de 1811; Maria Joaquina, agregada de Anna Maria da Conceição e Maria, agregada a Joaquim Leme de Siqueira, ambas inscritas como irmãs do Rosário em 1814. As relações pessoais entre "protetores" e "protegidos", compartilhando o espaço da irmandade, ficam expressas no caso de Maria Cubas Dias, que exercera o cargo de Rainha em 1809, um ano antes da entrada de seu agregado José. De outra parte, a transitoriedade da condição escrava pode ser observada novamente através do registro da irmã Jeronima:

> *Entrada da Ir. Jeronima escrava do Alferes Amaro Antonio de Carvalho. Aos 27 de Dezembro de 1811, entra pa. Esta Irmandade Jeronima. escrava do Alferes Amaro*com liça. de seo senhor obrigandose e sogeitandose as leiz da mesma Irmde. Do que se fes este asento, que asigna o juiz, E por ela não saber ler nem escrever asigna a seu rogo eu Manuel Pinto Barboza, escrivam da Irmde. O escrevi. Laurindo Justiniano, a rogo Manuel Pinto Barboza.[27]

Esta irmã ingressou no ano de 1811, pagou seus anuais regiamente durante onze anos e nunca exerceu cargo expressivo. Não obstante, uma pequena anotação lateral em seu registro na qual se lê: "hoje he liberta mulher de Francisco Ramos da Silva",[28] permite saber que nesse espaço de tempo Jeronima alcançara a liberdade. Fato este que, à semelhança do que ocorrera com Josefa, foi acompanhado de perto pela irmandade. Contudo, diferentemente de sua consorte, que migrara de uma condição de subalternidade para outra, Jeronima alcançara não apenas a condição de liberta, como também de casada, o que lhe conferia o *status* legítimo de "mulher honesta". O seu registro não permitiu identificar quando se tornara livre, no entanto, é possível pensarmos em sua trajetória a partir do inventário de seu antigo proprietário, o Alferes Amaro Antonio de Carvalho, nome constante na documentação coligida.[29] Este oficial teve o seu inventário e partilha de bens

---

27 Grifos meus.

28 Consta no guia de Felix Guisard, a existência de um inventário em nome de Francisco Ramos da Silva, no ano de 1834, no Cartório do 2º Ofício. Infelizmente não localizei este documento no Arquivo Público de Taubaté. GUISARD FILHO, Félix. *Índice de Inventários e Testamentos: achegas à história de Taubaté*. Coleção Biblioteca Taubateana de Cultura, vol. IV. São Paulo: Athena Editora, 1939, p. 133.

29 DMPAH – Acervo Felix Guisard Filho – Cartório do 2º Ofício. Inventário e partilha de bens do Alferes Amaro Antonio de Carvalho – 1816.

efetuados pela viúva e seus três filhos no ano de 1816. Constam no rol de seus bens, além de um pequeno roçado de milho, dois cavalos, um boi, alguns porcos e o sítio "de sua morada", que se localizava:

> Principiando no rumo do Capitão Domingos Ferreira da Silva acompanhando as capoeiras de Francisco Alvares dos Santos, voltando a sahir na Estrada que vai para a tapera do Reginaldo de chegando na volta do *Piracangagua*, para a dita Capoeira seguindo pelo Espigão do morro que de (ilegível) para a *tapera do dito Reginaldo* athe o rumo de Joam Gonsalves do Prado seguindo o dito rumo athé em encostar com Joaquim Gonsalves seguindo o rumo do fallecido *João Correa do Prado* athe o matto que foi finado, sendo aprocimado um Espigam que desangua para o (ilegível) sendo outra vês pelo mesmo Espigam, aprocima o Caminho do Paiol atravesando o caminho que vai para o mesmo Paiol passando dois paos pretos de Peroba aprocima o Espigam que desse para a capoeira do Janoario athe as tantas com o rumo do já dito capitão Domingos Ferreira da Silva.[30]

A detalhada descrição do caminho que levava às terras do falecido, bem como a extrema preocupação em demarcar a sua exata localização, nos revelam uma propriedade distante da vila, encontrada somente através da passagem por capoeiras, espigões e taperas, o que certamente obrigaria o Alferes (que também era membro do Rosário) e seus escravos, a percorrerem uma longa distância a fim de participarem das atividades da irmandade.[31] Logo abaixo, um mapa da vila de Taubaté e de suas cercanias rurais, elaborado por Félix Guisard Filho, nos auxilia na localização geográfica da Irmandade do Rosário e das áreas das quais alguns de seus membros se originavam, permitindo pensar o seu grau de circulação, sobretudo de seus irmãos cativos:

---

30 Grifos meus
31 Evidenciam a importância da posse da terra.

Mapa da Vila de Taubaté (ao centro do mapa) e de sua extensão rural.[32]

As terras do Alferes Amaro dividiam-se com as do falecido João do Prado Correa, que além de seu vizinho era, supostamente, um irmão do Rosário uma vez que sua filha Maria Josefa, exercera o cargo de Juíza de Promessa no ano de 1811.[33] A partir do inventário de João do Prado,[34] é possível apurar que se tratava de um pequeno proprietário que ao morrer, deixara aos seus legatários, além de suas terras e de um sítio[35], algumas dívidas e três escravos, todos vendidos para sanar as

---

32 Elaborado por Felix Guisard Filho, publicado na Gazeta de Taubaté entre os anos de 1952-1953. Cópia gentilmente cedida por Lia Carolina, diretora do Arquivo da DMPAH.

33 Era costume que as famílias se filiassem às Irmandades a partir da entrada do patriarca. Dessa forma, os confrades batizavam seus filhos assim que nasciam e geralmente os matriculavam nas ordens religiosas às quais pertencessem.

34 DMPAH – Acervo Felix Guisard Filho – Cartório do 2º Ofício. Inventário e partilha de bens de João do Prado Correa – 1809. Este inventário se encontra em estado precário de conservação, pudemos apurar que além das terras, o falecido deixara três escravos e algumas dívidas.

35 Esta propriedade contava com 500 braças de terras, uma proporção razoável dada a ausência de outros bens deixados pelo falecido. Essas quinhentas braças de terras de João Prado equivaleriam a um terreno de cerca de mil metros (ou um quilômetro), se considerarmos que uma braça de terra equivale a dois metros e vinte (2,2m) mais ou menos. Conforme verbete "braça" em: *Diccionario da Língua Portugueza Antonio de Moraes Silva*. Tomo I. Lisboa: Typographia de Joaquim Germano de Souza, 1877.

despesas com seu funeral e devida quitação de seus credores, à exceção do escravo Domingos de 56 anos, africano da Costa, avaliado por 50$000 réis. Do montante deixado por seu pai, Maria Josefa receberia a quantia de 72$093 réis. A ausência de um plantel significativo de escravos pode significar que João do Prado trabalhasse suas terras lado a lado com seus escravos, quiçá de um ou outro agregado.

Retornando ao inventário de nosso amigo Alferes Amaro, por ocasião da partilha de seus bens, vimos que falecera deixando o seguinte rol de escravos: *Luiz Antonio*; Benedito, mulato; outro rapaz mulato (sem nome); *Lauriano*; Alaor; *Francisco*; *Ignácio*; *Jeronima, mulata*; Luiz, Ignacia velha; Norato, mulato; Sebastião e Joaquina. Entre estes cativos, além de Jeronima que não exercera cargo algum, conforme já mencionamos, figuravam como irmãos do Rosário: Luiz Antonio (irmão de mesa em 1806 e andador em 1809 e 1810); Francisco (juiz em 1808 e 1810); Lauriano (juiz de Promessa em 1811) e Ignácio (juiz em 1812).[36] Através deste inventário podemos verificar que a irmã Jeronima era mulata[37] e que não fora alforriada em testamento por Amaro. Avaliada em cerca de 140$800 réis, ficaria com a viúva, assim como dois outros "escravos-irmãos" do Rosário, Francisco e Ignácio, avaliados em 102$400 e 153$600 réis, respectivamente. Entre os companheiros de irmandade, destacamos o destino de Lauriano e Luiz Antonio, herdados por um dos filhos de Amaro, João Paulo.

Amaro era o que podemos chamar de médio proprietário, possuía treze escravos, dos quais cinco participariam efetivamente das atividades da irmandade, pelo que pude apurar através do cruzamento das informações presentes na documentação. Por ser este senhor também um irmão do Rosário, podia como "bom cristão" que fosse partilhar da devoção de seus cativos, liberando alguns deles para participarem das festividades e reuniões de mesa, possivelmente incentivando-os a ocuparem cargos de prestígio, numa aparente demonstração de harmonia e pertencimento a uma mesma instituição.

Com relação à mulata Jeronima, já que sabemos não haver sido liberta antes do ano de 1816, data do falecimento de seu proprietário, provavelmente por ser jovem e produtiva (se utilizarmos como referencial a avaliação dos demais escravos),

---

36   DMPAH – Livro de "Termos de Mesa" da Confraria dos Homens Pretos da Irmandade do Rozario – 1805 – doc. 4B – Caixa 119.

37   Com relação às identidades étnicas ou sociais dos demais escravos não há informações. O único fator de distinção que sobressai na descrição desses bens semoventes é a condição de "mulatos".

podemos aventar outras hipóteses para a sua alforria.[38] Certamente teria se dado entre os anos de 1817 e 1822, data última de pagamento de seus anuais. Imagino que a venda das terras e do sítio tenham precipitado a viúva rumo à vila, onde poderia facilmente viver as expensas do trabalho a ganho de seus três escravos, estes sim o seu bem maior doravante. Ali, em contato com a cidade e a partir de seus afazeres, Jeronima teria condições de amealhar o suficiente para conquistar a sua alforria.

Diferentemente de Domingas, juíza de ramalhete em 1809, como escrava de Lourenço Garcia, e que no ano seguinte exerceria o cargo de rainha do Rosário, já em liberdade, identificada como: "escrava que foi do falecido Lourenço Garcia".[39] Podemos assim entender mesmo na ausência de testamento ou inventário, que esta escrava fora libertada por ocasião da morte de seu senhor. Liberdade recente de uma condição distintiva no interior da confraria e que a marcaria indelevelmente, como "escrava que foi".[40] Neste diapasão, é possível especular acerca das possibilidades de perda da condição escrava por parte dessas escravas. Sheila de Castro Farias, destacou a presença das mulheres como maioria entre os alforriados seja por seu preço inferior em relação ao do trabalhador braçal, ao seu protagonismo no pequeno comércio, ou ainda, tirando partido do grau de afetividade desenvolvido com seus proprietários.[41]

Os destinos de Jeronima, Josefa e Domingas foram marcados por essa transição, que infelizmente não foi possível reconstituir, dada a ausência de fontes.[42] No entanto, acredito que essa liberdade tenha sido facilitada pelas relações mantidas no interior da irmandade, que consequentemente criariam condições inclusive para o casamento entre Jeronima e Francisco Ramos da Silva, fato este

---

38 Para essa assertiva, me pautei no valor mais alto atribuído entre os escravos no momento de sua avaliação: 153$600 réis, aos escravos Sebastião e Ignácio.

39 DMPAH – Livro de "Termos de Mesa" da Confraria dos Homens Pretos da Irmandade do Rozario – 1805 – doc. 4B – Caixa 119.

40 Em algumas irmandades, conforme apontado no primeiro capítulo havia distinção entre irmãos escravos e libertos. Essa questão será levantada novamente durante a análise acerca da Irmandade de São Benedito de Taubaté.

41 FARIA, Sheila de Castro. "Mulheres forras – riqueza estigma social". *Tempo*, Rio de Janeiro, nº 9, jul. 2000, p. 75.

42 Sheila de Castro Faria aponta a necessidade de estudos mais apurados sobre a situação dos libertos, uma vez que a maioria dos trabalhos acerca do tema alude apenas aos "mecanismos" para obtenção da liberdade (*Ibidem*, p. 67-68).

que a colocaria socialmente, numa sociedade escravista e patriarcal, em posição de superioridade a de suas consortes. Nesse sentido, destaco que o espaço da Irmandade do Rosário dos Pretos de Taubaté, favoreceu intercursos pessoais entre os seus membros, inclusive entre senhores e escravos, dada a intensa circulação ali de pessoas com as mais diversas condições sociais.

No Brasil, uma intricada teia de relacionamentos movimentava o cotidiano de suas cidades, vilas e arraiais. Favorecida amplamente da convivência doméstica e municiada por uma gama variada de tipos sociais produzidos nos interstícios da sociedade escravista: livres pobres, agregados, escravos ou libertos, que se mantinham próximos aos senhores, por dependência, alforrias condicionais ou coartações.[43] Aproximação que viabilizava a esses segmentos marginalizados, uma sociabilidade que lhes assegurava a sobrevivência, e por vezes, a formação de um pecúlio, para no caso dos cativos, comprar ou quitar a própria alforria ou de outrem, ou até mesmo adquirir um escravo para si.

Não raro, até mesmo os libertos, quando assim o podiam, possuíam um pequeno número de escravos, de um a três, dos quais extraíam diárias e jornais.[44] Importante também era a mobilidade conquistada pelos escravos através da proximidade com seus senhores, fator que segundo Cristina Wissenbach: "acompanhava a vida dos escravos domésticos, ao terem incluídos entre suas lides diárias também as compras, o abastecimento de água, as vendas de quitutes ou de água aos soldados".[45] As ruas ofereciam o espaço ideal para a interação entre os escravos e os demais grupos sociais, uma vez que:

---

43   As alforrias condicionais mantinham cláusulas que obrigavam os "libertandos" a servirem por um período pré-determinado. As coartações, muito comuns em Minas Gerais e na Bahia, geravam o que se conveniou chamar de "libertandos a crédito", pois os senhores desses escravos "parcelavam" o pagamento das alforrias em prestações. Em geral o coartado ficava de posse de uma Carta de Corte, que comprovava o direito ao seu proprietário de cobrá-lo quando bem lhe conviesse. Ver: PAIVA, Eduardo França. *Escravos e libertos... op. cit.*, p. 79 e seguintes. Stuart Schwartz refere-se aos coartados como escravos em processo de transição para "a condição social de livre". Ver: *Segredos internos: engenhos e escravos na sociedade colonial – 1550-1835*. São Paulo: Companhia das Letras, 1988, p. 214.

44   Ilustrarei este fato mais adiante ao mencionar em Bananal, o caso da mulata Rosa. Ver ainda: LUNA, Francisco Vidal; COSTA, Iraci del Nero. "A presença do elemento forro no conjunto de proprietários de escravos". *Ciência e Cultura*, 32, 1980, p. 836-881.

45   WISSENBACH, Maria Cristina Cortez. *Sonhos africanos, vivências ladinas: escravos e forros em São Paulo (1850-1880)*. São Paulo: Hucitec, 1998, p. 185-187.

> Os criados compartilhavam de certa intimidade com os moradores dos sobrados, mas alternavam esse convívio com as dimensões trazidas pelo sair às ruas, (…) o espaço das ruas estabelecia o esteio dos relacionamentos sociais experimentados pelos trabalhadores negros, constituindo a principal dimensão de sua interação com os demais grupos da sociedade e com o poder político da cidade, numa escala de proximidade bastante intensa.[46]

A possibilidade de circular entre as casas e o pequeno comércio abria caminho aos escravizados para intercursos que, de certa forma, amenizavam as agruras da vida cativa. Circulação que propiciava tramas alternativas de resistência e rebeldia, que não implicavam necessariamente no uso da violência, tal como ao forjarem um mundo paralelo de trabalho que comportava os serviços esporádicos, a pequena lavoura e, sobretudo, o comércio a retalho dominado por escravas e libertas. Segundo Maria Odila Dias, o livre trânsito de libertos e escravos de ganho pelas ruas das vilas, proporcionou o desenvolvimento de trocas comerciais, que, entre outras coisas, transcendia as relações econômicas, revestindo-se de um "sentido cerimonial", sobretudo na troca ou mesmo venda de "bens de prestígio", tais como a aguardente e o fumo, ou ainda de ervas e frangos "mágico-religiosos".[47] Ritual comunitário que reforçava os laços entre os segmentos menos favorecidos da sociedade a partir de suas experiências cotidianas e que Jean Baptiste Debret registrou em suas andanças pelo Brasil, surpreendido ante o intenso circular dos negros:

---

46 *Ibidem.*

47 DIAS, Maria Odila Leite Silva. *Cotidiano e poder em São Paulo no século XIX.* 2ª ed. São Paulo: Brasiliense, 1995, p. 159.

"Vendedoras de aluá, de manuê e de sonhos". Jean Baptiste Debret.
Viagem Pitoresca e Histórica ao Brasil.

"Negras livres vivendo de seu trabalho". Jean Baptiste Debret.
Viagem Pitoresca e Histórica ao Brasil.

As aquarelas acima reproduzem um cenário que se tornou familiar ao artista francês: negras libertas e escravas vivendo do comércio a retalho praticado cotidianamente pelas ruas de diversas vilas brasileiras. Em ambas as imagens, podemos ver o protagonismo dessas negras vendeiras. Na primeira, Debret registra o hábito vespertino das bebidas refrescantes na calorenta cidade do Rio de Janeiro, comercializadas "por uma multidão de vendedoras em sua maioria escravas de pequenos capitalistas, ou por negras livres". Vendedoras de limões doces e aluá,[48] que se destacavam na paisagem "pela elegância, ou ao menos, pela limpeza de seus trajes, naturalmente proporcionais à fortuna dos senhores". Mulheres que segundo ele, não precisavam de muito para estabelecer o seu comércio, bastando-lhes apenas

> um pote de barro, um prato, uma grande chícara de porcelana e, finalmente, um côco de cabo de madeira, espécie de colher e ao mesmo tempo medida de capacidade que se serve para tirar do pote a quantidade de bebida suficiente para encher a chícara, a qual é vendida a dez réis.[49]

Se eram escravas as tais vendedoras de refrescos, havia também as libertas, que tratavam de suas vendas acompanhadas de seus negrinhos, tal como representado na segunda imagem. Na conquista da liberdade, segundo Debret, algumas teriam sido beneficiadas pelas relações tecidas com seus senhores, posto que "a negra tem sempre maior número de possibilidades, pois acha-se colocada sob a influência direta da generosidade de seu padrinho, homem rico não raro, dos filhos e amigos de seus senhores e finalmente de seus amantes". Lembrando-nos de que no Brasil era costume entre os "ricos generosos, conceder por testamento e a título de recompensa, liberdade a um certo número de seus escravos de ambos os sexos", o pintor relata o viver dessas negras libertas:

> Observa-se também que na classe das negras livres, as mais bem educadas e inteligentes procuram logo entrar como operárias por ano ou por dia numa loja de modista ou de costureira francesa, título esse que lhes permite conseguir trabalho por conta própria nas casas brasileiras, pois com seu talento conseguem imitar muito bem

---

48   Bebida feita à base de arroz fermentado e açúcar.

49   DEBRET, Jean Baptiste. *Viagem Pitoresca e Histórica ao Brasil.* Tomo I, vols. I e II. Tradução de Sérgio Milliet. São Paulo: Livraria Martins, 1940, p. 217.

as maneiras francesas, trajando-se com rebuscamento e decência. Outras, que não dão para trabalhos de agulha, dedicam-se ao comércio de legumes e frutas, instalando-se nas praças; as mais ricas e donas de mercadorias chamam-se *quitandeiras*.[50]

E não descuravam de resguardar-se ao sair às ruas essas comerciantes, desconfiadas dos olhares alheios, a exclamarem quando encontrassem uma vendedora concorrente que tomassem por inimiga: "'*Cruz Ave Maria, arruda*', colocando subitamente os dois index sobre a boca". Conscientes do perigo iminente, elas diziam ainda: "*toma arruda, ela corrige tudo*", pendurando cuidadosamente ramos da erva ao corpo para sua maior proteção. Segundo Debret, "tôdas as mulheres da classe baixa, em que se constituem as negras os cinco sextos", utilizavam como "um preventivo contra os sortilégios", os galhos da arruda, "espécie de amuleto muito procurado e que se vende tôdas as manhãs nas ruas do Rio de Janeiro", cuidando de prendê-los à cintura, nos cabelos ou atrás das orelhas. E também as mulheres brancas se serviam de seus benefícios, levando-os discretamente escondidos entre os seios.[51]

Vendedor de arruda. Na legenda da aquarela, pode-se ler: "negra comprando arruda para se preservar do mau olhado". Jean Baptiste Debret. *Viagem Pitoresca e Histórica ao Brasil*.

---

50   *Ibidem*, p. 216.
51   *Ibidem*, tomo II, vol. III, p. 168.

Testemunha ocular do cotidiano carioca, Debret registrou em pincel e pena a interação entre escravos e libertos em pleno comércio da erva:

> A cena se passa no Rio de Janeiro e mostra *um vendedor de arruda, escravo de uma rica fazenda, trazendo dos arrabaldes da cidade enorme quantidade desses galhos conservados frescos dentro da água contida na vasilha que leva à cabeça.* À esquerda, uma negra bem vestida, de *samburá* no braço, já fêz sua provisão de arruda e guarda uma parte para uma amiga; *encarregada das compras para a cozinha de seus senhores, prudentemente começou por comprar o talismã que vai favorecer sem dúvida o lucro ilícito que ela pensa tirar das aquisições do dia.* A segunda, à direita do vendedor, filha de uma negra quitandeira livre, compra ingênuamente certa quantidade para repartir com sua mãe, ao passo que *a terceira, ao contrário, mais faceira e dada a aventuras, como bem se vê de seu vestido, procura cobrir-se de arruda, introduzindo-a nas pregas do turbante, nos cabelos, nas orelhas e no nariz.* De pito na mão, a *intrigante quitandeira*, confiante nos seus ademanes conta já agora com um dia feliz.[52]

Esta aquarela reproduz um momento comezinho e frugal, memória dos negros que transitavam diariamente pelas ruas das vilas brasileiras a fim de abastecer a casa de seus senhores ou realizar o seu pequeno comércio, e ali se deixavam ficar por alguns instantes, livremente. Já nas primeiras horas da manhã, "bem vestida" e adornada com colares e mais pingentes, a escrava não resiste em comprar seu talismã antes de cumprir com suas obrigações, almejando para si "lucros ilícitos". Aproveitando o ensejo, a quitandeira "intrigueira e faceira", protege-se logo cedo talvez para assegurar boas vendas. Suas roupas denotam, na visão do artista, que era "dada a aventuras", certamente prestando favores sexuais aos homens de antanho. Aquele escravo da "rica fazenda", que rumou dos "arrabaldes da cidade" para abastecer a fiel clientela, foi personagem importante na trama cotidiana de um comércio que passava diretamente pelas mãos de escravos e libertos. O seu deslocamento demonstra novamente a intensa circulação entre o campo e a cidade. Outros negros dos "arrabaldes" foram retratados por Debret:

---

52 *Ibidem*, p. 168-169. Grifos meus.

Vendedor de samburás – Vendedor de Palmito. Jean BaptisteDebret.
Viagem Pitoresca e Histórica ao Brasil.

Acima, vemos um carregador de palmitos, que segundo o artista, "dará uma ideia do mais belo tipo de negro de uma propriedade rural". Naquele momento o escravo encaminhava-se ao estabelecimento de seu dono a fim de devolver-lhe o machado com o qual apanhara palmitos, antes de "levar para a cidade a colheita feita na floresta". Um "outro negro da roça", caminha em sentido contrário: "vestiu suas melhores roupas e aproveitou a folga do domingo para levar à cidade uma provisão de cestas fabricadas durante suas horas de lazer".[53]

Não é difícil apostar que o esmero na vestimenta o levasse, naquela manhã de domingo, a adiantar seus negócios na cidade a fim de poder assistir a uma ou duas missas nas tantas igrejas pertencentes às irmandades de homens pretos que se constituíram na cidade do Rio de Janeiro. Além de realçar a circulação entre o eito e a cidade, a imagem nos ajuda a observar que a diversificação do trabalho escravo não se ateve somente ao centro das vilas com suas negras vendeiras. Cristina Wissenbach, assim como Debret, captou-a em regiões ruralizadas nas quais o universo socioeconômico:

---

53 *Ibidem,* tomo I, vols. I e II, p. 169-170.

> Demandava atividades paralelas que iam das roças de subsistência cultivadas pelos próprios escravos e a eles destinadas, aos serviços domésticos, às oficinas artesanais, aos trabalhos relacionados ao transporte dos produtos para o mercado. Formava-se, como decorrência, uma camada escrava intermediária, desvinculada do eito e dos serviços domésticos e, sobretudo, livre da vigilância estrita dos brancos e de seus feitores.[54]

Em Taubaté, onde também pudemos observar a circulação de pessoas entre as distantes áreas rurais e a vila, o Rosário dos Pretos reproduzia e complementava essas dinâmicas de interação social que colocavam senhores e escravos em proximidade, reflexo da convivência diária no âmbito das roças e sítios. É certo que a produção dos pequenos proprietários que ali encontrei seria conduzida ao comércio da vila por seus poucos escravos, e no trajeto às vezes longo, laços seriam criados e desfeitos dependendo do grau de afinidade entre ambos. Na criação de alguns desses "laços", alforrias como a de Jeronima e Domingas foram possíveis.

Maria Odila Dias observou ainda o papel estratégico das negras e mulatas, "chefes de famílias", como mediadoras entre escravos e livres, e em especial na circulação de informações, "estabelecendo contatos, suprindo suas agências".[55] Mulheres que, conforme pontuado anteriormente por Sheila Faria e como bem observado por Debret em seus relatos coevos, aproveitavam-se de uma maior mobilidade social e de seu protagonismo no comércio a retalhos para realizar significativas conquistas. Num sentido equivalente, a ampla presença de mulheres nas irmandades de "homens" pretos pode ser observada e atesta essa importância.

Se em seus primórdios essas associações contavam com um pequeno número de mulheres, com o passar do tempo ocuparam cada vez mais espaços, chegando a superar em alguns casos o contingente masculino. Em contraste, nas entidades mantidas por homens brancos, a predominância de comando sempre foi eminentemente masculina.[56] E não eram apenas as mulheres pretas que se destacavam nesse cenário. Mulheres brancas pobres, pardas, libertas (algumas com razoável

---

54 WISSENBACH, Maria Cristina Cortez. *Sonhos africanos... op. cit.,* p, 86. Grifos meus.

55 DIAS, Maria Odila Leite Silva. "Forros y blancos pobres en la sociedad colonial del Brasil (1675-1835)". In: *Historia General de America Latina*, Unesco, vol. 3, cap. 14, 2004, p. 6.

56 QUINTÃO, Antonia Aparecida. *Lá vem o meu parente... op. cit.,* p. 89-90.

situação financeira) ou escravas, conviviam entre si, construindo laços de sobrevivência no interior das confrarias dos "homens" pretos. Ao analisar essa convivência, Maria Odila Dias nos revela que:

> Entre a casa e a rua, havia um desdobramento contínuo de dependências mútuas, que tecia e enredava um no outro o domínio do privado e do público, de modo que o nexo orgânico senhora-escrava foi-se diluindo com a urbanização, uniam entre si nas fímbrias das classes dominantes, mulheres livres empobrecidas, escravas e forras.[57]

No tocante ao Rosário dos Pretos de Taubaté, a partir do livro de registro de entradas, elaborei duas tabelas que permitiram compor um quadro comparativo entre o número de irmãos escravos e livres matriculados, assim como destacar a presença feminina:

Tabela 1 – Registro de entrada de irmãos na Irmandade de Nossa Senhora do Rosário dos Pretos de Taubaté: 1809-1814. Divisão por grupo social

Anos	Total de Entradas	Irmãos Cativos	Pardos	Brancos	Agregados
1809	21	09*	00	00	00
1810	36	18	01	00	01
1811	25	09**	00	01	01
1812	26	06	00	01	02
1813	18	01	00	00	00
1814	50	08	00	03	05
Totais	176	51	01	05	09

Referência: DMPAH – Irmandade de N. Sra. do Rozario dos Pretos de Taibathé. doc. 5 – Caixa 119.[58]

---

57 DIAS, Maria Odila Leite Silva. *Cotidiano e poder... op. cit.,* p. 156. Sobre a importância das mulheres na sociedade escravista, ver também: GRAHAM, Sandra Lauderdale. *Caetana diz não: história de mulheres da sociedade escravista brasileira.* Tradução Pedro Maia Soares. São Paulo: Companhia das Letras, 2005.

58 *Em 1809, temos o caso de Jozefa, que entrou para a Irmandade como escrava de Domingos Joze de Castilho e que no decorrer de seu tempo como irmã viria a se tornar agregada. Como não foi possível identificar a data dessa alteração, se encontra contabilizada como escrava.
**Em 1811, temos a entrada de Jeronima, como escrava do Alferes Amaro Antonio de Carvalho e que mais tarde se tornaria liberta e esposa de Francisco Ramos da Silva, como no caso de Josefa se encontra na contagem como escrava.

A presente tabela foi construída de modo a contemplar num primeiro momento, o total de irmãos matriculados no referido ano, destacando do conjunto o número de escravos, o de agregados, o de brancos e o de pardos. Num período de seis anos, entraram para o Rosário dos Pretos de Taubaté, 176 irmãos, entre os quais encontramos: 51 escravos, 9 agregados, 5 brancos e 1 pardo. Note-se que em 1810 ingressaram 36 irmãos, sendo a metade deles escravos. Não obstante, em 1814, ano em que se registra o maior número de entradas, apenas 8 irmãos eram cativos. À primeira vista pode parecer pequeno o percentual de escravos matriculados na irmandade, todavia, tais números não devem ser menosprezados. Além do estado precário da documentação que inviabilizou uma análise mais longeva, lembremos que esta irmandade teve a sua fundação nos anos finais do século XVII e certamente abrigaria escravos matriculados há mais tempo. Importante destacar que no quesito "brancos", encontramos apenas mulheres. Também durante a pesquisa, embora tenha encontrado apenas a "parda forra" Domingas oficialmente nomeada sob essa condição, através do cruzamento documental pude identificar a presença de outros irmãos e irmãs pardos. Explanarei mais adiante a esse respeito. Vejamos então a segunda tabela:

Tabela 2 – Registro de entrada de irmãos na Irmandade de Nossa Senhora do Rosário dos Pretos de Taubaté: 1809-1814 – Divisão por sexo

Anos	Mulheres	Homens
1809	8	13
1810	18	18
1811	17	8
1812	15	11
1813	10	8
1814	29	21
Totais	97	79

Referência: DMPAH – Irmandade de N. Sra. do Rozario dos Pretos de Taibathé. doc. 5 – Caixa 119.

Os dados acima expressos nos permitem perceber que do total de 176 irmãos matriculados no período analisado, 97 eram mulheres (55,1%). Excetuando-se os anos de 1809 em que as entradas masculinas foram maiores, e de 1810, no qual houve empate, nos anos subsequentes as mulheres foram sempre maioria entre os ingressantes. O fato de criarem-se mais cargos de prestígio femininos, como os de juízas de ramalhete, por exemplo, conforme apontado anteriormente, pode justificar-se pelo recrudescimento no quadro de irmãs. Hipótese mais do que crível, dado o quadro acima exposto acerca do protagonismo das mulheres em relação aos homens nos interstícios da sociedade escravista. E serviria não somente para contemplá-las, como também para permitir um aumento na arrecadação da Irmandade, estratégia que já mencionamos anteriormente.

Detectei ainda a presença de outras mulheres interessantes: como Domingas Antunes, "parda, forra", inscrita em 1810; e as "brancas solteiras": Quitéria Maria de Jesus e Maria Angélica de Jesus, inscritas em 1812; e Anna Maria de Souza, Maria Izabel da Conceiçam, (filha de Catherina Maria de Jesus), e Maria Oliveira, todas matriculadas no ano de 1814. Essas mulheres contribuíram esparsamente e jamais exerceram cargos.[59] A ausência do compromisso impossibilita conhecer as condições impostas a estas irmãs no momento de sua filiação, todavia, acredito que embora aceitassem a presença de brancos e pardos, é provável que os irmãos pretos do Rosário de Taubaté, lhes vedassem ou restringissem o acesso a postos de comando, os quais se mantinham na medida do possível em seu poder. Todavia, percebe-se a convivência interna entre mulheres de diversos segmentos sociais, tal como destacado por Maria Odila Dias. Infelizmente não encontrei outros documentos que me levassem até essas interessantes mulheres, inventários ou testamentos que poderiam nos contar mais a respeito dessas "irmãs brancas" do Rosário dos Pretos, ou ainda sobre Domingas, a única pessoa nomeadamente "parda" registrada na irmandade no período analisado. Novamente ressalto que encontrei no decorrer da pesquisa, outros irmãos pardos, poucos, filiados à irmandade, os quais serão mencionados em momento oportuno.

A presença diminuta de pardos no Rosário dos Pretos pode justificar-se pela existência em Taubaté da Irmandade de Nossa Senhora da Boa Morte, fundada no início do século XIX e que funcionava no interior da Igreja Matriz de São Francisco das Chagas. Esta irmandade teve o seu compromisso confirmado em 16 de novembro de 1807 e dois anos depois, os seus irmãos encaminharam uma provisão dirigida ao Príncipe Regente, Dom João IV, em que solicitavam resposta a um pedido não atendido, feito na ocasião da aprovação de seus estatutos, o qual se tratava do desejo de obterem um espaço no interior da Igreja Matriz para o enterramento de seus mortos e ainda de um esquife para melhor os carregarem:

---

59   À exceção de Quitéria Maria de Jesus, que contribuiu regiamente de 1811 a 1820.

> Cap. 11. E para mais fervorosos os ânimos dos que quizerem entrar nesta Santa Irmandade, pedimos a V. A. R. (Vossa Alteza Real) nos conceda a Graça de hum corredor, q. está encostado á Capellamor diante do Evangelho, que sem prejuízo da Fabrica temos nossas Sepulturas, para nellas serem sepultados os nossos Irmãos e Irmãs, filhos menores, como também a Graça de termos nosso Esquife, para nelle serem levados nossos Irmãos fallecidosá Sepultura. E para que este tenham seu devido vigor de prezente supplicão a V. A. R. haja por bem de os approvar.[60] Aos 23 de novembro de 1809.

Instado pelo poder Real a informar sobre o estado da irmandade requerente, o Bispado de São Paulo, encaminhou meses depois resposta, via Mesa de Consciência e Ordens:

> Vossa Alteza Real pela Provisão de 23 de Novembro do anno de 1809 me ordena informe sobre o Requerimento da Irmandade de Nossa Senhora da Boa Morte da Villa de Taubathé, que requer a V. Alteza Real hum corredor da Igreja paroquial daquella Villa para sepultar os seus confrades da mesma Irmandade. *Conformandome com a resposta do Vigário Collado da mesma Villa, informo a Vossa Alteza Real que similhante Requerimento não dever ser attendido, pois então ficaria a Igreja sem ter com que se fizesse ornatos para ella como comprova o Vigario por serem pobres a maior parte do povo e maior parte delles se sepultarem no Convento de São Francisco, não haveria que pagasse covage (sic) á Fábrica da Igreja que hé tão pobre como são os demais deste Bispado, faltas de ornamentos e do necesario para o culto divino.* Hé o que posso informar a V. Alteza Real, o q. for devido. Deos guarde V. Alteza Real *S. Paulo, 6 de Mayo de 1810.*[61]

A negativa da concessão foi dada com base nas informações do Vigário Bento Cortez (o mesmo que assistia às reuniões dos irmãos pretos do Rosário). O religioso encaminhou às autoridades competentes, considerações acerca da pobreza dos

---

60 AN – Arquivo Nacional. Seção Histórica. Mesa de Consciência e Ordens – Caixa 291 – Pacote 2.

61 *Ibidem*, p. 151. Grifos meus.

CAMINHO DA PIEDADE, CAMINHOS DE DEVOÇÃO 117

irmãos da Boa Morte, ressaltando que a utilização do espaço da Igreja Matriz para seus enterramentos, retiraria da também pobre igreja a sua maior fonte de renda. Em consequência a "pobre" irmandade da Boa Morte teve a sua validade contestada, uma vez que embora autorizada pelo poder eclesiástico, ainda não havia sido legalmente reconhecida pelas autoridades leigas. No decorrer daquele ano de 1810, a irmandade intentaria diversos recursos com vistas à sua legalização. Finalmente, em 28 de Março de 1811, Dom João assinou o seu reconhecimento:

> Dom João por Graça de Deos Príncipe Regente de Portugal e dos Algarves d'aquém e d'além Mar em África de Guine, Membro do Mestrado, cavallaria e Ordem de Nosso Senhor Jesus Christo. Faço Saber que não se podendo erigir sem faculdade Minha, Capellas, Confrarias, ou Irmandades nestes Domínios Ultramarinos por serem pleno jure da mesma Ordem, e da Minha Jurisdicção *insalidum* como Governador della. E attendendo a reprezentarem-me *os homens pardos da Villa de Taubaté terem erecto huma Irmandade da Senhora Boa Morte na Igreja Matriz de São Francisco das Chagas daquella Villa* sem a Minha Real Approvação, cuja nulidade agora reconhecendo, Me pedião fosse servido sanar. Confirmando lhe a Ereção da ditta Irmandade. O que tudo visto e resposta do Procurador Geral das Ordens. *Hey por bem Fazer Mercê aos homens pardos da Villa de Taubaté de lhes Approvar e Confirmar a Ereção da Irmandade sobredita.* Revalidando lhes em esta Minha Real Approvação a nulidade com que se achava erecta. Esta se cumprira como nella se contem sendo pasada pela Chancelaria da Ordem. O Príncipe Regente Nosso Senhor Mandou pelos Ministros abaixo asignados do Seu Conselho e Deputados do Tribunal da Meza de Consciência e Ordens.[62]

Alguns aspectos podem ser analisados no documento. *A priori*, destaco que a autorização assinada pelo Príncipe Regente e por sua Mesa de Consciência e Ordens, instituída naquele momento no Brasil,[63] nos revela justamente ser esta uma irmandade fundada pelos "homens pardos da Villa de Taubaté". Também é

---

62   *Ibidem*. Grifos meus.

63   A transferência da família real e sua corte para o Brasil em 1808, trouxe consigo os setores administrativos portugueses, incluindo a Mesa de Consciência e Ordens, que dirimia sobre as autorizações confrarias.

possível observar-se as constantes tentativas de controle sobre a criação das ordens leigas. A provisão para ereção da Irmandade da Boa Morte foi concedida mediante a condição de que fosse construído um cemitério próprio "para jazigo de seus irmãos". Ainda como exigência da Mesa, não poderia haver nenhum "acrescentamento" ou reforma no compromisso sem a sua aprovação, sujeitando-se ainda a irmandade a prestar contas de suas arrecadações e gastos ao Provedor de Capelas.

Não obstante tais imposições que, via de regra, poderiam muito bem não ter sido cumpridas, dado o exíguo controle exercido pelas autoridades competentes, aparentemente os pardos da Boa Morte não cumpriram com o seu dever de construir um cemitério, e conseguiram, alguns anos mais tarde, finalmente enterrar os seus mortos no corredor lateral da Igreja Matriz. Senão vejamos a correspondência enviada pelo ainda Vigário de Taubaté, Bento Cortez de Toledo ao Bispado da Província no ano de 1820:

> Para responder com mais clareza a respeitável ordem de V. Exa. Reverendíssima, primeiramente devo lembrar q. nesta freguesia há convento de Religiosos menores e nelle *Ordem Terceira com esquife e sepulturas para os terceiros e terceiras q. se compoem da melhor parte de meus freguezes. No mesmo Convento ha também hua Irmandade de S. Benedito, tambem esquife e sepulturas para os Irmãos brancos, forros e captivos. Assim mais ha nesta Villa a Capella da Senhora do Rozário dos pretos, com esquife e sepulturas para os irmãos de todas as qualidades.* E finalmente dentro da Matriz a do Senhor dos Passos, ainda com previlegio de serem sepultados as mulheres, e filhos menores de quatorze annos dos Irmãos; e a do SSmo. Sacramento q. se faz indispensavel. A vista do exposto q. poderá resta para a Fábrica da mesma Igreja mais que os pobres q. alem de não terem com q. pagar, muitas vezes necesitam ainda para a mortalha e salmo dos fins. Es aqui Exmo. Rmo. Senhor porque a mesma Igreja se acha com hua total decadência q. nem ornamentos descentes ao Santo Sacrifício teria, se eu não mandase fazer dois, q. diariamente serve. *He certo q. a Irmandade da Senhora da Boa Morte obteve sendo Vigário Geral Antonio Jose de Abreo, faculdade para sepultarem-se os Irmãos no corredor de q.faz menção a Supplica do cap. 11 do Compromisso.* He o que devo informar com justa cauza atendendo a desnudez com q. se acha a mesma Igreja; *bem certo q. os povos por hua ignorancia quazi invensivel, julgam q. só devem ter*

em vistas o aumento das Ordens Terceiras e suas Irmandades, deichando a Matriz sua May, em total desamparo. Vossa Exma. Rma. Attendendo a Fabrica desta Matriz determina o que for justo. Vila de Taubaté 6 de Março de 1820. Bento Cortez de Toledo.[64]

A partir do desagravo de nosso longevo amigo Bento Cortez, podemos constatar que, passados dez anos da negativa, os teimosos irmãos pardos conseguiram finalmente realizar o intento de enterrar os seus mortos no corredor lateral da Igreja Matriz. É bem provável que além da insistência dos confrades da Boa Morte, tenha pesado para esta aceitação, a existência de diversos outros lugares nos quais podiam ser enterrados os mortos de Taubaté, o que ofereceria concorrência no "comércio" com os mortos. No "Convento de Religiosos Menores" (Convento de Santa Clara), por exemplo, a Ordem Terceira de São Francisco mantinha esquife e sepulturas para seus membros que "se compoem da melhor parte de meus freguezes". Neste local também se enterravam os irmãos "brancos, forros e captivos" da Irmandade de São Benedito, da qual falarei logo mais adiante.[65]

Ainda segundo as informações do "vigilante" Cortez, havia outras opções para sepultamento: a "Capella da Senhora do Rozário dos Pretos", onde se enterravam "irmãos de todas as qualidades", e finalmente a Igreja Matriz, o espaço reservado também aos falecidos das Irmandades do Senhor dos Passos, do Santíssimo e dos vitoriosos pardos da Boa Morte. Certamente que o fato de os pretos do Rosário aceitarem sepultar irmãos de "todas as qualidades", revela-se mais uma estratégia de arrecadação de divisas para a irmandade, uma vez que se deveriam pagar, por ocasião dos sepultamentos, o aluguel dos esquifes e demais despesas das exéquias, bem como pelo espaço reservado no interior ou adro da Igreja do Rosário.

Nesse sentido, é muito provável que a acirrada concorrência tenha facilitado o aceite do pedido dos "pobres" pardos da Boa Morte. A carta do excelentíssimo vigário apresenta em seu final, sobretudo um tom de queixa ante os povos que por "hua ignorancia quazi invensivel, julgam q. só devem ter em vistas o aumento das Ordens Terceiras e suas Irmandades, deichando a Matriz sua May, em total

---

64 AN – Arquivo Nacional. Seção Histórica. Mesa de Consciência e Ordens – Caixa 291 – Pacote 2. Grifos meus.

65 Retornarei a este documento em momento oportuno, ao mencionar a Irmandade de São Benedito de Taubaté.

desamparo", mas ajuda ainda a destacar a importância e alcance dessas associações no âmbito da sociedade mais ampla.

Por fim, podemos constatar que seguindo a tônica das irmandades brasileiras, esses irmãos pardos se reuniram muito antes de seu reconhecimento pelas autoridades competentes, subsistindo "oficiosamente" no interior da Igreja Matriz de São Francisco das Chagas, em detrimento de achegarem-se à já sedimentada Igreja do Rosário, que se encontrava em plena atividade à época, como bem pudemos observar. Esse fato corrobora minha hipótese de que a formação dessa irmandade de pardos tenha se dado em decorrência do pouco espaço que lhes era destinado em sua congênere de pretos, revelando tensões entre esses setores da sociedade.

A recusa dos pardos em enterrar os seus mortos em outros locais que não o corredor da Igreja Matriz, cujo interior destinava-se a ordens religiosas conhecidamente de brancos, pode revelar tentativas de distinção em relação aos pretos. Delineiam-se assim os espaços ocupados por pardos, pretos e brancos no universo confrarial taubateano, permitindo-nos apurar os reflexos de uma divisão social que adentrava ao universo das devoções religiosas. As distinções captadas acima deixam patente a existência de diferenciações e de tensões com base na cor e na condição social dos irmãos.

É fato que a irmandade, nomeadamente "dos pretos", aceitava em seus quadros irmãos brancos e pardos, todavia, ao que tudo indica, reservava-lhes um espaço diminuto nos cargos de comando, excetuando aqueles de praxe ocupados por brancos, como é o caso das funções de tesoureiros, escrivães e procuradores.[66] Embora não tenha sido possível identificar através da documentação da própria irmandade um quadro mais amplo da composição étnico-social dos irmãos do Rosário de Taubaté, pude apurar alguns indícios de uma presença africana e a existência de irmãos pardos e brancos no interior da confraria, conforme apontado anteriormente. O cruzamento documental nos possibilita uma interessante aproximação com alguns irmãos, especialmente os escravizados. Escravos e senhores revelam-se a partir de agora, deixando-nos entrever e supor um pouco sobre suas vidas.

---

66 A aceitação de "irmãos brancos", especialmente para ocuparem os cargos de escrivão e tesoureiro, relacionava-se mais à necessidade de letramento que esses cargos exigiam do que à vontade dos irmãos pretos de incluí-los em suas irmandades. Sempre que possível, havendo irmãos pretos em condições para ocupar esses cargos, ganhavam a preferência, o que não raro gerava desconforto para os brancos. Ver: BORGES, Célia Maia. *Op. cit.*, p. 82.

DA ROÇA À VILA: ENTRE IDAS E VINDAS PELO CAMINHO DA PIEDADE, ENCONTRAMOS ALGUNS IRMÃOS

A exiguidade de fontes produzidas pela própria irmandade do Rosário dos Pretos de Taubaté levou-me a buscar outras mais que me pudessem aproximar de seus membros. E dessa forma, através do cruzamento documental, sobretudo com inventários, pude estabelecer contato com senhores, escravos e também com outros personagens que figuravam em torno da irmandade. Em primeiro lugar, gostaria de destacar alguns trechos do Livro de Termos de Mesa para melhor análise:

> Eleiçam que se fez este prezente anno de 1805 para o de 1806 servirem nesta Irmandade de Nossa Senhora do Rozario em Meza.
> Juiz
> *O Ir. Francisco escravo de S. Clara*
> Escrivam
> *O Ir. Cap.m Manuel Pinto Barboza*
> Procurador
> O Ir. Jozé Moreira Govea
> Tezoureiro
> *O Ir. Tente. Coronel Claudio Joze de Camargo*
> Andadores
> *O Ir. Miguel monjolo escravo do Sarg. Mor.*
>
> Eleiçam que se fez este prezente anno de 1806 para o de 1807 servirem nesta Irmandande de Nossa Senhora do Rozário dos Pretos em Meza.
> Rainha
> *A Ir. Micaela escrava de S. Clara*
> Juiz
> *O Ir. Domingos escravo de Manuel Luiz dos Santos*
> Juiza
> *A Ir. Gertrudes Florinda de Jesus*
> Escrivam
> *O Ir. Cap.m Manuel Pinto Barboza*
> Tezoureiro
> *O Ir. Tente. Coronel Claudio Joze de Camargo*
> Andadores

> *O Ir. Miguel monjolo escravo do Sarg. Mor.*
>
> Irmaons de Meza
>
> *O Ir. Antonio escravo de Santa Clara*
>
> Eleiçam que se fez este prezente anno de 1807 para o de 1808 servirem nesta Irmandade de Nossa Senhora do Rozario em Meza.
>
> Rainha
>
> *A Ir. Gertrudes Florinda de Jesus*
>
> *A Ir. Domingas mulher do Ir. Miguel, congo, escravo do falecido Sarg. Mor.*
>
> Escrivam
>
> *O Ir. Cap.m Manuel Pinto Barboza*
>
> Procurador
>
> O Ir. Jozé Izidoro Gomes
>
> Tezoureiro
>
> *O Ir. Tente. Coronel Claudio Joze de Camargo*
>
> *Andadores*
>
> *O Ir. Miguel monjolo escravo do Sarg. Mor.*
>
> Irmaons de Meza
>
> *O Ir. Antonio Joze Barbosa*
>
> *O Ir. Domingos escravo de Manuel Luiz dos Santos*

A partir desse pequeno excerto do Livro de Termos de Mesa, podemos observar a presença dos escravos de "Santa Clara": Francisco, como juiz no ano de 1806; Micaela, eleita rainha da Irmandade em 1807; e Antonio, mesário no mesmo ano, compondo as mesas e exercendo cargos de expressão na hierarquia do Rosário de Taubaté. Esta presença revela, sobretudo, a circulação desses escravos a fim de participarem das reuniões de mesa e das atividades relativas à festa, e, nessas idas e vindas, a possibilidade de estabelecerem contatos e sociabilidades, uma vez que o convento de Santa Clara localizava-se em uma colina, fora das cercanias da vila, distante cerca de seis quilômetros da Igreja do Rosário. Suas dependências abrigavam ainda o cemitério da Ordem Terceira de São Francisco e a Irmandade de São Benedito, da qual falarei logo mais adiante.[67]

---

67 ORTIZ, José Bernardo. *Op. cit.*, p. 657-691. Segundo Ortiz o convento entraria em decadência na segunda metade do século XVIII, quando no ano de 1765 contava com apenas dezesseis frades.

CAMINHO DA PIEDADE, CAMINHOS DE DEVOÇÃO   123

Como era de praxe, nos cargos de tesoureiro, escrivão e procurador, deveriam figurar "brancos de boa consciência". No caso do Rosário de Taubaté não podemos afirmar que tais cargos estivessem em mãos desses homens, todavia, de acordo com o perfil dos demais irmãos, acreditamos que assim o fossem. O tenente coronel Cláudio Joze de Camargo e Manuel Pinto Barboza, tesoureiro e escrivão, respectivamente ocuparam esses cargos por cerca de seis anos, segundo a documentação compulsada. Embora não tenhamos encontrado seus inventários, sabemos que ao menos o tenente coronel tinha posses, pois emprestava a juros a pequenos proprietários da região, entre os quais figuravam alguns irmãos do Rosário e da Irmandade de São Benedito, fato observado a partir da consulta a outros inventários. O escrivão Manuel prestava serviços como avaliador de bens em inventários e transcrição de testamentos. Quanto aos procuradores nesse período, José Moreira Gouveia e José Isidoro Gomes, não encontramos referências.

Nos três anos seguintes o sucessor seria Manuel Gomes da Luz, um comerciante da vila, que vendia bebidas como vinho do porto e aguardente, além de azeite, farinha, café e outros produtos manufaturados, comércio abastecido com mercadorias vindas do Rio de Janeiro, sua terra natal. Possuía além da casa em que morava na Rua Direita, outros seis imóveis, pequenas casas que provavelmente alugava, além de uma "chacra" sem produção. Tinha oito escravos, entre os quais dois encontravam-se "fugidos": o casal de africanos "de nação" Clara e Antonio, este um "official de marceneiro"; e dois que estavam "doentios": a crioula Benedita de 28 anos e o crioulo José "de trinta e tanttos anos, doentio dos peitos e dos pés". Havia ainda entre os escravos de Manuel, o africano "de nação" João, "muito velho e quazi já sem valor". Além do fugitivo Antonio, que exercia um "offício", encontramos no plantel o escravo João, de 20 anos, também como "official de marceneiro". Manuel Gomes da Luz inclusive estivera encarregado de realizar a transcrição da reforma do compromisso da irmandade no ano de 1805.

Entre os irmãos escravos pode-se verificar a presença de dois irmãos nomeadamente africanos: Miguel Monjolo e seu homônimo, Miguel Congo, marido da Juíza eleita Domingas, ambos escravos do "falecido Sargento-mor". O monjolo fora eleito para o cargo de andador por três anos consecutivos. Uma função de suma importância e responsabilidade para o escravo, pois lhe era delegado o papel de circular pela cidade e arraiais, convocando os irmãos a participarem de reuniões e celebrações da irmandade. No entanto, em 1808, Miguel monjolo encaminhou pedido à mesa da irmandade para que fosse "dispensado" das funções de andador, alegando "morar longe desta villa". Certamente atribulado pelas fainas agrícolas, teve seu pedido aceito pela mesa que deliberou outro irmão para substituí-lo.[68]

A justificativa formal, perante a mesa, dimensiona a importância de seu cargo e a sua deferência em relação à confraria a qual pertencia. No que tange ao importante papel dos andadores, Mariza Carvalho, referindo-se aos casos de falecimento dos irmãos aponta que: "cabia ao andador dar a notícia ao juiz e aos demais irmãos, indo como diz o próprio nome, de casa em casa, anunciando o acontecido". Segundo a autora, "a ideia de um andador visitando cada irmão indica uma forte teia de relações."[69] O fato de Miguel morar distante da irmandade reforça minha tese acerca da possibilidade de trânsito dos "escravos-irmãos" do Rosário entre o eito e a vila por conta de suas atividades confrariais, momento propício para a tessitura de sociabilidades e quem sabe para concretizarem fugas, como a do casal de africanos Clara e Antônio, propriedade do procurador da irmandade, Manuel Gomes da Luz. Quem sabe um dia não teriam sido também irmãos no Rosário dos Pretos?

Nos documentos produzidos pela irmandade, esses escravos monjolo e congo foram os únicos irmãos que tiveram as suas "identidades" africanas a serem nomeadas. Todavia, novamente os inventários nos permitem mapear as origens étnico-sociais de alguns "escravos-irmãos" do Rosário, bem como localizar outros africanos entre eles: os inventários de seus proprietários. Um deses inventários, datado de 1820, é o de dona Margarida Florinda de Jesus, um nome recorrente em nossa documentação.[70] Durante a pesquisa no "Livro de Termos" e no "Livro de Entradas", encontramos treze escravos de sua propriedade como membros da irmandade, alguns deles inclusive ocupando cargos importantes. São eles: 1) Furtuozo, capitão de mastro no ano de 1809; 2) Rosa, juíza de ramalhete em 1810; 3) Maria, mulher de Lourenço, rainha em 1811; 4) Lourenço, juiz em 1811; 5) Bernardo, irmão de mesa em 1810 e 1811; 6) Vicencia, irmã de mesa em 1810 e 1811; 7) Amahildes, matriculada em 1809, (pagou seus anuais até 1816); 8) Emerenciana, registrada em 1809; 9) Francisco, registrado em 1809; 10) Mathildes, filha de

---

68 DMPAH – Livro de "Termos de Mesa" da Confraria dos Homens Pretos da Irmandade do Rozario – 1805 – doc. 4B – Caixa 119.

69 SOARES, Mariza de Carvalho. *Devotos da cor... op. cit.*, p. 176.

70 DMPAH – Acervo Felix Guisard Filho – Cartório do 2º Ofício. Inventário de Margarida Florinda de Jesus – 1820.

Furtuozo, matriculada em 1810; 11) Catherina, mulher de Furtuozo, matriculada em 1810; 12) Joaquim, que entrou em 1812 e foi mesário nos anos de 1815 e 1817 e juiz em 1816; e 13) Mathias que entrou para a irmandade em 1812.

Dona Margarida era viúva do Sargento-mor Eusébio José de Araújo e morava com seus escravos "no sítio matto dentro, estrada de marzagão, no lugar chamado agua quente ou cabarucanguera". Localidade distante da vila, se nos atentarmos ao mapa anteriormente mencionado, mas que não impedia, contudo, que alguns de seus escravos fossem os mais assíduos participantes da irmandade. Possuía Dona Margarida, um plantel de 47 escravos que trabalhavam em seu engenho de açúcar e na criação de animais,[71] entre os quais localizamos alguns de nossos confrades, o que permitiu inclusive apontar as suas identidades étnicas ou sociais. Entre eles figurava uma família formada por mulatos:

> Hum escravo mullato de nome Furtuozo, lavrador de machado de idade que pareçia ter cincoenta annos foi avalliado pela quantia de cento e vinte e oito mil reis com que se sahi.

> Huma escrava mullata de nome Catherina mulher do escravo Furtuozo de idade que pareçia ter quarenta e um a quarenta e tres annos, foi avalliada pela quantia de cem mil reis com que se sahi.

> Huma escrava mullata de nome Amahildes filha do dito escravo Furtuozo de idade que pareçia ter de vinte annos, custureira foi avalliada pela quantia de cento e noventa mil reis com que se sahi.

O mulato Furtuozo, um escravo lavrador, avaliado por um baixo valor, fora capitão de mastro da Irmandade no ano de 1809, período em que poucos cargos foram ocupados por escravos, também participou como mesário nos três anos seguintes. Sua mulher Catherina, e a filha Amahildes, surgiram matriculadas no ano de 1810. O detalhe é que em seus registros de entrada não estão caracterizadas como mulatas, descrição que lhes é dada no inventário de dona Margarida. Dessa forma, poderíamos pensar em alterar a nossa primeira tabela

---

71 RANGEL, Armênio de Souza. "Dilemas da historiografia paulista: a repartição da riqueza no município de Taubaté no início do século XIX". *Estudos Econômicos*, São Paulo, vol. 28, nº 2, abr-jun. 1998, p. 363. Esse número foi apontado por Armênio Rangel e confere com os dados constantes no inventário da falecida Margarida Florinda de Jesus.

e contabilizá-las juntamente com a parda Domingas, que também se matriculou na irmandade no ano de 1810.

Acredito que o fato de não serem nomeadas como "pardas" decorra de sua condição escrava, diferentemente de Domingas que era forra. Aparentemente neste caso, a utilização do termo "pardo" suporia uma condição de liberdade. Vide o caso da mulata Jeronima, que se encontrava no registro de irmãos apenas como escrava do Alferes Amaro, e, cuja leitura do inventário de seu falecido proprietário revelou tratar-se também de uma mulata (mais uma que deveríamos incluir no rol de irmãos pardos?). A minha hipótese, com base no que já havia discutido no capítulo anterior, é que após libertar-se e casar-se, Jeronima teria alcançado a condição de parda. Lembrando mais uma vez a existência da Irmandade da Boa Morte dos Pardos em Taubaté, que certamente concentraria um bom número de irmãos deste grupo social.

Outro irmão pertencente à mesma senhora foi Joaquim, um jovem crioulo de 27 anos, que ingressou no Rosário em 1812 e, quatro anos mais tarde, exerceu o importante cargo de juiz. Também figurou como irmão de mesa em 1815 e 1817. Joaquim era casado com Catherina, escrava de Maria Antonia de Nazareth, filha e inventariante de dona Margarida Florinda de Jesus. No "Livro de Termos de Mesa" consta eleita como rainha para o ano de 1811: "a Ir. Maria mulher de Lourenço, escrava de D. Margarida Florinda". Nesse mesmo ano o juiz da irmandade seria: "o Ir. Lourenço escravo de D. Margarida Florinda".[72] A partir inventário de Margarida Florinda encontramos dados sobre esses escravos-irmãos:

> Huma escrava da Costa por nome Maria de Idade que pareçia ter cincoenta annos foi avalliada pela quantia de trinta e cinco mil reis com que se sahi.
>
> Hum escravo da Costa por nome Lourenço estatura alta de idade que pareçia ter sessenta annos foi avalliado pela quantia, cujo escravo he rendido, foi avalliado pela quantia de setenta mil reis com que se sahi.

---

72 DMPAH – Livro de "Termos de Mesa" da Confraria dos Homens Pretos da Irmandade do Rozario – 1805 – doc. 4B – Caixa 119.

> Hum escravo de crioulo de nome Lourenço mestre barbeiro de
> idade que pareçia ter de sesenta a setenta annos, foi avalliado pela
> quantia de cincoenta e hum mil reis com que se sahi.

O fato de no inventário constarem dois escravos de nome Lourenço, nos dá a possibilidade de um casal africano "da Costa"; ou misto, no caso da união de Maria ter sido com o crioulo Lourenço. A faixa etária do trio era compatível, estando todos na casa dos sessenta anos, pouco mais ou menos. Não consegui localizar outros irmãos do Rosário entre os bens semoventes[73] de Dona Margarida, sendo provável que tenham sido vendidos ou doados aos filhos da falecida. É possível observar que o seu plantel era composto por escravos, em sua maioria, jovens e de origem crioula.[74]

A proprietária não figurava como irmã do Rosário, mas pode-se dizer que era uma mulher extremamente religiosa. Entre os seus bens encontramos pelo menos três oratórios com imagens de Santo Antônio, Cristo Crucificado, Santa Ana, além de "móveis de Igreja", como castiçais, toalhas de renda e opas. Pertencia à Ordem Terceira de São Francisco, a quem devia 24$000 réis, provavelmente por conta de seus anuais. Em "terras de sua morada" mantinha um altar portátil, provavelmente utilizado para celebrações particulares.

No entanto, a falecida aparentemente não incentivava o casamento entre seus escravos, pois além dos casais já mencionados, encontramos somente o jovem par formado por Antônio, africano da Costa, e Francisca, uma "crioulinha" de 18 anos. Lembrando que um desses casais era formado por escravos que provavelmente não moravam juntos, caso do irmão do Rosário Joaquim e sua esposa Catherina, escrava da filha de Margarida. Por último, João, escravo da Costa, casado com Cláudia, uma crioula "louca ou deliriada", ambos com idade aproximada de sessenta anos. Sem menção a companheiros, encontramos Anna Maria, "nação da Costa", mulher de 30 anos e seus três filhos crioulos: Benedicto, com 6 ou 7 anos; Romão, com 5 anos e Ignácio de 1 ano de idade. Anna, "de nação da Costa" e seu filho, o crioulo Luiz, "doentio", com idade de 36 anos mais ou menos. Curioso observar o caso de Leandro, um mulato de 60 anos que figura como pai dos "criollos",

---

73 Nos inventários e testamentos os escravos eram arrolados no rol de bens no item dos "bens semoventes".

74 Contabilizamos no plantel de Margarida Florinda de Jesus: 24 crioulos, 13 mulatos e 10 africanos.

João de 4 anos e Domingos de 6 ou 7 anos. Finalmente a crioula Manuella, mãe da pequena Marianna de apenas 7 meses.

O grupo de cativos de dona Margarida Florinda mesclava escravos em plena idade produtiva com outros já perdidos para o trabalho na lide, sobretudo os africanos. Segundo Armênio Rangel, a proprietária representava a segunda maior fortuna em escravos do município de Taubaté no ano de 1817.[75] O autor analisou o perfil de repartição da riqueza no município no início do século XIX e verificou que a economia local girava em torno da criação de animais, especialmente de muares, com escassa produção açucareira, em sua maioria utilizada no fabrico de aguardente. Para o final do século anterior, Rangel apontou uma população escrava de cerca de 17,6% do total de habitantes do município e ainda uma porcentagem expressiva de agregados que "estabeleciam-se em terras alheias por meio de relações de dependência e subordinação com relação ao proprietário da terra."[76]

Acerca da distribuição de terras o autor destaca que, além da insignificância dos médios proprietários, "o perfil da repartição da terra do município de Taubaté caracterizava-se por uma distribuição fortemente assimétrica à direita, que revela uma elevadíssima concentração, com a presença de inúmeros pequenos proprietários ao lado de poucos grandes", como era o caso de Margarida Florinda de Jesus. Ainda segundo Rangel embora o município de Taubaté não apresentasse características de uma economia agroexportadora nas primeiras décadas do século XIX, mantinha padrões de repartição de riqueza compatíveis com uma elevada concentração de terras.[77] Tal era o perfil taubateano nas primeiras décadas do século XIX, período em que se encontram as principais referências a respeito da Irmandade do Rosário dos Pretos de Taubaté, doravante, utilizar-me-ei dos padrões de posse estabelecidos por Rangel, para caracterizar os pequenos e médios proprietários que encontrei ao longo da pesquisa.

Um desses "médios" proprietários foi João Moreira dos Santos, falecido em 1825. Seu escravo João, matriculado como irmão do Rosário no ano de 1810, era crioulo e foi vendido para o pagamento das despesas com o funeral de seu proprietário.[78]

---

75 RANGEL, Armênio de Souza. *Op. cit.*, p. 363.

76 *Ibidem*, p. 357.

77 *Ibidem*, p. 359-365.

78 DMPAH – Acervo Felix Guisard Filho – Cartório do 2º Ofício. Inventário de João Moreira dos Santos - 1825.

Moreira possuía uma morada de casas na vila, na "rua de trás da matriz", no entanto, morava em seu sítio no bairro do Taboão, onde criava animais e plantava feijão e milho, pequeníssimas plantações de um e dois alqueires respectivamente. Possuía onze escravos, entre os quais o confrade João, num plantel bastante jovem e basicamente crioulo, excetuando o casal "de nação" Josefa e Francisco, já velhos. Produtivos, esses escravos deveriam trabalhar no eito na produção de gêneros de subsistência que seriam vendidos na cidade aos comerciantes de armazéns, o que certamente favorecia as idas do escravo à irmandade. Como todo homem daqueles tempos, o proprietário do irmão João deixou imagens do Cristo Crucificado, Nossa Senhora da Conceição, das Dores, São Francisco e São Joaquim. Pediu em testamento "em nome de Deos, pela salvação de sua alma", para que fossem rezadas oito missas de capela por sua alma e seu corpo enterrado com o hábito de São Francisco no cemitério da mesma ordem.

De outra parte, entre os pequenos proprietários de Taubaté encontramos o alferes Antonio José Pinto de Souza,[79] proprietário da irmã Isidora, matriculada em 1810. Ao falecer, em 1830, deixou dois escravos: o africano "de nação" João de 40 anos, oficial de carpinteiro, e sua esposa Marcelina, uma crioula de 30 anos. Entre seus bens, encontramos alguns bois e diversas ferramentas de carpintaria, além de um pequeno estoque de "ripas de madeira". Certamente viveria da produção de seu escravo e com ele trabalhasse lado a lado, servindo aos vizinhos mais prósperos, pois não possuía plantações em seu pequeno sítio, situado na área rural do município muito próximo inclusive das terras de dona Margarida Florinda. Quanto a Isidora, infelizmente não encontramos nenhuma menção a seu respeito no inventário deste pequeníssimo proprietário. Não obstante, as relações de proximidade entre os proprietários das cercanias rurais penetravam o consistório do Rosário dos Pretos, é o que podemos o observar retomando um trecho do inventário de Margarida Florinda:

> Declarou mais haver sitio e terras no lugar denominado Matto dentro rio asima termo da ditta Villa de Taubathe que parte do lado do nascente com terras de Francisco Antonio dos Santos principiando do Ribeirão chamado Registo, vai partindo com terras de *Antonio*

---

79 DMPAH – Acervo Felix Guisard Filho – Cartório do 2º Ofício. Inventário de Antonio José Pinto de Souza – 1830.

> *Barboza* athe em testas com terra do ditto *Capitam Gomes* e da par-
> te poente principiando no mesmo Ribeirão do Registo partem com
> terras de Francisco Ramos seguindo rumo asima athe chegar ao sitio
> do fallecido coitinho e no mesmo rumo athe as terras de Salvador da
> Cunha partindo tão bem com terras do *Capitão Domingos Ferreira*
> *da Silva* athe em testas com terras do ditto capitam Franscisco
> Gomes com as braças constantes da escriptura que a Inventariante
> apresentou. (...) Com três lanços[80] de casas novas e três lanços ve-
> lhas, as novas forradas de Taboa pro sima com suas competentes
> portas e com seu oratório e Altar portátil.[81]

As terras da grande proprietária faziam divisa com as de um irmão do Rosário, Antonio Barbosa, que serviu à mesa no ano de 1807 e vivia da criação de animais em seu pequenino sítio.[82] Este irmão possuía ainda uma escrava mulata de nome Ana e seus dois filhos "crioulinhos", além de uma casa na vila, situada na rua das Tropas, pequena propriedade de um lanço. O capitão Domingos Ferreira da Silva, que matriculou a sua escrava Tereza como irmã do Rosário no ano de 1810 e cujo inventário não conseguimos localizar, também dividia terreno com Florinda. Por fim, o capitão Gomes,[83] ele próprio um irmão do Rosário desde 1813, que matri-culou um de seus escravos, Benedito, no ano seguinte. Falecido em 1817, em seu inventário constam 14 escravos, sendo que Benedito não se encontra relacionado entre eles. Na ocasião da abertura do inventário, a viúva reclamaria de uma co-brança no valor de 152$660 réis, feita pela vizinha Margarida, alegando já haver pagado a metade dessa quantia, o que atesta a proximidade entre esses senhores.

Além de vizinhos, parentes de dona Margarida Florinda transitavam pelo Rosário: sua filha Gertrudes Florinda de Jesus foi juíza em 1807, compartilhando o importante cargo com o escravo Domingos, juiz eleito naquele ano. Também o seu genro Luiz Vieira,[84] casado com Ignes Maria, matriculou a sua escrava Gertrudes

---

80   O lanço equivale a uma casa com uma porta e uma janela.

81   Grifos meus.

82   DMPAH – Acervo Felix Guisard Filho – Cartório do 2º Ofício. Inventário de Antonio José Barbosa – 1827.

83   DMPAH – Acervo Felix Guisard Filho – Cartório do 2º Ofício. Inventário do Capitão José Gomes de Araújo – 1817.

84   DMPAH – Acervo Felix Guisard Filho – Cartório do 2º Ofício. Inventário de Luiz Vieira da Silva – 1844. O inventário de Margarida revelou que Vieira lhe devia 602$511 réis.

em 1812, a qual assumiria a função de mesária três anos depois. Vieira era proprietário de 28 escravos e possuía um pequeno engenho e uma roça bastante diversificada, cultivando milho, arroz, café e mandioca, segundo seu inventário datado de 1844. Não encontramos Gertrudes no rol de seus "bens semoventes".

Ainda relacionados à grande proprietária, encontramos José Antonio Nogueira, que vivia do comércio de fazendas e era casado com uma de suas filhas, Francisca Florinda de Jesus.[85] Este comerciante possuía 13 escravos entre os quais figuravam Maria e Francisco como confrades do Rosário. A africana "da costa" Maria, de 50 anos, que servira como mesária em 1809, encontrava-se doente "com lombos e tornozelos inchados", por ocasião do inventário de Nogueira, que coincidentemente falecera no mesmo ano que a sogra, em 1820. Francisco, um mulato (mais um) de 57 anos, ingressou para a Irmandade em 1812 e atuou como mesário nos anos de 1815, 1818, 1823 e 1827. A partir da "teia de relações" construídas em torno de dona Margarida Florinda, que nos leva diretamente à Irmandade do Rosário dos Pretos de Taubaté, podemos confirmar que gente de "todas as qualidades" circulava no interior da confraria: escravos, senhores (pequenos, médios e grandes proprietários), agregados, libertos e livres pobres que transitavam das zonas rurais para a vila a fim de cumprirem com suas obrigações religiosas.

Entre os pequenos proprietários e livres pobres que eram irmãos do Rosário, encontramos casos com o de Claudiano Martins da Mota, um carpinteiro que ingressou em 1815 e ao falecer onze anos depois, deixara apenas algumas ferramentas e uma casa simples na Rua do Tanque,[86] e do irmão Antonio José Barbosa,[87] que compusera a mesa da Irmandade em 1808, e ao falecer em 1827, deixara um pequeno sítio onde criava porcos, sem plantação alguma, e a sua "casa de morada" na rua das Tropas onde vivia com a esposa mais a escrava mulata Ana que tinha dois filhos. Seus bens foram vendidos e repartidos entre a viúva e os oito filhos.

---

85 DMPAH – Acervo Felix Guisard Filho – Cartório do 2º Ofício. Inventário José Antonio Nogueira – 1820.

86 DMPAH – Acervo Felix Guisard Filho – Cartório do 2º Ofício. Inventário de Claudiano Martins da Mota. – 1826.

87 DMPAH – Acervo Felix Guisard Filho – Cartório do 2º Ofício. Inventário de Antonio José Barbosa – 1827.

Também Francisco de Camargo Machado,[88] que ingressou na Irmandade em 1814 e morava "na rua detraz da Matriz" em casa de "paredes taipa de pilão, cobertas de telha". Machado possuía dois escravos, a mulata Maria e o Benguela Francisco, de 40 anos, criava porcos em um pequeno sítio onde mantinha um roçadinho de milho. Como morasse na vila, é provável que os cuidados com a plantação na roça ficassem ao encargo de parentes ou agregados, e seus escravos lhe auferissem renda vivendo a ganho na vila. Deixou testamento em 1819, no qual pedia para ser enterrado com a mortalha da Ordem de São Francisco, da qual era "indigno irmão", e dedicou uma "capella de missas a Senhora do Rosário".

E finalmente a irmã Ignes Angélica dos Anjos,[89] matriculada em 1811. Proprietária de dois escravos, Mariana "de nação Benguella", que foi "comprada com o dinheiro de meo trabalho já depois de viúva", e o "mulatinho" Benedito, de sete anos, órfão doado a ela por um de seus irmãos,[90] morava na rua da Cadeia e não constava que tivesse terras. Não foi possível identificar o ofício exercido por Ignes, que lhe havia possibilitado a compra da escrava Mariana. Como vivessem juntas, provavelmente a escrava exercesse pelas ruas da vila, algum trabalho que sustentasse a si e à proprietária, além de servir-lhe de companhia, pois Ignes já tinha filhos crescidos e fora viúva por duas vezes. Seu inventário de 1826 traz um testamento com ordens expressas para que assim como Francisco Machado, fosse enterrada junto ao cemitério da Ordem de São Francisco.

Certamente que a vida desses pequenos senhores diferia muito pouco daquela que levavam seus escravos. Irmanados por uma existência modesta, circulariam pelas cercanias a venderem a sua pequena produção, a oferecer serviços. Não obstante, apesar de serem irmãos do Rosário dos Pretos, ambos fizeram questão de serem sepultados em cemitério diferente ao desta irmandade. Conforme já destacado, o lugar de ser enterrado assumia grande importância no contexto social brasileiro, e neste caso especificamente, essa escolha viria consolidar espaços sociais

---

88 DMPAH – Acervo Felix Guisard Filho – Cartório do 2º Ofício. Inventário de Francisco de Camargo Machado. – 1819.

89 DMPAH – Acervo Felix Guisard Filho – Cartório do 2º Ofício. Inventário de Ignes Angélica dos Anjos – 1826.

90 Consta do inventário que Ignes trocara uma escrava crioula de nome Tereza por um escravo chamado Pedro, o qual havia dado em dote a uma filha, mesmo na pobreza mantinha-se a tradição do casamento.

CAMINHO DA PIEDADE, CAMINHOS DE DEVOÇÃO

diferenciados, descolando ambos os senhores da figura de seus escravos, por muito que convivessem e por mais semelhante que fossem seus modos de vida.

Além de possuírem também em comum a propriedade de escravos de origem "Benguela" (Mariana e Francisco, cuja origem comum poderia muito bem suscitar amizades), o fato de se haverem matriculado no Rosário em período próximo, indica que Ignes e Francisco eram no mínimo conhecidos. Uma proximidade que possivelmente se estenderia a seus poucos escravos, que se encontravam ao circular a mando de seus senhores e, por que não, também ao frequentarem o Rosário dos Pretos, uma vez que seus proprietários assim o faziam. Por fim, no campo das afinidades entre Ignes e Francisco, ambos moravam no centro da vila de Taubaté, cujas feições foram descritas por Saint-Hilaire em sua passagem por aquelas paragens no ano de 1822.

O viajante francês, mesmo admitindo a importância da vila entre as diversas locações da província pelas quais passara, observou que "como todas as cidades do interior do Brasil, a maioria das casas fica fechada durante a semana, só sendo habitada nos domingos e dias de festa".[91] Sobre a simplicidade das moradias, ocupadas em sua maioria por livres pobres, o francês descreveu-as como "pequenas, baixas, cobertas de telhas", com uma "fachada caiada", sendo que a maioria apresentava ainda "um quintalzinho plantado de bananeiras e cafeeiros".[92] No quesito arquitetônico, Spix e Martius deixaram uma descrição mais detalhada das casas da vila de Taubaté, à qual visitaram entre os anos de 1817 e 1820:

> Descansamos um dia em Taubaté, para deixar enxugar a nossa bagagem encharcada. A casa, que um morador da vila compartilhou conosco era, aliás, pouco própria para nos oferecer teto conveniente. As casas em geral são raramente de mais de um pavimento, as paredes são quase que geralmente de vigas fracas ou ripas amarradas com cipós, barreadas e caiadas com tabatinga, que se encontra aqui e acolá à margem dos rios; o telhado consiste em telhas côncavas ou tábuas finas de madeira, raras vezes de palha de milho descuidadamente colocada, e nas paredes abrem-se uma ou duas janelas rótula. O interior corresponde à efêmera construção e ao pobre material (…) O mobiliário dessas casas limita-se igualmente ao estritamente necessário; amiúde, consiste, apenas, em alguns bancos e cadeiras de paus, uma mesa, uma grande arca, uma cama

---

91   SAINT-HILAIRE, Augusto de. *Segunda viagem a São Paulo… op. cit.*, p. 95.

92   *Ibidem.*

> com tabuado assentado sobre quatro paus (jiraus), coberta com esteira ou pele de boi. Em vez de leitos, servem-se os brasileiros, quase por toda parte, de redes tecidas ou entrelaçadas.[93]

Não obstante a simplicidade de tudo à vista, Spix e Martius repararam na "abastança" e "educação" do povo taubateano, segundo eles, fruto de suas intensas relações comerciais com o Rio de Janeiro e com São Paulo.[94] Segundo Nice Lecocq Müller:

> nos primeiros anos do século XIX, as condições de vida de Taubaté não diferiam muito das do setecentismo. Talvez fossem um pouco piores, devido ao esgotamento das jazidas auríferas em Minas Gerais e à perda da função abastecedora da região de mineração que já se tornara auto-suficiente.[95]

Apesar da aparente precariedade da vila de Taubaté, muitos livres pobres que eram membros do Rosário, para lá acorriam das cercanias rurais, alguns deles em pior situação do que seus congêneres citadinos, uma vez que sequer possuíam um escravo.

Pedro Alves Barbosa[96] e Ignacia Maria de Jesus[97] ilustram bem essa presença. O primeiro era um homem simples e analfabeto que entrou para a Irmandade no ano de 1809. Lavrador de enxada, não tinha escravos e era proprietário de um sítio onde mantinha roçados de milho e um mandiocal. Foi tudo o que deixou para seus dez filhos, além de três cabeças de porcos, suficientes apenas para consumo próprio e mais algumas imagens de santos, entre elas a da Senhora do Rosário. Ignacia morreu

---

93 SPIX, Johann B. von; MARTIUS, Carl F. P. von. *Viagem pelo Brasil – 1817-1820*. São Paulo: Edusp; Belo Horizonte: Itatiaia, 1984, p. 127.

94 *Ibidem*.

95 MÜLLER, Nice Lecocq. "Estudos de Geografia urbana". *Revista Brasileira de Geografia*, ano XXVII, nº 1, jan.-mar. 1965, p. 92. Entre os anos de 1775 e 1776, os lavradores do Vale do Paraíba paulista, encaminharam ofícios ao governo da Província solicitando providências contra as plantações de cana de açúcar e o fabrico de aguardente nas Minas Gerais, cuja concorrência os prejudicava, já que eram os principais fornecedores dessa região. Apesp. Documentos manuscritos avulsos da Capitania de São Paulo (1644-1830). Digitalizados com base no acervo do Arquivo Histórico Ultramarino. Caixa 7, doc.2.

96 DMPAH – Acervo Felix Guisard Filho – Cartório do 2º Ofício. Inventário de Pedro Alves Barbosa – 1849.

97 DMPAH – Acervo Felix Guisard Filho – Cartório do 2º Ofício. Inventário de Ignacia Maria de Jesus – 1812.

em 1812, dois anos depois de matricular-se como irmã, quem sabe para garantir um bom enterro e acompanhamento em seu funeral. De melhor sorte que seu confrade Pedro Barbosa, morava em sítio na região do Mato Dentro (a mesma da grande proprietária Margarida Florinda de Jesus), e possuía uma morada de casas na vila à Rua Nova do Tanque, às quais provavelmente alugava. Contudo, vivia no sítio onde mantinha um pequeno roçado e mais um boi velho. Possuía uma única escrava, a "rapariga Joana" de oito anos, que era "doente dos pés".

Seus poucos bens foram avaliados na ocasião do inventário por um escrivão da irmandade, Manuel Pinto Barboza, entre eles estavam um oratório e alguns pingentes de ouro. Ignacia também deixava como herança aos seus herdeiros, uma dívida de 10$800 réis com o tenente coronel Claudio José de Camargo, o tesoureiro do Rosário. Na ocasião da elaboração de seu inventário, surgiu entre seus herdeiros a "engeitada" Joanna Francisca do Espírito Santo, cujo marido entrou com um pedido solicitando os seus direitos. Joanna era filha de "pais incógnitos" e fora exposta "em casa da falecida Ignacia Maria de Jesus". Segundo Joanna, esta a criara como filha "educando-a, alimentando-a e vestindo-a, tratando-a em filha", e, assegurava a suplicante, prometera recompensá-la quando morresse, por seu amor e pelos "serviços prestados em casa e na lavoura".

Para saldar as despesas com seu funeral e a dívida com o tesoureiro da Irmandade do Rosário, Ignacia deixou a escrava Joana e "um taxinho de cobre". Pediu para ser enterrada na Igreja Matriz e que seu cortejo fosse acompanhado pelo Vigário e demais sacerdotes. A falecida deixou para a "engeitada" Joanna a morada de casas à Rua Nova do Tanque, "sem brassas de terras" de seu sítio, uma caixa grande, um par de brincos de ouro, uma imagem do Senhor crucificado e "uma saya e baeta de igreja". Arrolou entre seus bens umas poucas roupas de algodão que doou à "pobre Francisca" e ainda uma imagem de São João, que deixou para uma comadre. Curioso observar que o singelo testamento de Ignacia não foi "seguido à risca". Seus bens foram vendidos e minuciosamente divididos e partilhados entre dois filhos legítimos e outros parentes que moravam em torno do sítio, tudo isso com o auxílio do prestativo escrivão da Irmandade do Rosário que dispunha seus serviços junto à família. Joanna, a "engeitada", não obstante os protestos do marido que lhe representava, ficaria apenas com uma pequena quantia do que já era pouco.

Por fim, o caso de dois membros do Rosário, um senhor e sua escrava, que além de partilharem um espaço comum, foram parceiros em cargos de comando:

> Entrada do Ir. Igino Alves Pereira. Aos 27 de Dezembro de 1809, entra pa. Esta Irmandade Igino Alves Pereira do que fazendo-se e obrigando-se as leiz da mesma Irmde. E por nãos saber escrever assigna a seu rogo o Escrivam da Irmde. Manuel Pinto Barboza, escrivam da Irmde. O escrevi. A rogo e signal do *juiz da Irmde. Gonçalo Francisco* Cruz e signal do juiz da Irmde.
>
> Gonçalo+Francisco
>
> Cruz e signal de Igino + Alves Pereira
>
> Manuel Pinto Barboza

1ª coluna	2ª coluna	3ª coluna	4ª coluna
1809	Entrada	pg	$160
1810		pg	$ 160
1811		pg	$ 160
1812	Mezario	pg	$ 320
1813		pg	$ 160
1814	Rei	pg	4$000
1815	Mezario	pg	$ 320

Igino Alves, um homem analfabeto que não deixou testamento ou inventário, matriculou-se como irmão no ano de 1809 e exerceu a importante função de mesário em duas ocasiões, também foi eleito rei no ano de 1814, pagando a quantia de 4$000 réis. Coincidentemente, ou não, sua escrava Benedita, entra para o Rosário dos Pretos no mesmo ano:

> Entrada da Ir. Benedicta escrava de Igino Alves Pereira. Aos 27 de Dezembro de 1809, entra pa. Esta Irmandade Benedicta, sogeitano-se e obrigando-se as leiz da mesma Irmde. E por nãos saber ler nem escrever assigna a seu rogo o Escrivam da Irmde. Manuel Pinto Barboza, escrivam da Irmde. O escrevi. A rogo e signal do juiz da Irmde. Gonçalo Francisco
>
> Cruz e signal do juiz da Irmde.
>
> Gonçalo+Francisco
>
> A rogo Manuel Pinto Barboza

1ª coluna	2ª coluna	3ª coluna	4ª coluna

1809	Entrada	pg	$ 160
1810		pg	$ 160
1811		pg	$ 160
1812	Juiza de		
	Ramalhete	pg	1$000
1813			
1814			
1815			

Benedicta pagou suas anuidades regiamente até o ano de 1812, no qual exerceu o cargo de Juíza de Ramalhete, desembolsando para tanto a quantia de 1$000 réis, mesmo ano em que seu proprietário sentara-se à mesa da Irmandade. A ausência de pagamentos subsequentes talvez tenha ocorrido por conta do falecimento da irmã ou, por que não, devido ao seu esforço em pagar o valor necessário para assumir a posição de destaque. Pode até ser que Igino, que manteve a regularidade nos pagamentos até meados de 1815, tenha contribuído com alguma quantia para isso, porém, o mais provável é que Benedicta tivesse de manter-se na irmandade às suas expensas, fato muito comum entre os irmãos cativos.

Todavia, partilharam espaços e assumiram ambos, postos de relevo na hierarquia social do Rosário dos Pretos de Taubaté. Igino e Benedicta realçam as estreitas relações entre senhores e escravos que permeavam a sociedade brasileira, e especificamente a taubateana, no que tange à circulação desses cativos entre o eito e a cidade para cumprirem com suas fainas diárias e para cultivarem as suas devoções. Em suma, são esses pequenos proprietários de terras, conjuntamente com seus escravos e uns tantos livres pobres, que compuseram o quadro maior da Irmandade de Nossa Senhora do Rosário dos Pretos de Taubaté.

É necessário ressaltar que a pobreza de alguns desses irmãos deve ser relativizada. Sheila de Castro Faria aponta que não se deve "considerar de maneira absoluta como 'pobre' o proprietário de um único escravo, principalmente porque a grande maioria da população economicamente ativa da sociedade escravista não tinha condições de ter nem mesmo um". Não obstante, atenta para o fato de que a posse de escravos, eram também "um indicativo de prestígio social e sua manutenção mesmo que à custa de muitos esforços, deve ter sido cara a inúmeras pessoas".[98]

Nesse quadro, pode-se vislumbrar uma irmandade de composição multifacetada, na qual circulavam "gente de todas as qualidades": africanos, crioulos, brancos e pardos; livres pobres, senhores e escravos. Taubaté compraz-se em um universo pródigo em Irmandades: o Rosário dos Pretos, a Boa Morte dos Pardos, e mais as confrarias de São Benedito, Senhor dos Passos, Ordem Terceira de São Francisco. Profusão esta que, conforme se pôde observar, incitou a indignação do Vigário local contra a excessiva atenção dada às confrarias em detrimento da Igreja Matriz que se encontrava em precárias condições.[99]

As irmandades foram, portanto, organizações de extrema importância no contexto social de Taubaté, sobretudo se considerarmos o perfil do município nas primeiras décadas do século XIX: uma sociedade de características eminentemente rurais, com pequena ocupação de sua vila, um comércio incipiente e uma agricultura voltada para a pequena produção de gêneros de subsistência.[100] Todavia, o avançar do século XIX traria consigo o paulatino desenvolvimento da cafeicultura, e a partir da segunda metade dos oitocentos o município de Taubaté viria a ser um dos maiores produtores de café do país. Nesse quadro vamos encontrar a Irmandade de São Benedito, um contexto bastante diferenciado daquele em que presenciamos a movimentação e as atividades da Irmandade de Nossa Senhora do Rosário dos Pretos.

EM TAUBATÉ OS IRMÃOS DE SÃO BENEDITO TAMBÉM QUEREM UMA IRMANDADE SUA

Em sua passagem pela vila de Taubaté entre os anos de 1860 e 1861, Augusto Emílio Zaluar registrou as suas impressões acerca dessa cidade. Achou-a "triste e pesada" como eram todas as povoações "fundadas sob influência do espírito monástico". Observou suas ruas compridas, com casas de aspecto sombrio, sobressaindo na

---

98 FARIA, Sheila de Castro. *Op. cit.*, p. 83.

99 Ver análise da documentação acerca da Irmandade da Boa Morte dos pardos.

100 Em seus primórdios, o município floresceu como importante polo abastecedor da região mineradora, cuja produção arrefeceria muito em fins dos setecentos, decorrente da autonomia mineira nesse setor e da consequente decadência da exploração aurífera.

arquitetura monótona alguns templos de "religiosa grandeza". Não obstante, ressal-
tou que era "grande, populosa, ativa", e ponderou ainda mais que:

> Algumas construções modernas e mesmo luxuosas casas de residên-
> cia se têm edificado todavia nestes últimos anos, que denotam o de-
> senvolvimento local e o espírito laborioso de seus habitantes. Aqui
> residem proprietários e ricos fazendeiros que dispõem de avultadas
> fortunas, a quem não falta o gosto e mesmo a instrução. É a cidade
> de maiores proporções e de mais movimento que até agora temos
> visitado na província de S. Paulo. Comércio animado, alguns ramos
> de indústria cultivados com devida vantagem local, excelentes ouri-
> ves de prata, e aos domingos um mercado abundante fornecido por
> todos os gêneros indispensáveis aos usos da vida, e concorrido por
> numerosos compradores e concorrentes.[101]

A segunda metade do século XIX apresentava um quadro econômico e social
diferente daquele no qual vislumbramos o Rosário dos Pretos. O café já domi-
nava a agricultura local, em detrimento do cultivo de cana de açúcar e das roças
de gêneros de subsistência. Obviamente essas culturas não desapareceriam de
todo, como o café apresentasse um período longo de maturação, era necessário
garantir a sobrevivência plantando simultaneamente milho, arroz, mandioca, ou
ainda por meio da criação dos muares, que faziam circular as mercadorias por
toda região do Vale do Paraíba Paulista, uma característica comum a quase todas
as regiões da província de São Paulo.

A expressividade dos lucros obtidos com a cafeicultura, em breve, faria com
que os fazendeiros mantivessem as culturas secundárias apenas para comer-
cialização interna.[102] Em 1852, por exemplo, "a Câmara Municipal de Taubaté
observaria que o município na sua quase totalidade entrega-se á cultura do
café".[103] Nesse momento, Taubaté adentraria ao universo das economias agro-
exportadoras e alcançaria o patamar de segunda maior cidade produtora de
café do país, com 354.700 arrobas da rubiácea, superada apenas pelo muni-

---

101 ZALUAR, Augusto Emilio. *Peregrinação pela Província de São Paulo (1860-1861)*. São Paulo: Edusp;
    Belo Horizonte: Itatiaia, 1975, p. 99-100.

102 LUNA, Francisco Vidal; KLEIN, Herbert S. *Op. cit.*, p. 102-103.

103 RANGEL, Armênio de Souza. *Op. cit.*, p. 352.

cípio de Bananal.[104] Para uma ideia da grande transformação pela qual passou a economia taubateana, observe-se os dados apontados por Daniel Pedro Müller, concernentes a 1836.

Em seu *"Ensaio d'um quadro estatístico da Província de São Paulo"*, o marechal verificou que a produção cafeeira no município atingira naquele ano, a marca de 23.607 arrobas, pouco mais de 6% do percentual a ser produzido menos de vinte anos depois. Dividindo o ranque das produções estavam o açúcar, 1.000 arrobas; o arroz, com 1.390 alqueires; o milho, que totalizara 6.637 alqueires e o feijão com 5.832 alqueires. Avistou ainda o fabrico de aguardente, fumo, farinha de mandioca, azeite de amendoim, rapaduras, toucinho, suficientes apenas para o comércio interno.[105] Também realizou um censo demográfico da população, apontando os seguintes números:

> População Total do Município: 11.833
> Brancos: 6.695
> Pardos: 2.477
> Livres: 1.442
> Captivos: 1.035
> Pretos Crioulos: 1.352
> Livres: 87
> Captivos: 1.265
> Pretos africanos: 1.309
> Livres: 5
> Captivos: 1.304[106]

A partir do quadro populacional oferecido por Pedro Müller verifica-se que, até aquele momento, a população não branca (considerando-se pretos e pardos), ainda não atingira o mesmo patamar de brancos existentes no município. Pretos, crioulos e africanos, mostram relativa igualdade numérica entre si e eram pouco superiores aos pardos (cujo número de livres já era maior que o de cativos). No

---

104 SOBRINHO, Alves Motta. *A civilização do café (1820-1920)*. 3ª ed. São Paulo: Brasiliense, 1978, p. 24.

105 MÜLLER, Daniel Pedro. *Ensaio d'um quadro estatístico da Província de São Paulo: ordenado pelas leis provinciaes de 11 de Abril de 1836, e 10 de Março de 1837*. São Paulo: Secção de Obras d' "O Estado de São Paulo", 1923, p. 124.

106 *Ibidem*, p. 154-156.

entanto, é importante notar-se que entre os pretos livres, o número de crioulos é muito superior ao de africanos, e quando comparado ao número de pardos livres a diferença era ainda maior, comprovando-se que para os pretos, em especial os de origem africana, sempre fora mais difícil alcançar a liberdade.[107] Emília Viotti da Costa aponta a facilidade maior que os pardos obtinham em relação aos pretos no tocante à ascensão social:

> As relações entre brancos, negros e mestiços ressentiam-se da influência da escravidão. A ascensão social foi sempre mais fácil para o mulato do que para o negro. Quanto mais clara a sua pele, quanto menos estigmatizado pelas características raciais, tanto mais fácil seria sua ascensão social. O desenvolvimento urbano, a multiplicação dos serviços burocráticos e administrativos depois da Independência, o crescimento do comércio, a progressiva eliminação do trabalho escravo nos núcleos urbanos e sua concentração nas zonas rurais, as novas oportunidades que o trabalhador livre encontra no decorrer do século XIX criaram maiores possibilidades de ascensão para o mulato.[108]

Entretanto, em poucos anos a população de Taubaté aumentaria consideravelmente. Em 1854, cerca de vinte anos depois do levantamento elaborado por Müller, a cidade já contava com 17.700 moradores, dos quais 4.345 eram escravos, cerca de 30,34% do total.[109] E é nesse contexto, na segunda metade dos oitocentos, que vamos encontrar a Irmandade de São Benedito. No Arquivo Municipal de Taubaté, encontra-se um "Livro de Tomada de Contas", em que foram registradas as despesas da irmandade no período de 1856 a 1862.[110]

Além da prestação de contas, o livro traz uma pequena ata e a relação dos irmãos falecidos no período, o que possibilitou "rastrear" alguns dos confrades na tentativa de apontar as suas origens e perceber a dinâmica de funcionamento ali presente, aos

---

107 CUNHA, Manuela Carneiro da. *Negros, estrangeiros: os escravos libertos e sua volta à África*. São Paulo: Brasiliense, 1985, p. 42. Ver especialmente o capítulo intitulado: "Libertos: uma sujeição pessoal".

108 COSTA, Emília Viotti da. *Da monarquia à República: momentos decisivos*. São Paulo: Editora Unesp, 1999, p. 245.

109 SOTO, María Cristina Martínez. *Pobreza e conflito: Taubaté – 1860-1935*. São Paulo: Annablume: 2001, p. 35.

110 DMPAH – Livro de Tomada de Contas da Irmandade de São Benedito – Caixa 119 – doc. 10.

moldes do que foi realizado com a Irmandade de Nossa Senhora do Rosário dos Pretos. Essa fonte não permitiu, contudo, precisar a data de surgimento da confraria, no entanto, a documentação referente à Irmandade da Boa Morte dos Pardos, mencionada no item anterior, forneceu elementos para algumas constatações a respeito. Senão vejamos o seguinte trecho:

> Para responder com mais clareza a respeitável ordem de V. Exa. Reverendíssima, primeiramentedevo lembrar q. nesta freguesia há convento de Religiosos menores e nelle Ordem Terceira com esquife e sepulturas para os terceiros e terceiras q. se compoem da melhor parte de meus freguezes. No mesmo Convento ha também hua Irmandade de S. Benedito, tambem com esquife e sepulturas para os Irmãos brancos, forros e captivos.[111]

Trata-se essa correspondência, datada de 6 de março de 1820, de resposta do vigário Bento Cortez de Toledo a uma solicitação do bispo diocesano para que se elencassem os cemitérios existentes na vila de Taubaté. No trecho o referido vigário menciona a existência de esquife e sepulturas pertencentes a "hua Irmandade de S. Benedito". Portanto, a data do documento nos permite retroagir a existência dessa confraria em pelo menos quarenta anos. Também é possível saber que congregava "brancos, forros e captivos", e se encontrava abrigada no Convento de Santa Clara, local onde os devotos mantinham um bem cuidado altar do santo. Funcionaria informalmente até meados da década de 60, sem compromisso firmado ou reconhecido pelas autoridades competentes. É o que demonstra a seguinte ata transcrita no Livro de Tomada de Contas no dia 06 de março de 1857:

> *Não existindo compromisso para que reja a irmandade de São Benedito desta cidade e reconhecendo a conveniência da sua continuação* para isso reconhecendo a observancia perante as demais irmandades e a cada um dos seus empregados do seguinte:
>
> 1. A irmandade organizará o seu compromisso e o sugeitará a aprovação do poder competente com a brevidade possível, para que assigure o prazo de um anno para ela apresentar a este juizo revestido

---

111   AN – Arquivo Nacional. Seção Histórica. Mesa de Consciência e Ordens – Caixa 291 – Pacote 2. Documento analisado no item anterior deste capítulo.

das ferramentas legais, sob pena de findo este prazo, será a dita irmandade suspensa e nomeará seu administrador para que *receba e administre seus bens.*[112]

O primeiro item revela a intenção dos irmãos em legalizar a irmandade com a maior presteza possível, reconhecendo-se a "conveniência da sua continuação", bem como, indica que possuía bens, pois estes deveriam ser entregues a um administrador caso a legalização não se efetivasse no prazo de um ano. Vejamos mais alguns itens:

2. Os actuais livros de receita e despesas e actas se conservarão, devendo porem serem imediatamente assinados numerados e rubricados na forma da lei.

3. Criar-se-hão dous livros *um para assentamento das irmãs e irmãos livres e outro para o assentamento dos irmãos e irmãs que forem escravos* ; cujo os livros também serão sellados, numerados e rubricados.

4. Seguindo se o estilo da irmandade continuarão a subsistir os mesmos cargos q. até hoje tem existido, e que serão ocupados por pessoas pertencentes a irmandade e nomeados pelos irmãos que comparecerem no dia designado para a eleição quando p. este fim serão convocados todos os irmãos.

5. A escripturação dos livros fica a cargo do escrivão da irmandade o qual seguirá o seguinte: no livro de receita e despesa o sistema será o mercantil, lançando – se minuciosamente a receita e despesa, e esta em vista dos recibos q. ficarão em mãos do thezoureiro para serem as suas contas abonadas ; no livro das actas se lançarão todos os termos de reuniões ou de liberações tomadas pela irmandade ou mezarios, começando no dito anno, mês, dia, e lugar em que se reúne a Irmandade ou a mesa q. os Irmaos presentes determinarem cujo termo será assinado pelo presidente e irmãos presentes – em cada um dos livros dos de assentamentos de irmãos se abrirá hua casa para lançar-se os pagamentos de joias e demais contribuições.

---

112 DMPAH – Livro de Tomada de Contas da Irmandade de São Benedito. Doc. 10, Caixa 119, p. 16-19.

6. O secretário é obrigado nos termos da lei a comunicar ao escrivão deste juízo os nomes das pessoas q. anualmente forem nomeadas para os cargos da Irmandade.

7. O mesmo secretário é obrigado a lançar em livro próprio um inventário de todos os bens, jóias, e alfaias da Irmandade especificando as suas qualidades e estado. Lance-na copia desta no livro das actas para ser observada. Taubaté 6 de março de 1857. Antonio José da Veiga Cabral (Juiz Procurador da Irmandade).[113]

Observe-se que além do Livro de Tomada de Contas havia um segundo, destinado às atas, o qual, entretanto não foi localizado. A necessidade de abertura de dois livros para assentamento dos irmãos confirma que a irmandade congregava a livres e escravos. Podemos perceber também que se encontrava constituída informalmente há pelo menos 40 anos e que mantinha uma estrutura organizacional supostamente aos moldes de suas congêneres, haja vista que os cargos existentes até aquele momento continuariam a subsistir "seguindo o estilo da irmandade". Ao que tudo indica, o processo de legalização fora concluído com sucesso:

Anno do nascimento de Nosso Senhor Jesus Cristo *de mil oitocentos e sessenta e dois*, nesta cidade de Taubaté em as casas da residência do Muítissimo *Juiz Provedor actual, o Senhor Doutor Joaquim Lopes Chaves*, aonde me axavaeu Escrivão desse cargo adiante nomeado, e sendo ahi presente *o Thesoureiro da Irmandade de Sam Benedito desta Cidade, o Comendador Antonio Moreira da Costa Guimarães*. Que por despaxo deste Juízo foi notificado para prestar as contas da mesma Irmandade. Ordenou o ditto Juiz que se proceguiçe na tomada das mesmas contas, observadas as formalidades da Lei. E para tudo constar mandou lavrar o presente autho que assigna e com elle o Thesoureiro. Eu *Francisco Gomes da Luz*, Escrivão da Procuradoria que assinei. Lopes Chaves. Antonio Moreira da Costa Guimarães.[114]

---

113 *Ibidem*. Grifos meus.

114 DMPAH – Livro de Tomada de Contas da Irmandade de São Benedito. Doc. 10, Caixa 119, p. 45. Grifos meus.

O trecho do documento acima confirma a legalização da Irmandade de São Benedito, uma vez que o comendador Antonio Moreira da Costa Guimarães, tesoureiro em exercício, seria instado pelas autoridades competentes no ano de 1862 a prestar contas das arrecadações e despesas realizadas pela confraria, cujos registros ficavam em seu poder. Sendo assim, entre os anos de 1853 e 1862, Guimarães, registrou as seguintes anotações:

1853-1854	Receita:	695$824
	Despesas:	283$419
Saldo a favor da Irmandade		412$405
1854-1855	Receita:	668$605
	Despesas:	269$524
Saldo a favor da Irmandade		399$081
1855-1856:	Receita:	752$151
	Despesas:	347$120
Saldo a favor da Irmandade		405$031
1858-1859	Receita:	335$220
	Despesas:	487$959
	Déficit:	152$739
1859-1860	Receita:	346$580
	Despesas:	448$259
	Déficit:	101$679
1860-1861	Receita	326$160
	Despesas	384$639
	Déficit	58$479
1861-1862	Receita	363$040
	Despesas	339$559
Saldo a favor da Irmandade		23$481

Os lançamentos acima compreendem um período de quase dez anos, no entanto, estão em falta as receitas e despesas referentes ao período de 1856 a 1857.

Aparentemente Guimarães não era tesoureiro dos mais zelosos, pois não há recibos suficientes para dar conta de todas as entradas e saídas, e dessa forma não foi possível apurar a origem das divisas que culminavam no valor total das receitas e despesas. O Livro de Tomada de Contas apresenta documentos dispersos, aparentemente reunidos apressadamente por ocasião das diversas solicitações de prestação de contas às quais Guimarães fora submetido e não compareceu. Os valores relacionados acima demonstram que a Irmandade de São Benedito possuía uma boa arrecadação, se considerarmos o perfil dos irmãos, ao qual farei menção mais adiante. Não obstante, podemos observar uma queda de ao menos 50% no valor das receitas, se compararmos o maior e o menor valor.

Se não explicam a origem, ao menos os recibos comprovam o destino dado às arrecadações dos irmãos de São Benedito e nos permitem ampliar o foco da análise:

Recebi quarenta mil reis pelo sermão da Procisão da festa de S. Benedito oferecidos pelo Sr. Thezoureiro e por verdade paso o presente. Taubaté 26 de Março de 1856. Frei Joaquim das Dores

Recebi das missas pertencentes a Irmandade de Sam Benedito dos Domingos do mês de 1855 a 1856, a quantia de 22$000 reis, declaro mais que recebi segundo o custume da caza 12 vellas de ¾ para ornato do altar do mesmo santo e por verdade asigno. Convento de Taubathe, 26 de março de 1856. Frei Joaquim das Dores.

Recebi do Escrivão da Irmandade de São Benedito a quantia de 2$680 de serviço que fis no portão do Simitério e por verdade pedi ao Sr. João Francisco Candido que este por mim paçaçe e se asignaçe. Taubaté 4 de Abril e 1856.
A pedido de Miguel escravo da Sra. D. Anna Justina de Abreo.
João Francisco Candido.

Recebi do escrivão da Irmandade de São Benedito, a quantia de 4$980 de carpir o Simiterio e por verdade pedi ao Sr, João Francisco Candido que este por mi pacaçe e por se asinaçe. Taubaté 13 de Maio de 1856.
A pedido de Joaquim escravo do Sr. Dr. Gaspar.
João Francisco Cândido.[115]

---

115 Grifos meus.

Observem-se entre os prestadores de serviços os escravos Miguel e Joaquim. O primeiro pertencia à senhora Ana Justina de Abreu e recebeu 2$680 réis para consertar o portão do cemitério. Joaquim, propriedade do Dr. Gaspar, por sua vez, recebera 4$980 réis para carpi-lo. Ambos os recibos foram "passados" e assinados por João Francisco Candido, pessoa de confiança desses escravos.[116] O fato de não terem recorrido aos senhores para "passar recibo" do dinheiro recebido, demonstra a autonomia desses escravos. A possibilidade de deixarem os afazeres cotidianos, obrigatórios e não remunerados, para executarem tarefas esporádicas que lhes auferiam alguma renda, é lapidar da complexidade das relações existentes no universo escravista. O mais provável é que Joaquim e Miguel fossem escravos de ganho e pagassem jornais semanais aos seus senhores. Caso pertencessem a alguma irmandade, o que é bem provável, poderiam assim sustentar a sua presença, pagando as joias e ainda os valores referentes à eventual ocupação de cargos de prestígio. Dois anos depois outro cativo prestaria serviços remunerados à Irmandade:

> Recebi do Escrivão de São Benedito o Sr. Innocencio Correa de Toledo, a quantia de 1$500 de limpar a frente do Simiterio e para ser recebido pedi a João Francisco Candido. Que este por mim paçáçe e se asignaçe. Taubaté 8 de Abril de 1858.
> A pedido de Francisco escravo de Santa Clara.
> João Francisco Candido.[117]

Esse escravo do convento de Santa Clara seria o mesmo Francisco que serviu como Juiz da Irmandade do Rosário no ano de 1806? Apesar da distância temporal e mesmo considerando as condições precárias de vida que levavam os cativos, é possível que assim o fosse. Mais alguns recibos nos ajudam a compreender onde a Irmandade aplicaria a maior parte de suas receitas:

> Recebi do thesoureiro da Irmandade de Sam Benedito o *Sr. Comendador Antonio Moreira da Costa Guimarães*, a quantia de 1$100 réis de huma fixadeira para o Portam do Simiterio por

---

116 Infelizmente não encontrei o inventário em nome de Francisco Candido, o que nos possibilitaria conhecer um pouco sobre esse personagem.

117 Grifos meus.

verdade a prezente. Taubaté 6 de Janeiro de 1858. Innocencio Correa de Toledo.

Recebi ao Ilmo. Sr. *Comendador Antonio Moreira da Costa Guimarães* a *quantia de 198$000 sento e noventa e oito mil, reis importância do Trabalho de forro que comprou para o retabulo do Altar de S. Benedito*: assim mesmo recebi a quantia de 9$600 nove mil e seiscentos para o carreto do mesmo Taboado, bem assim a quantia de 3$000 tres mil reis para três cargas de sipo tão bem recebi a quantia de 40$000 quarenta mil resi importância de oito taboas de sedro de vinte palmas para sim a (ilegível), ultimamente *recebi a quantia de duzentos e noventa e sete mil sento e sento e sessenta réis 297$160 importancia dos jornais dos oficciais que trabalharão e efecituarão o ditto retabulo*. E poraver recebido ditas quantias para sés fins disignados, para descargo do Sr. Tesoureiro, mandei passar a presente que firmo de próprio punho perante testemunhas presentes. Taubaté 20 de Fevereiro de 1858. Marco Joze da Silveira testemunha que vi e fiz asignar. Francisco Moreira Galvão. Testemunha prezente, Vicente Ferreira da Silva.

Recebi do Sr. Comendador Antonio Moreira da Costa Guimarães tesoureiro da Irmandade de S. Benedito a quantia de 1$480 mil quatrocentos e oitenta réis para pagar o concerto da cruz do senhor crucificado do Altar do S. Benedito, assim mais a quantia de 640 seicentos e quarenta para hua mão de pillão para o Semiterio da Irmandade, bem asim a quantia de quatrocentos e oitenta 480 que mandeo concertar ao portão do Semiterio: ultimamente a quantia de tresentos e vinte 320 para a (ilegivel) na Missa cantada no corrente ano. E por aver recebido dita quantia para os fins mencionados mandei pasar o prezente que firmo de próprio punho. Innocencio Pereira de Tolledo. Testemunha que fiz ai asignar. Francisco Moreira Galvão. Testemunha prezente, Vicente Ferreira da Silva.[118]

Como não possuía igreja ou capela própria a ser mantida, a Irmandade concentrava os seus gastos no cuidado com os mortos, nas festividades de orago e na manutenção do seu altar no convento de Santa Clara. Há alguns valores destacados

---

118 Grifos meus.

para o pagamento de "jornais" de funcionários que prestarão serviços relacionados à reforma do altar, valores que podem muito bem ter sido pagos a escravos jornaleiros como nossos amigos Francisco, Joaquim e Miguel.

A soma desses recibos, não é compatível com os registros apresentados oficialmente pelo responsável, há algumas discrepâncias. Sem duvidar da conduta do tesoureiro, podemos pensar tratar-se de certo descuido, motivado quem sabe pela falta de tempo para uma dedicação mais exclusiva, posto que esta função fosse ocupada à época pelo comendador Antonio Moreira da Costa Guimarães, um fazendeiro conhecido por emprestar dinheiro a juros, inclusive para alguns confrades de São Benedito, e que possuía duas fazendas e uma morada de casas na vila, assim descritas em seu inventário:

> Bens de Raiz: Uma fazenda de lavoura denominada Barreiro sita na freguezia de São Francisco das Chagas de Taubaté, no bairro do Piracangagua, contando uma superfície de *oitocentos e oitenta e cinco mil e setecentos ares de terras de cultura e campos de pastagem, cerca de trezentos e vinte mil pés de café*, casa de vivenda e suas dependências, *vinte lanços de senzallas*, três de paiol, dois commodos para empregados sete de casas de taipa, para tulhas, mais dois lanções de casas, um terreiro empedrado, casa de maquina de descascar algodão, descascador de café e dois monjolos, moinhos de milho, cavadeira, prensa e forno para mandioca, moendas de pao para canna, e taxos de cobre, ceva de porcos, estrebaria e lavadouro de café, quatro carros ferrados e arreios, seis bestas de carros arreados, vinte bois de carros.
>
> A fazenda de criação denominada Palmeira na mesma freguezia, no Queririm, contando superfície de *novecentos e sessenta e sete mil e duzentos ares de terras de cultura e de campos de criar no Valle do Rio Parahyba, casa de vivendas e suas dependências, construção de taipa, trezentos e sessenta rezes de criar entre grandes e pequenos*.
>
> Cazas de Morada: Uma morada de cazas na cidade de Taubaté contígua as cazas do capitão Jacintho Pereira da Silva (…) pelos fundos, vai até a casa do Doutor Souza Alves, na *Rua do Rozario*.[119]

---

119 DMPAH – Acervo Felix Guisard Filho – Cartório do 2º Ofício. Inventário e testamento de Antonio Moreira da Costa Guimarães – 1877. Grifos meus.

As fazendas de Guimarães atestam que esse proprietário diversificava a sua produção entre café, milho e cana de açúcar. Como possuísse cerca de vinte mil pés de café, além das trezentas cabeças de gado, que deveriam lhe ocupar praticamente toda a extensão de terras, é provável que a sua produção "extra-café" fosse pequena, suficiente para o comércio interno e para sustentar família e escravos. Sua casa na vila localizava-se próxima à Igreja de Nossa Senhora do Rosário, onde se mantinha a já referida irmandade de pretos. Era um homem rico ao falecer no ano de 1877. A análise de seu testamento e o inventário nos permite conhecer um pouco mais sobre esse grande proprietário que, além de dispor de seu tempo para controlar as finanças da humilde Irmandade de São Benedito, mantinha laços com alguns irmãos.

Em seu testamento o comendador beneficiou alguns escravos, entre os quais Maria Rosa, com a condição de que esta acompanhasse dois menores, Augusto e Affonso, para os quais deixou o "remanescente de sua terça". Ambos os meninos deveriam ser tutelados por seu "mano" Francisco. Com sua morte, ficava definitivamente liberta a escrava Maria Delfina, mulher do escravo crioulo Simão, que havia sido alforriada em testamento vinte anos antes por sua falecida esposa Escolástica Marcondes do Amaral, com a condição de servir ao comendador até a ocasião de sua morte.[120] No entanto, não há referências à Maria Delfina no testamento do falecido, encontramos arrolado entre os bens semoventes, apenas um escravo de nome Simão, todavia descrito como: "crioulo, velho, solteiro e doentio".

Além de Simão, encontrei mais 40 cativos que pertenciam ao comendador, dos quais 24 eram africanos e 17 crioulos.[121] Curiosamente havia dois escravos descritos como "crioulos-pardos", Idalina e Saturnino. Como morasse na área rural de Taubaté na fazenda do Barreiro, Guimarães deveria deslocar-se constantemente até a vila a fim de comercializar a sua produção e resolver seus negócios, além é claro, de cumprir com suas obrigações como tesoureiro da Irmandade de São Benedito.

O fato de o comendador andar com o Livro de Tomada de Contas "embaixo do braço", demonstra a disposição em despender parte de seu tempo para dedicar-se à administração do dinheiro desta confraria, prestar esclarecimentos, efetuar os

---

120 Certamente para fins de assegurar as disposições que a viúva do comendador deixara por ocasião de sua morte, o testamento de Dona Escolástica se encontra anexado ao inventário do falecido Guimarães.

121 Durante a consulta ao inventário de Antonio Guimarães, encontrei mais sete escravos de sua propriedade que foram doados às filhas como dote.

pagamentos referentes à festa do santo, aos cuidados com o cemitério e o altar, e às missas destinadas às almas dos falecidos, mas, sobretudo, sua presença reflete a importância dessas confrarias no universo social taubateano. Lembremo-nos das reclamações do vigário Bento Cortez, para quem os fiéis, na sua ignorância quase invencível, só tinham "vistas" para suas irmandades. Eram essas organizações religiosas, visivelmente, espaços de sociabilidades e de circulação de pessoas das mais "diferentes qualidades".[122]

A análise mais atenta do testamento do comendador Guimarães, nos deixa entrever algumas relações de proteção e compadrio, alicerçadas sob a ótica paternalista. Como é o caso dos menores Affonso e Augusto, cuja esmerada preocupação do falecido em mantê-los tutelados pelo "mano" e sob os cuidados da recém-alforriada Maria Roza, faz bem acreditar, fossem seus filhos ilegítimos, uma vez que Guimarães fosse viúvo já há muitos anos. Outras interessantes relações transparecem no seguinte trecho de seu testamento:

> Declaro deixar a Anna Maria, mulher de Benedicto Alves Pereira a quantia de quatro contos de reis, levando-se em conta desta quantia a de quinhentos mil reis, valor de uma casa situada a Rua do Gado e da qual fiz doação a dita Anna Maria, em poder de quem se acha a respectiva escriptura. Deixo a *Estella, filha da preta Guilhermina escrava esta de minha mana Cândida e aquela por ella e seu marido libertada a quantia de quinhentos mil reis.*

O comendador deixara a uma certa Ana Maria, mulher casada, quatro contos de réis, uma quantia considerável para a época. A título de comparação, utilizemos os valores atribuídos aos escravos em seu rol de bens, neste, o escravo mais "valorizado" foi o "crioulo-pardo" Saturnino de 29 anos, "visto e avalliado" por dois contos de réis. Assim, com o valor de sua herança, descontados os quinhentos réis de valor da casa onde morava (doada pelo falecido), Ana Maria poderia comprar dois bons escravos, jovens e produtivos, caso adquirisse um escravo de menor valor, como o crioulo Luciano de 35 anos e preço estabelecido em um conto de réis. Outra opção para Ana Maria seria a aquisição de três jovens escravas, como as

---

122 AN – Arquivo Nacional. Seção Histórica. Mesa de Consciência e Ordens – Caixa 291 – Pacote 2. Vide apontamentos à p. 27.

arroladas no inventário de seu doador: Idalina, de 24 anos (outra "crioula-parda"); Claudina, crioula de 20 anos e Delfina, "crioulinha" de 11 anos, todas avaliadas por um conto de réis. Portanto, com três jovens escravas, Ana Maria poderia levar uma vida senão faustosa, ao menos relativamente tranquila, sobrevivendo como muitos, à custa dos jornais de suas escravas, visto que morasse na vila e ali seguramente pudesse colocar as suas escravas "a ganho" pelas ruas da cidade. De qualquer forma, à herdeira (quem sabe uma filha não reconhecida), o comendador assegurava após a sua morte, a certeza de um pecúlio.

O benevolente falecido garantiu ainda em seu testamento a quantia (bem menor que a de Ana Maria, diga-se de passagem), de quinhentos réis, à escrava liberta Estella, filha da preta Guilhermina, escrava de sua irmã Cândida. Dadas às conhecidas relações de compadrio entre senhores e escravos, é possível que Estella fosse uma afilhada do falecido e a preta Guilhermina a sua "comadre". Era muito comum que escravos pedissem a pessoas mais prósperas, sobretudo proprietário, para batizarem os seus filhos, numa estratégica tentativa de que a criança fosse alforriada em "pia bastimal" ou tivesse a sua liberdade paga pelo caridoso padrinho por ocasião de sua morte, aproveitando-se ao máximo de relações forjadas no âmbito de uma política senhorial paternalista.[123] Não é difícil acreditar-se nessa hipótese com relação às disposições testamentárias do comendador Guimarães, pois encontrei em minhas investigações o inventário da preta liberta Benedita.

Benedita era viúva do africano forro Miguel. Não tinham filhos e moravam em uma casinha "contigua as casas do preto Samuel e de Domingos de tal", situada no "alto de São João", localidade não muito distante da vila, onde também possuíam pequeno terreno. Benedita faleceu em 1883 sem deixar herdeiros, poucos meses depois de seu marido sem deixar herdeiros. Seus bens foram reclamados por suas duas irmãs: "Luiza de maioridade, solteira, moradora desta cidade, escrava de dona Marianna Justina de Moura Palma e Gertrudes também de maioridade, escrava de Francisco Alves da Silva Coelho", e compunham-se de:

---

123 Conforme aponta Enidelce Bertin: "ainda que a política senhorial paternalista tenha controlado até quando pôde o acesso à liberdade, redundando no fortalecimento do poder do senhor, os escravos também fizeram suas articulações no sentido de obter a alforria" (BERTIN, Enidelce. *Alforrias na São Paulo do século XIX: liberdade e dominação*. São Paulo: Humanitas, 2004, p. 20).

> Uma casa pequena coberta de telhas com hua porta e hua janela, no alto de São João nesta cidade, e no ditto abaixo um quintal no mesmo lugar, contigua a de Jose Mathias; hua outro no mesmo Alto de São João coberta de tellhas contigua as do preto Samuel e Domingos de tal; um terreno de oito metros de frente no alto mesmo de São João dividido com terreno de Manuel Gonçalves da Silva; cinco leitões, uma egua rezinha e um cavalo manco.[124]

Mediante a solicitação das escravas Luiza e Gertrudes, no cumprimento da lei, o Juiz de Órfãos solicitou uma cópia do registro de batismo das três irmãs no intuito de comprovar-se a relação de parentesco, documento o qual transcrevo abaixo:

> Certifico que revendo o livro de assentos de baptismos de escravos d'esta Parochia de Taubaté encontrei os seguintes: *Benedicta – aos oito de Fevereiro de mil oitocentos e trinta e cinco* nesta Matriz de Taubaté baptizei e fiz os santos óleos a *Benedicta filha de Joanna*, solteira, *escravas do Alferes Antonio Alves da Silva Coelho, padrinhos o Capitão Antonio Moreira da Costa Guimarães e D. Anna Roza, viúva, todos desta Villa*. O Vigário José de Abreo Guimarães. *Luiza – Aos treze de outubro de mil oitcocentos e trinta e sete* nesta Matriz de Taubaté o Padre Emidigio (ilegível) baptizou e fez os santos oleos a *Luiza*, de idade de quatro dias, *filha de Joanna solteira e pai incógnito escrava do Alferes Antonio Alves da Silva Coelho*, padrinhos, João (ilegível) Moreira e Cândida Augusta Marcondes, solteiros, todos desta Villa. O vigário Domingos Marcondes Monteiro. *Gertrudes – Aos vinte dois de novembro de mil oitocentos e trinta e nove* nesta Matriz de Taubaté o Padre Manuel da Conceição, baptizou e fez os santos oleos a *Gertrudes* de idade de quatro dias *filha de Joanna solteira e pai incógnito escrava do Alferes Antonio Alves da Silva Coelho*, padrinhos Manoel José Alves Monteiro e sua mulher Joaquina Ferreira, todos desta freguesia. O Vigário Domingos Marcondes Monteiro, Nada mais continhão os dittos assentos. Taubaté 12 de Setembro de 1883.[125]

---

124 DMPAH – Acervo Felix Guisard Filho – Cartório do 2º Ofício. Inventário de Benedita preta – 1883.

125 Grifos meus.

A cópia da certidão de batismo comprova que Benedita, Luiza e Gertrudes eram realmente irmãs, filhas de Joanna e escravas do Alferes Antonio Alves da Silva Coelho. Batizadas entre os anos de 1835 e 1839, essas irmãs teriam destinos diferentes. A ausência do inventário do alferes Antonio Alves nos impediu de conhecer o destino da escrava Joanna, mãe "solteira" das meninas, bem como de verificar se os caminhos que levaram Benedita à alforria passaram pelas mãos de seu senhor. O fato é que Benedita conhecera a liberdade, diferentemente das irmãs que, no decorrer dos mais de quarenta anos entre o batismo da caçula Gertrudes e a abertura do inventário, apenas mudariam de proprietário, vendidas, trocadas ou doadas. O inventário da primogênita revela que suas irmãs eram solteiras na ocasião de sua morte. Gertrudes possivelmente teria sido deixada em herança a Francisco Alves da Silva Coelho, cujo sobrenome sugere parentesco próximo com o antigo proprietário das escravas.

Através do inventariante, Frederico Guilherme Hummel, as herdeiras solicitaram ao Juiz de Órfãos, que lhes fosse feito "preço amigável" no valor das custas de transferência das propriedades de Benedita para ambas, trâmite burocrático que nos revela a necessidade de mobilização dessas duas mulheres para assegurarem o seu direito à herança. Ocorre que os imóveis estavam em nome do africano Miguel, que morrera poucos meses antes da esposa no hospital da vila, sem dar a esta, tempo hábil para a elaboração de um inventário como era de praxe à época. Sendo assim, foi necessário que as duas herdeiras pagassem as taxas referentes às transferências de propriedades do falecido Miguel para Benedita e de Benedita para ambas, conforme a Lei Provincial de 24 de Maio de 1865.[126] O pedido de redução no valor das taxas lhes foi negado conforme podemos observar:

> Do juramento do inventariante apenas se deprehende que Miguel falleceu primeiro do que Benedita sua mulher, e não tendo aquelle filhos nem herdeiros collaterais que concorra com a herança pertence esta a sua mulher fallecida posteriormente, esta deixou irmãs, como se vê destes autos, pelo que tem a Fazenda de cobrar taxa de transmissão em 1º lugar de Miguel para sua mulher Benedicta e 2º desta para suas irmãs. Não se podendo fazer valores amigáveis embora de pequena ponderação o acesso por estar nelle envolvidos os

---

126 Conforme consta do documento anexado ao inventário da preta Benedita.

> interesses da Fazenda até o calculo da importância a pagar, tudo de conformidade com o Reg. Pronvincial de 24 de Maio de 1865, requer ao Meritíssimo Juiz se segue assim louvação em avaliações para proceder sua avaliação e persergurar-se até liquidação. Taubaté 12 de outubro de 1883. O colletor João Affonso.

Apesar do pedido negado, as herdeiras conseguiram efetuar as transferências. Recibos datados de 24 de Outubro do mesmo ano, anexados ao processo de inventário, atestam que Luiza e Gertrudes rapidamente conseguiram compor o valor solicitado, um total de 40$000 réis. Como as duas escravas puderam arcar com tal despesa? É lídimo aventar a hipótese de que se tenham cotizado a partir de relações estabelecidas em suas vivências cotidianas, facilitadas por residirem na vila. Certamente mantinham relações de proximidade mesmo sendo escravas de diferentes senhores, o que facilitou a entrada conjunta com a ação de requisição dos bens deixados pela irmã.

Destaco finalmente, que o padrinho da preta Benedita, batizada em 1835, era o então capitão Antonio Moreira da Costa Guimarães, que anos mais tarde iria se tornar comendador e tesoureiro da Irmandade de São Benedito. Falecido seis anos antes de sua afilhada, não realizou, contudo, nenhuma menção a ela em seu testamento. A impossibilidade de estabelecer maiores ilações acerca do relacionamento entre o digníssimo futuro comendador e a sua afilhada, não nos impede, contudo, de reafirmar que as relações cotidianas entre senhores e escravos e as intrincadas redes possíveis de serem "costuradas" na grande colcha de retalhos que era a sociedade escravista brasileira, com certeza interferiram diretamente na vida da escrava Benedita, a ponto de torná-la uma mulher preta livre, casada e proprietária de um pedaço de chão.

Uma "sorte" da qual suas irmãs Luiza e Gertrudes não puderam desfrutar, sujeitas que estiveram a um longo período de escravização. Todavia, não esqueçamos que a "trama" sobre a herança de Benedita se deu num período muito próximo à abolição, e, embora pudessem muito bem oferecer o modesto produto de sua herança, cerca de 270$000, como pecúlio a seus senhores para comprar a liberdade, amparadas na Lei de 1871,[127] estariam livres em alguns anos, para

---

127 Mencionarei a lei sobre o elemento servil, conhecida como Lei do Ventre Livre e seus dispositivos logo mais adiante.

poderem desfrutar das "casinhas", dos porcos e do terreno "de oito metros de frente", herdados da irmã.

Coincidentemente, no mesmo ano em que Antonio Moreira da Costa Guimarães batizava a sua afilhada Benedita, falecia o Sr. Manoel Luis dos Santos,[128] cujo inventário nos transporta novamente à Irmandade de São Benedito e também ao Rosário dos Pretos. Manuel morava em um sítio no qual criava animais, plantava mandioca, cana e alguns pés de café, ali, mantinha um plantel jovem e pequeno, composto por cinco escravos crioulos. Em 1807, seu escravo Domingos exercera o cargo de Juiz da Irmandade do Rosário, no ano seguinte serviria como irmão de mesa. Todavia, este irmão não aparece arrolado entre os bens semoventes de Manuel na ocasião de sua morte. A análise das dívidas ativas constantes de seu inventário nos mostra que, apesar de possuir uma produção modesta, o sitiante a comercializava fora da cidade:

> Declarou mais dever João Marcondes de Itu por (ilegível) o qual desapareçeo em vida do Inventariado por sete bestas avaliadas a trinta e sinco mil reis – nade – duzentos e quarenta e sinco mil reis com que se say. – 245$000.
> Declarou mais dever Agostinho de tal da Vila de Rezende por hum Lambique – nade oitenta mil reis com que se say. 80$000.

É provável que além dos esporádicos contatos externos, Santos realizasse comércio na própria vila, pois mantinha ali uma casa "na rua da Igreja". Entre os seus devedores encontramos ainda dois registros que merecem uma análise mais apurada:

> *Declarou mais dever a escrava Maria liberta, de resto da liberdade da criola Porçedina – dezenove mil e duzentos réis.*
> Declarou dever – João Coelho filho do Alferes Manuel José – *pella Liberdade na Pia da criola Maria, e sua criação de nove mês – the esta dacta – oitenta e sete mil e duzentos reis.*[129]

---

128   DMPAH – Acervo Felix Guisard Filho – Cartório do 2º Ofício. Inventário de Manoel Luiz dos Santos – 1835.

129   Grifos meus.

O primeiro nos remete novamente à Irmandade de São Benedito, mais precisamente à mencionada relação dos irmãos falecidos existente no Livro de Tomada de Contas dessa confraria. No ano de 1855, entre os irmãos falecidos encontramos o nome de "Porçedina que foi de Manoel Luis dos Santos". O trecho acima nos ajuda a descobrir como e quando essa irmã de São Benedito conquistara a alforria. Sua liberdade fora comprada pela "escrava" Maria "liberta", que aparece no inventário de Manoel como devedora do valor de dezenove mil réis pelo "resto" desse pagamento. Não é possível sabermos qual o montante total exigido pelo proprietário de Porçedina, ou mesmo há quanto tempo Maria lhe devia pela compra dessa alforria. No entanto, podemos verificar que a irmã Porçedina, vivera sob a condição de liberta por pelo menos 20 anos, a considerar-se a data do inventário de Manuel, 1835 e a do falecimento da liberta, 1855. Entretanto a ligação com o antigo proprietário seria resgatada na ocasião de sua morte. Não bastava simplesmente relacionar Porçedina por seu nome, sua anterior condição de escrava lhe distinguiria dos demais confrades falecidos naquele ano, assim como a outros libertos:

Irmãos Fallecidos Da Irmade. De Sam Benedicto – 1855 a 1856
Jerônimo que foi de Vicente de Montes
Porçedina que foi de Manoel Luis dos Santos
Benedito escravo de José Alves Coelho
Justa que foi de Antonio Alves do Santos
Sipriano escravo do Reverendo Manoel Innocencio
Maria Ignacia filha de José Airis
Benedicto escravo do Sr. Manoel de Maltes
D. Bernardina viuva do Tenente José Vieira
Elias que foi de Francisco Ferreira
Maria Roza viúva de João Cotinho
Antonio que foi de Maria Ginipra
Anna filha de Jozé Antunes
Manoel que foi de Luiz Antonio Alves
Jose que foi de Ignácio Raimundo
Benedito escravo de João Ribeiro da Fonseca
Francisco Xavier de Assis
Anna Francisca das Chagas
Francisco de Freitas de Andrade
Maria filha de Eloi Alves Bezerra

> Jesuíno escravo de D. Ignacia Ribeiro
> Anna escrava da Freira Maria Custódia[130]

Assim como Porcedina, outros seis irmãos foram identificados em sua condição de ex-escravos. A relação de irmãos falecidos constante no Livro de Tomada de Contas compreende os anos de 1855 a 1861 e registra um total de 110 irmãos falecidos neste período, dos quais 59 eram livres, 35 escravos e 16 libertos. Curiosamente, entre estes últimos figuram dois irmãos nomeados simplesmente como "forros": Valentim Portella e Mathias, falecidos em 1856 e 1859 respectivamente, este último viúvo de Rita, irmã de São Benedito que falecera um ano antes. O que levaria esses dois confrades a não terem seus nomes associados ao de seus antigos senhores? Possivelmente teriam vindo de outras localidades, cuja distância impossibilitaria tal associação. Ou quem sabe guardariam um papel diferenciado no interior da confraria? O fato é que nessa irmandade que aceitava "brancos, forros e captivos", a diferenciação entre escravos, ex-escravos e livres fazia-se essencial.

Voltando ao inventário de Manoel Luis dos Santos, observamos que a viúva solicitara ao Juiz de Órfãos (na ocasião o coronel Vitoriano Moreira da Costa, pai do comendador Antonio Moreira da Costa Guimarães), a cobrança da dívida de Maria, a guisa de utilizá-la no pagamento das despesas com as exéquias do marido:

> Diz D. Thereza Antonia de Jezus viúva de Manoel Luis dos Santos, q. tendo falecido seo marido abim testado fazendo-çe poriço neçeçario pagaçe a quantia de 10$000 réis ao Parocho Respectivo afim de este proceder no ofiço a bem da alma do marido da Suplicante e porque no Inventario a q. neste Juízo se esta procedendo *há dinheiro em poder da Escrava Maria pertencente a liberdade da criola Porçedina*. Taubaté 7 de Outubro de 1835.[131]

Importante observar que o pedido de cobrança da viúva menciona Maria como "escrava", que tinha "dinheiro em seu poder", enquanto no inventário, a devedora aparece literalmente como "escrava Maria liberta". Qual seria então a real condição de Maria? Nenhum dos dois documentos refere-se ao nome de seu proprietário,

---

130 DMPAH – Livro de Tomada de Contas da Irmandade de São Benedito – Caixa 119 – doc. 10, p. 15. Grifos meus.

131 Grifos meus.

no entanto, é certo que manteria uma relação de grande proximidade, quiçá de parentesco com Porçedina, o que teria motivado o esforço de uma pela alforria da outra. De qualquer modo, o cruzamento dos dois documentos nos mostra que a irmã Porçedina morrera na condição de liberta.

Não era a única dívida referente a alforrias cobrada pelos herdeiros de Manoel Luis dos Santos. Um certo João Coelho, filho do alferes Manuel José, devia ao falecido 87$200 réis "pella Liberdade na Pia da criola Maria, e sua criação de nove mes – thé esta dacta". Por fim temos o caso da "crioulinha" Innocencia, de dois anos de idade, esta sim arrolada entre os escravos do falecido, vista e avaliada por cem mil réis, havia sido "liberta na Pia em terça da viúva do Inventariado". Menor e liberta somente pela parte da herdeira Francisca Antonia de Jesus, filha do casal, o futuro desta escrava estaria condicionado à decisão dos demais herdeiros, por sua tenra idade, deveria permanecer ainda muitos anos "sob os cuidados" da família Santos.

O inventário de Manoel Luis proporciona o contato com dois tipos de alforrias: a concedida e a conquistada. Conforme já mencionamos as alforrias configuraram um aspecto importante na dinâmica social brasileira. No entanto, não foram a tônica das relações tecidas em torno das irmandades contempladas por esta pesquisa. Antes de tecer maiores considerações a respeito, é mister seguir um pouco mais os rastros deixados por outros irmãos de São Benedito, entre os quais encontra-se um homônimo de Manoel Luis dos Santos, este agora falecido em 1856.[132] Deixou testamento, uma raridade entre os inventários compulsados, que se inicia com as formalidades de praxe:

> Em nome da Santíssima Trindade, Padre, Filho, Espírito Santo, em que eu Manoel Luis dos Santos, firmemente creo em cuja fé tenho vivido e pretendo morrer, e estando em meo perfeito juízo, fasso meo Testamento da ultima vontade, para ter sua execução depois de minha morte.

Este Manoel deixou ordens expressas para que fosse "emvolto no Habito do Seráfico, sepultado no cemitério da mesma Ordem acompanhado por ella, e por

---

132 DMPAH – Acervo Felix Guisard Filho – Cartório do 2º Ofício. Inventário de Manuel Luiz dos Santos – 1856; DMPAH – Livro de Tomada de Contas da Irmandade de São Benedito – Caixa 119 – doc. 10, p. 35.

todos os sacerdotes que se axarem prezentes". Religioso e devoto preocupou-se em saldar seus anuais com as outras irmandades das quais fazia parte declarando que: "meo testamenteiro pagara os annuais que estiver devendo nas Irmandades, sendo no Santissimo Sacramento, na Ordem Terceira, nas Dores e no Rozario". Além de quitar esses débitos, deixou seis mil réis em esmolas aos pobres para que seguissem o seu féretro. Aparentemente, Santos não tinha bens a declarar com exceção da escrava Francisca, deixada a suas irmãs "para servir as dittas thé suas mortes, e mortas q. seja as duas ficara forra a dita escrava em minha terça".

No mesmo ano faleceria o irmão João de 26 anos, filho de Miguel Rodrigues dos Santos.[133] O pai de João falecera em 1847, deixando à viúva e aos outros três filhos um sítio na área rural no lugar conhecido como Poço Grande, além de uma parte de terras no bairro do Pinheiro "além Paraíba". Seu modestíssimo inventário não arrola nenhum escravo, talvez porque nada havia a cuidar. Aparentemente, a sua tentativa de incursão na cafeicultura não lograra êxito, uma vez que nesses sítios foram encontrados dois mil pés de cafés "velhos sem preço". Na mesma situação encontramos Francisco, irmão falecido em 1857 aos 20 anos, filho de Joaquim Alves dos Santos.[134] O inventário de seu pai, datado de 1851, mostra uma situação um pouco melhor do que a vivenciada pelos herdeiros de Miguel Rodrigues.

Francisco tinha dez irmãos e contava 14 anos quando seu pai faleceu. Sobreviviam os filhos e a viúva com o produto do plantio de "1 cafezal de dois mil e quinhentos pés, uma roça de milho e um arrozal", em sítio localizado no "bairro de Nossa Senhora do Remédio no lugar denominado Buraco". Não havia escravos a inventariar, com certeza Francisco e seus irmãos deveriam dedicar-se integralmente ao cultivo. Deixara ainda o pai de Francisco, "uma parte de morada de casa da cidade" que fazia parte da morada de casas de Salvador da Cunha, pequeno espaço utilizado com certeza para facilitar o comércio na vila.

---

133 DMPAH – Acervo Felix Guisard Filho – Cartório do 2º Ofício. Inventário de Miguel Rodrigues dos Santos – 1847.

134 DMPAH – Livro de Tomada de Contas da Irmandade de São Benedito – Caixa 119 – doc. 10, p. 30; DMPAH – Acervo Felix Guisard Filho – Cartório do 2º Ofício. Inventário de Joaquim Alves dos Santos – 1851.

Sem escravos, com poucos bens e vivendo de suas roças, encontramos mais um irmão de São Benedito: Paulo José de Abreo Guimarães, falecido em 1859.[135] Este ao menos não morrera tão jovem quanto os seus confrades João e Francisco. Era lavrador e residia em local distante da vila, no bairro do Tremembé. Abreo Guimarães era divorciado, e havia casado em "segundas núpcias" com Jenoveva d'Abreo, com quem teve sete filhos. Com a primeira esposa teve uma filha, a quem deu por dote "sem preço nenhum" suas duas únicas escravas, as crioulas Francisca e Benedicta. Deixou como legado além do sítio de Tremembé, algumas terras no Caminho do Ribeirão e outro na "várzea do Parayba no Caminho do Carro", este o seu mais valioso bem, avaliado por dois contos e quinhentos mil réis.

Paulo José sobrevivia do fabrico de aguardente, os poucos pés de café "ao redor do terreno da caza", deviam servir apenas para consumo próprio. Seus filhos viviam nas proximidades, da criação de alguns bois e também da lavoura. Era um homem religioso e deixou para uma das filhas um "nicho com cinco imagens sendo São Pedro, São Paulo, Menino Jesus e Senhor Crucificado". Deixou testamento sem disposições acerca de seu funeral, mas com precisos esclarecimentos acerca de suas dívidas: "declaro mesmo que fico devendo à família do finado coronel Vitoriano Moreira da Costa, a quantia de duzentos e cinco e tantos mil reis". Essa dívida, segundo o inventário, deveria ser paga aos filhos do finado coronel Vitoriano, um deles, Antonio Moreira da Costa Guimarães, o tesoureiro de São Benedito.

Por fim, os irmãos Francisco Xavier de Assis e sua esposa Ana Gomes de Assis.[136] Francisco faleceu no ano de 1855,[137] era boticário e mantinha comércio à Rua do Rosário "de fronte para a Igreja". Diferentemente de seus mencionados confrades, residia na vila. Possuía quatro escravos jovens: as "mulatas-cabras", Ignacia e Joanna com idade de 22 e 28 anos respectivamente, e os menores crioulos: Germana e Cláudio, com 6 e 2 anos respectivamente. Essas escravas

---

135   DMPAH – Acervo Felix Guisard Filho – Cartório do 2º Ofício. Inventário de Paulo José de Abreo Guimarães – 1859; DMPAH – Livro de Tomada de Contas da Irmandade de São Benedito – Caixa 119 – doc. 10, p. 50.

136   DMPAH – Acervo Felix Guisard Filho – Cartório do 2º Ofício. Inventário de Francisco Xavier de Assis – 1855; DMPAH – Acervo Felix Guisard Filho – Cartório do 2º Ofício. Inventário de Ana Gomes de Assis – 1876.

137   DMPAH – Livro de Tomada de Contas da Irmandade de São Benedito – Caixa 119 – doc. 10, p. 15.

deveriam ajudá-lo no serviço de entregas da botica e não há menção a parentesco entre elas e as crianças.

Dona Ana Gomes era uma mulher letrada e após a morte do marido continuou a residir com os filhos na casa da vila. Não há indícios de que tenha continuado com os negócios do falecido, o mais provável é que vivesse à custa de seus escravos: a cozinheira Romana "de cor preta", de 16 anos, filha da mulata-cabra Joanna; e Vicência, uma quitandeira parda de 40 anos. Em seu inventário, datado de 1876, encontramos mais um escravo: Sabino, de 28 anos, que exercia o ofício de pedreiro e foi doado ao neto Joaquim Xavier de Assis. À exceção de Joanna, não há menção aos demais escravos que herdou após a morte do marido. Em testamento, Ana deixou 10$000 réis para que seu funeral fosse cuidado pela Irmandade de São Benedito.

A importância do cuidado com os mortos na América portuguesa desde o período colonial, já foi mencionada em momento anterior. O avançar dos séculos e a Independência, não minoraram as expectativas em torno das exéquias dos finados, fossem eles das classes mais abastada ou simples lavradores de enxada, conforme se pode observar a partir dos poucos testamentos compulsados. Mais do que relacionar os bens deixados como herança (no mais das vezes parcos em se tratando de nossos confrades), era mister registrar-se as últimas vontades do moribundo, e sobretudo, para aqueles que pertenciam a alguma ordem religiosa, ser enterrado com a pompa possível, junto aos seus iguais. No entanto, a partir do final da década de 60 do século XIX, iniciaram-se na Câmara Municipal de Taubaté, debates acerca da construção de um novo cemitério público, pois o antigo localizava-se muito próximo à vila e se encontrava em estado precário de conservação.

O rápido crescimento populacional de Taubaté, associado ao medo de epidemias, bem como o recrudescimento das preocupações de ordem sanitária, trariam consigo a necessidade de melhor acomodar esses mortos. Aos moldes do que ocorria nos grandes centros urbanos, era necessário empreender um árduo processo de higienização, sobretudo localizar os espaços insalubres, e os cemitérios se tornaram um dos principais focos a serem atacados pelas milícias sanitaristas. Em 1867 a Câmara Municipal delineou os primeiros esboços do cemitério público, distante da cidade e com dimensões apropriadas para acomodar a crescente população taubateana.

Inaugurado em 1886, o novo cemitério municipal foi alvo de protestos, especialmente da Irmandade de São Benedito, que, além do seu cemitério no convento de Santa Clara, fazia uso de outro construído em terreno comprado junto à estrada de ferro. Segundo María Cristina Soto não obstante atender às expectativas daqueles que especulavam acerca da saúde pública, a Câmara Municipal deveria atender a outra categoria de insatisfeitos:

> *Entretanto a Câmara ainda tinha de salvar reticências, porque não escapava a alguns que, amparadas nas normas higiênicas, as autoridades tratavam de laicizar e uniformizar as formas de sepultar, em prejuízo de uma secular prerrogativa das irmandades.* Os cemitérios privados foram extintos. *Todas as pessoas, de qualquer religião, inclusive aquelas que a Igreja Católica não aceitava enterrar em campo sagrado, e as vítimas de epidemias deviam jazer no cemitério comum. A luta travada, principalmente com a irmandade de São Benedito,* que aproveitando a insalubridade do cemitério municipal havia comprado um terreno próprio perto da estrada de ferro, mostra a dificuldade para extirpar velhos costumes e homogeneizar ritos e a negativa em passar ao município o direito de inumar os mortos. *Sob a acusação de manter um cemitério anti-higiênico, os membros dessa ordem foram finalmente forçados a aceitar o campo-santo municipal.* Já a Ordem Terceira, que concentrava os mais abastados (*suas regras proibiam expressamente a entrada de pobres ou homens negros*), conservou seu cemitério particular. Muitos entraram nela com o intuito de usufruir um sepultamento diferenciado.[138]

A inauguração do cemitério municipal em 1886 e a consequente mobilização da Irmandade de São Benedito em garantir o direito dos irmãos de serem enterrados em lugar diferenciado, confirmam a longevidade dessa ordem. À parte as questões de saúde pública, a retirada do cemitério de São Benedito e a subsequente manutenção dos jazigos da Ordem Terceira existentes no convento de Santa Clara, remetem a uma divisão social patenteada pela existência dessas confrarias. É fato que ocupavam o mesmíssimo espaço em Santa Clara, não obstante, o veto à entrada de pobres e de pretos entre os terceiros, persistia a diferenciá-los. Não obstante, brancos pobres e pretos continuariam a juntar-se sob a égide de São Benedito.

---

138 SOTO, María Cristina Martínez. *Op. cit.*, p. 110-11. Grifos meus.

Com relação aos sepultamentos, note-se que entre nossos confrades há alguns que deixaram ordens expressas para serem enterrados "com o hábito de São Francisco", no cemitério da Ordem. É o caso daqueles irmãos do Rosário: Francisco de Camargo Machado e Ignes Angélica dos Anjos, e do irmão de São Benedito, Manuel Luiz dos Santos (1856). Em comum esses irmãos possuem o fato de serem pobres e proprietários de não mais do que dois escravos. Como membros da Ordem Terceira, encontramos proprietários de alguns de nossos irmãos escravos do Rosário, mencionados no item anterior: o alferes Antonio José Pinto de Souza (com perfil semelhante ao de Francisco e Ignes); e João Moreira dos Santos, este sim, supostamente, com as qualificações necessárias para ingressar em uma irmandade de elite, pois apesar das terras diminutas, possuía onze escravos.

Talvez a Ordem Terceira fosse menos rigorosa do que de hábito, ou que a convivência forçada entre pessoas de "todas as qualidades" no interior do convento de Santa Clara, favorecesse sociabilidades a ponto de ampliar o quadro dos terceiros de São Francisco e encampar parcelas mais significativas da população taubateana. Também para assegurar uma maior arrecadação de divisas para esta irmandade, que enfrentava a concorrência de outras tantas devoções existentes em Taubaté. Exceção que com certeza não seria feita aos irmãos pretos de São Benedito.

A escrava moçambique Faustina, por exemplo, jamais seria aceita. Irmã de São Benedito, era propriedade do capitão Floriano José de Oliveira, este sim um irmão terceiro, "Catholico, Apostholico, Romano", que ao falecer em 1840 fora enterrado, conforme seu pedido no cemitério da Ordem.[139] Faustina vivia em terras de seu senhor, em sítio localizado no "Sertão", com mais dez escravos, quase todos africanos como ela. Apesar de pequeno, o plantel apresentava uma significativa variedade de nações africanas, havia: Anastácio, Moçambique como ela; Antonio, Angola; Ilário, Congo; João, Monjolo, Felipe Cabinda, Maria "de nação Boca" (sic).

Trabalhavam esses africanos na lavoura, e além dos cafezais, cultivavam bananais, laranjais e "algodoar"(sic). Encontramos ainda outros quatro crioulos, que moravam na vila, na Rua dos Castelhanos. O capitão Floriano não alforriou nenhum escravo em testamento, deixou à Querubina de Nazaré uma esmola e ainda a vaca de "nome Mansinha". No rol de suas dívidas, duas merecem atenção especial: uma relativamente alta, para com o então juiz de Órfãos, coronel Vitoriano

---

139 DMPAH – Acervo Felix Guisard Filho – Cartório do 1º Ofício. Inventário do Capitão Floriano José de Oliveira – 1840.

CAMINHO DA PIEDADE, CAMINHOS DE DEVOÇÃO

Moreira da Costa (pai do tesoureiro de São Benedito), no valor de 1:738$960 (um conto e setecentos e trinta e oito mil e novecentos e sessenta réis), por empréstimo a juros e "resto das terras do Sertão"; e outra no valor de 9$600 réis, devida "aos escravos da casa". A africana Faustina faleceu em 1862 e como irmã de São Benedito, foi enterrada no cemitério da confraria.

Encontramos mais dois irmãos escravos que pertenceram a proprietários com um perfil semelhante ao do senhor de Faustina moçambique: Isabel, falecida em 1860, escrava de Maria Lemes de Miranda;[140] e Benedito, um crioulo de propriedade do capitão Manoel Antunes de Siqueira.[141] Ocorre que no inventário de Maria Lemes, datado de 1855, não encontramos referências à escrava Isabel em seu plantel de 22 escravos, que se dividiam entre os pequenos cafezais e o engenho. Com relação a Benedito, soubemos que era crioulo e contava com cerca de setenta anos quando faleceu em 1858. Vivia com outros 17 escravos em um sítio no bairro da Baraceia, e com eles compartilhava a lide nos cafezais do capitão Manuel.

Finalmente encontramos nossos últimos irmãos de São Benedito. A africana Maria "de nação", que faleceu aos 35 anos de idade em 1856 e morava na roça em terras do capitão Paulo José Alves[142] (vizinho do coronel Vitoriano e de seu filho, o capitão Antonio Moreira da Costa Guimarães), no lugar chamado "Ponte Alta da Estrada". Seu proprietário, que além de Maria possuía outros dois escravos, faleceu em 1851. Nessa ocasião a africana seria vendida por 600$000 réis para o pagamento de algumas dívidas. O irmão Francisco, falecido em 1862, dois anos antes de sua proprietária, Ana Isabel Leite.[143] Conhecida como "Ana Veveta" essa senhora não deixou nenhum bem, casas, terras ou escravos. Como faleceu dois anos depois de Francisco, acreditamos que esse escravo tenha sido sua única posse. Por fim a escrava Joaquina, que faleceu em 1856, deixando um filho de três anos. Através do inventário de sua senhora,

---

140 DMPAH – Acervo Felix Guisard Filho – Cartório do 2º Ofício. Inventário de Maria Lemes de Miranda – 1855.

141 DMPAH – Acervo Felix Guisard Filho – Cartório do 2º Ofício. Inventário do Capitão Manoel Antunes de Siqueira – 1845.

142 DMPAH – Acervo Felix Guisard Filho – Cartório do 2º Ofício. Inventário do Capitão Paulo José Alves – 1851.

143 DMPAH – Acervo Felix Guisard Filho – Cartório do 2º Ofício. Inventário de Ana Isabel Leite – 1864.

Angela Izabel de Moraes,[144] datado de 1859, soubemos que a irmã Joaquina era crioula e que tinha um filho mulato chamado Francisco. Angela Izabel possuía apenas mais dois escravos além do órfão Francisco, a crioula Luiza e sua filha Maria, uma mulata de treze anos. Moravam todos em sítio localizado no bairro do Taboão, onde a proprietária mantinha um pequeno engenho.

Em suma, a análise dos inventários relacionados à Irmandade de São Benedito nos permite verificar que em seu interior, livres e escravos, eram irmãos também na pobreza. A própria escassez dessa fonte revela que a maioria dos devotos nada tinha a deixar: dos 110 irmãos falecidos no período de 1855 a 1861, identificamos apenas 24 inventários, entre aqueles pertencentes aos irmãos livres e aos proprietários de irmãos cativos ou libertos. As condições de vida desses confrades estão expressas em cada linha desses documentos, nas poucas terras que deixaram, nos roçados de milho, nos pequeníssimos cafezais, nas diminutas criações de porcos, bois, muares, e nos poucos objetos que restaram; e ainda em seus escravos, cuja posse no mais das vezes, significava diferenciar-se socialmente uns dos outros.

Mas, sobretudo, essas fontes permitem entrever relações de extrema proximidade e de mútua dependência. Juntos, esses escravos e seus senhores experimentavam as agruras e vicissitudes de sobreviver a uma vida em que a precariedade era a tônica, e ainda compartilhavam suas devoções. Em uma região de perfil eminentemente rural, com uma atividade urbana bastante restrita, circulavam e se relacionavam de forma intensa, especialmente em torno das festividades religiosas. Saint-Hilaire observou a mobilização de homens e mulheres em suas andanças por Taubaté:

> Já estávamos sob o rancho quando um *bando de gente, de todas as idades e cores*, ali veio aboletar-se conosco. São músicos que vão, com um chefe e seu acólito, *coletar para a festa de Pentecostes*. Nós os havíamos encontrado outro dia, para lá de Taubáte. Em regra, esses que assim pedem para o Espírito Santo, não devem sair de seu distrito, *mas obtêm facilmente a permissão de também girar pelas freguesias circunvizinhas*.[145]

---

144 DMPAH – Acervo Felix Guisard Filho – Cartório do 2º Ofício. Inventário de Angela Isabel de Moraes – 1859.

145 SAINT-HILAIRE, Augusto de. *Segunda viagem a São Paulo... op. cit.*, p. 118. Grifos meus.

CAMINHO DA PIEDADE, CAMINHOS DE DEVOÇÃO

Entre essas gentes "de todas as idades e cores" que circulavam por uma extensa região em busca de esmolas para as festas santas, certamente haveria muitos libertos e alguns escravos, quiçá alguns irmãos do Rosário e de São Benedito. Charles Rybeirolles testemunhou igualmente em sua passagem pela porção fluminense do Vale do Paraíba, a mobilização escrava em torno de seus folguedos:

> no sábado à noite finda a última tarefa da semana e nos dias santificados, que trazem folga e repouso, concedem-se aos escravos uma ou duas horas para a dança. Reunem-se no terreiro, chamam-se, agrupam-se, incitam-se e a festa principia.[146]

O viajante se referia à visão do caxambu, dança comum na região de Vassouras que reunia escravos de todos os arredores, e no qual se entoavam cânticos, chamados de jongos.[147] Segundo Stanley Stein, era comum que, com a licença do fazendeiro, circulassem os anúncios do caxambu nas fazendas vizinhas, por meio de conversas nas vendas e do trânsito ininterrupto dos escravos com mensagens para senhores e sinhás. Também se espalhavam ao vento pelos cafezais, segundo Stein, em forma de "versos enigmáticos cantados pelas turmas de trabalhadores de fazendas vizinhas, quando mourejavam no cafezal".[148]

Muitos senhores, temerosos de que os caxambus resultassem em oportunidade para levantes, restringiram-nos às suas próprias fazendas por meio de regulamentos municipais, o que não impedia que fosse realizado, transformando-se em forma de expressão e comunicação entre os escravos. Estes, por intermédio

---

146 RIBEYROLLES, Charles. *Brasil Pitoresco*. São Paulo: Martins, 1980, p. 37.

147 O caxambu era um tambor grande e de som baixo, tocado sempre com dois outros tambores menores dos quais se extraia um som mais agudo, denominado candongueiro, as palavras que se entoavam eram geralmente africanas e costumavam apresentar comentários cínicos a respeito da sociedade em que viviam (STEIN, Stanley J. *Op. cit.*, p. 246-247).

148 *Ibidem*, p. 246. Em recente trabalho, Silvia Hunold Lara e Gustavo Pacheco, resgataram as gravações do historiador norte-americano Stanley Stein, que em pesquisa realizada no ano de 1949 na região do Vale do Paraíba, registrou as memórias de homens e mulheres negros, muitos deles com um passado recente na escravidão. Além de resgatar as memórias do cativeiro, esses registros ofereceram a possibilidade de um contanto com a manifestação cultural do jongo, tema que os autores abordam em sua obra. Ver: LARA, Silvia Hunold; PACHECO, Gustavo. *Memórias do jongo: as gravações históricas de Stanley J. Stein. Vassouras, 1949*. Rio de Janeiro: Folha Seca; Campinas: Cecult, 2007.

do "jogo" cantado do jongo, cantavam a dura lide nos cafezais, denunciavam os "irmãos" que eram informantes do senhor e mostravam as tensas relações do universo escravista.[149] O trânsito entre as áreas rurais e a vila, contava também com a presença de ex-escravos que estabeleciam um pequeno comércio e mantinham relações com escravos e senhores. Ainda segundo Ribeyrolles:

> Em quase todas as fazendas há oficinas organizadas para ancorar às primeiras necessidades – oficinas de carpintaria, de ferreiros, de alfaiates, sapateiros e pedreiros, além de pajens, copeiros, servidores (...) Essa gente trabalha, cada um por seu ofício, mas folgadamente; tem suas distrações, suas intrigas e seus colóquios; e quando os senhores dormem, o que acontece frequentemente, eles bocejam e dão a língua.[150]

De volta à Taubaté no âmbito desse pequeno comércio, encontramos o interessante caso de "pai" João Congo, um preto forro que vivia de sua venda instalada em uma "morada de casas de hum lanço" próxima à Rua da Bica, na qual comercializava aguardente, fumo e miudezas. Ao falecer, em 1840, deixou esta propriedade e algumas dívidas, que culminaram na realização de um inventário a pedido de seus credores, esperançosos de receberem o pagamento a partir da execução dos bens do vendeiro. Através do rol de suas dívidas, anexado ao inventário de bens, podemos vislumbrar algumas relações pessoais que se revelam muito mais complexas do que apenas dicotômicas:

> *Dis Francisco de Paula Miranda que havendo asistido com Aguardente a Venda de Pai João Congo* de que lhe esta devendo de visto a qta. de 2$560 – E qe. pa. hum tal levantamto. Necessita q. o Supe. (suplicante) preste o juramto. da Lei. Julho de 1841.

---

149 *Ibidem.* Stein nos apresenta alguns versos do jongo fruto da pesquisa com ex-escravos: "tem língua leco-leco, tem língua leco-leco, passarinho tem língua. Vaia passarinho d'Angola que ele tem língua leco-leco" (numa alusão a escravo informante do senhor) (p. 250). Ver também: SLENES, Robert W. "Malungu, ngoma vem!...", *op. cit.*

150 RYBEIROLLES, Charles. Economia rural. A fazenda. O auxiliador da indústria nacional, 4 abr. 1866. *Apud* WISSENBACH, Maria Cristina Cortez. *Sonhos africanos... op. cit.*, p. 86.

CAMINHO DA PIEDADE, CAMINHOS DE DEVOÇÃO

Dis o Capm. Domingos Moreira de Castilho que o finado *João Congo, preto, forro*, lhe ficou a dever a qta. de 33$200 de principal alem das contas feitas com a qualificação da divida. 8 de Julho de 1841.

Dis o preto Salvador escrº do Capm. Domingos Moreira q. com a licença do mesmo passa a requerer (ilegível) mdo. De levantamto. A qta. de oito mil reis q. lhe ficou devendo o finado João Congo de resto de maior qta. proveniente de aguardente q. lhe asistio qdo. vivo. Jurando o supplicante em prezença de seo amo. 30 de Julho de 1841.

Dou licença pa. meo Escravo Salvador cobrar oito mil reis q. João Congo lhe deve a muitos annos ce for perciso q. jure. Domingos Morª de Castilho.

Diz Quirino João de Toledo que havendo q. este juizado procedido ao levantamento nos bens q. ficarão com o fallecimento do *Preto João Congo, forro*, e como o mesmo *ficara devendo ao suplicante a quantia de doze mil reis de fazendas q. havia comprado em sua Caza* e assim requer o Suplicante a V. Sa q. com o juramento do Suplicante mande passa o valor do levantamento daquela quantia afim do Repositório fazer entrega della visto haver valor na mesma herança juntando-se este nas custas para constar. 19 de Agosto de 1840.[151]

A partir dos trechos selecionados, podemos perceber que João Congo, a fim de manter o seu pequeno comércio, mantinha negócios tanto com os proprietários da região quanto com seus escravos. Como liberto, tratou de estabelecer venda da qual sobrevivia de modo digno, a se considerar entre os bens deixados, a casa em que residia e ainda a quantia de 33$680 réis em dinheiro. A posição de vendeiros como João Congo, intermediária entre senhores e escravos, foi analisada por Maria Sylvia de Carvalho Franco como resíduo de atividades secundárias que emergiram nas fímbrias de um sistema econômico voltado para a grande produção cafeeira.

Serviços que não podiam ser realizados por escravos e que não interessavam aos "homens de patrimônio" foram delegados aos trabalhadores livres e resultaram no complexo "fazenda-rancho-venda". Segundo a autora, fruto da fusão entre a "economia de subsistência e de mercado que ainda marcou a velha civilização do café". A posição desses vendeiros era oscilante "ora se observam relações de

---

151 DMPAH – Acervo Felix Guisard Filho – Cartório do 2º Ofício. Inventário de João Congo – 1840. Grifos meus.

recíproco comprometimento e dependência entre ele e os estratos superiores, ora, pelo contrário, ocorre como que o seu nivelamento com as camadas mais pobres".[152]

De volta à vendinha de João Congo, o "complexo" apontado por Franco se materializa nas relações entre o falecido e o "preto Salvador", a quem devia alguns réis provenientes do fornecimento de aguardente que este "lhe asistio qdo. vivo". Com autorização de seu senhor, Domingos Moreira de Castilho, a quem João Congo também devia, cobrava dívida antiga no valor de oito mil réis. É importante destacar que Salvador negociava sua própria produção de aguardente, evidenciando-se assim uma face importante de suas relações pessoais com Castilho, que lhe permitia manter uma atividade que auferia certo lucro e ainda comercializá-la. Mesmo que alguma parte dessa renda certamente chegasse às mãos de seu senhor, a mobilidade de Salvador também fica subtendida na prática do comércio de aguardente.

O capitão Domingos faleceu pouco depois de João Congo, no ano de 1845.[153] Além de Salvador, descrito no inventário como crioulo, possuía outros 23 escravos que trabalhavam em suas roças de milho, mandioca e arroz, e no plantio de cana de açúcar. Mantinha uma casa na vila, na Rua da Cadeia. Por ocasião de sua morte, o inventariante alforriou apenas o escravo Benedito, um "crioulo, velho e doentio". Certamente que o preto Salvador trabalhava lado a lado na lide com os demais escravos, mas deveria manter um pequeno roçadinho seu, no qual podia plantar, colher e vender o seu excedente, bem como fabricar a aguardente que vendera ao falecido João Congo.

Também consta no inventário de Castilho, uma dívida no valor de 9$000 réis que devia "ao preto de nome Inácio", evidência de que mantinha relações comerciais com outros libertos. Ainda acerca de João Congo, é evidente que circulava muito bem por diferentes espaços a fim de manter o seu pequeno comércio, todavia, seus movimentos não se limitariam apenas à órbita comercial. Socialmente, João Congo transitava por universos religiosos distintos, uma vez que certamente fora membro da Irmandade de São Benedito, fato este comprovado pelas opas encontradas entre os seus bens, sendo uma velha (provavelmente pelo uso

---

152 FRANCO, Maria Sylvia de Carvalho. *Homens livres na ordem escravocrata*. São Paulo: IEB/USP, 1969, p. 65-75.

153 DMPAH – Acervo Felix Guisard Filho – Cartório do 1º Ofício. Inventário de Domingos Moreira de Castilho – 1845.

constante), e ainda "hua caixinha de S. Benedicto sem pescoço", usada comumente para a coleta de esmolas.[154]

De outra parte, o fato de ser identificado como "Pai João Congo", por um de seus credores, Francisco de Paula Miranda (sobre o qual nada pude encontrar), leva a considerar que guardasse relações com manifestações de origem africana ou afro--americanas. É importante ressaltar que, sendo africano, bastar-lhe-ia a denominação "de nação" ou a alcunha de "preto", para identificá-lo como tal (com a qual inclusive aparece nominado várias vezes); contudo, o cognome "Congo", acompanha toda a documentação, demonstrando que a sua procedência lhe era, ao mesmo tempo, inerente e de domínio público. É possível que o trânsito do liberto entre esses dois mundos paralelos advenha das relações construídas quando cativo.

Segundo Maria Inês Côrtes de Oliveira, os contatos mantidos entre os africanos foram substituto e bálsamo após a abrupta ruptura com seus vínculos ancestrais. Na base de organização desses africanos, aparecem não somente a pequena família consanguínea possível de ser construída, mas núcleos de família extensa, formados por "parentes de consideração" e companheiros de lida, que se tornavam compadres através do batismo de seus filhos, ou ainda pela pertença a uma mesma irmandade. Nos testamentos de libertos, pesquisados pela autora, surgem denominações como: crias, discípulos, camaradas ou parceiros; legatários de doações na inexistência dos parentes de sangue, que ilustram as estreitas relações entre esses libertos e aqueles que ainda permaneciam cativos, dimensionando-se outras formas de resistência à dura vida desses homens e mulheres escravizados.[155]

Gostaria de ressaltar que a análise exposta até o presente momento, não tem o intuito de "adocicar" o processo de escravidão no Brasil, mas de mostrar que em

---

154 DMPAH – Acervo Felix Guisard Filho – Cartório do 2º Ofício. Inventário de João Congo – 1840. As opas são mantas tradicionais das confrarias e ordens religiosas. Nesse período eram obrigatórias em cerimônias especiais, principalmente nas procissões e nos ritos fúnebres, auxiliavam também a identificar os seus integrantes. Com relação às caixas de São Benedito, eram comumente utilizadas pela Irmandade na ocasião das festas, para avisar aos devotos sobre o início das festividades do santo. Também auxiliavam no recolhimento de esmolas pelas ruas da vila e suas cercanias. Para realizar o peditório, os irmãos deveriam estar devidamente trajados com suas opas e portar as caixinhas. Também deveriam estar presentes em todos os atos solenes da festa. Ver: COUPÉ, Benedito Dubsky. *Vento rio acima*. São Paulo: Vida e Consciência, 2008, p. 133. Ilustrações de Tom Maia.

155 OLIVEIRA, Maria Inês Côrtes de. *O liberto: o seu mundo e os outros – Salvador 1790/1890*. São Paulo: Corrupio/CNPq, 1988, p. 69-71.

seu interior reside uma complexidade na qual estão inseridas muitas formas de resistência por parte daqueles que foram suas principais vítimas, entre as quais se encontra também a violência, uma vez que, apesar das estratégicas tentativas de sobrevivência empreendidas por amplas parcelas da população escravizada, as tensões faziam-se sempre muito presentes. Maria Helena Machado aponta para essas tensões ao mencionar alguns casos ocorridos em Taubaté, momentos em que angústia e revolta prevaleceram:

> Submetido o plantel a continuados dias de pressão, sob a vigilância atenta do feitor e o domínio do bacalhau, as tensões subjacentes à organização e utilização do escravo no interior da unidade produtiva agudizavam-se, sugerindo a proximidade do ponto de saturação, prenunciando o eclodir de violências. Ficaram gravados nos autos impressões sugestivas, misto de surpresa e temor, relatadas pelas testemunhas dos fatos criminosos "escravaria agitada", "muito rebeldes", "prestes a fugir"... Impressões causadas por escravos descontentes, demonstrativas de situações pressentidas como injustas e irregulares, as quais urgia frear sob pena de tornar usual o ritmo excepcional de trabalho, legitimando uma disciplina impiedosa.[156]

O trecho acima se refere ao caso do escravo africano Daniel, acusado de assassinar o feitor da fazenda na qual trabalhava em defesa de um colega de nome David, que fora atacado pelo feitor ao se recusar a tirar o chapéu no momento da lida. A partir dos depoimentos coligidos na investigação soubemos que o feitor, Antonio Cursino, era conhecidamente um homem violento. No dia do crime, segundo declarou uma testemunha ocasional do ocorrido, "estava levado dos diabos" e "tinha naquele dia de passar o relho nos negros hum por hum".[157] Maria Helena Machado registrou diversos crimes cometidos por escravos na região de Taubaté: agressões ou assassinato de senhores ou feitores, furtos, desvio da produção, entre outros. Formas de resistência que se configuravam em "subprodutos da dinâmica do trabalho, refletindo o estrangulamento das possibilidades acomodativas do sistema".[158]

---

156 MACHADO. Maria Helena. *Crime e escravidão... op. cit.*, p. 85.

157 *Ibidem.*

158 *Ibidem*, p. 125.

E não somente os maus tratos traziam a revolta aos escravos, a intromissão dos senhores nas festas e passeios, no "espaço social adquirido", geravam confrontos conforme aponta Machado:

> Em 1868, Gabriel, escravo de Francisco Corsino dos Santos agrediu Manoel Lopes, *agregado na fazenda do mesmo senhor, quando este tentava suspender uma função de danças realizadas pelos escravos, na ausência do fazendeiro*. Os mesmos motivos levaram a "*preta Josefa, escrava de Antonio Ferreira dos Santos Borges e de sua mulher, moradores no Bairro do Pouso*, crioulla, 35 annos mais ou menos", a agredir sua senhora. Tendo organizado uma festa nas vésperas do Natal em "louvor do Senhor Menino", *Josefa convidara escravos e libertos da vizinhança*. No decorrer da madrugada, não conseguindo dormir devido *ao barulho dos cantos e danças*, a senhora solicitou à escrava que interrompesse a festa, ao que a mesma respondeu com agressões, "pegando-a pelos cabellos, deitou-a no chão e deo-lhe pancadas e unhadas, ameaçando-a com uma foice, exclamando que 'ia acabar com essa diaba'...".[159]

Em ambos os processos podemos perceber um pouco das dinâmicas e das tensões entre senhores e escravos, embora nestes casos não tenha havido crimes mais graves que a agressão. Na altercação entre o escravo Gabriel e o agregado Manoel, a tensão entre pessoas que no mais das vezes possuíam condições de vida muito semelhantes, conforme já pontuei anteriormente. Este último, instado a proteger a paz e ordem na propriedade do senhor ausente, cumpria fielmente seu papel ao tentar suspender a festa furtiva. No caso de Josefa, a insatisfação da senhora não encobre a autorização que lhe fora dada para realizar as suas festividades e para as quais convidara escravos e libertos do seu entorno. Moradora da área rural denominada Pouso-Frio, próxima à região onde vivia Dona Margarida Florinda de Jesus (ver mapa da região), a escrava sustentava uma justificativa religiosa para a realização do barulhento folguedo que tanto incomodara a sua senhora: era "em louvor ao Menino Jesus" que ela e seus convidados iriam beber, comer e dançar.

---

159 MACHADO, Maria Helena Pereira de Toledo. *Crime e escravidão.... op. cit.*, p. 117. Grifos meus.

Na movimentação de Josefa para a realização de sua festa, revela-se mais uma vez a possibilidade de trânsito entre os sítios, fazendas e ranchos das cercanias rurais, a fim de convidar os seus congêneres a "festejarem" a religião de seus senhores. Mobilidade que certamente propiciava espaço para fugas, uma constante no cotidiano taubateano. Os jornais da época se encontram fartos de anúncios de escravos fugidos, tal como o de Tobias, anunciado na "Gazeta de Taubaté" em 24 de maio de 1883:

> Fugio do abaixo assignado o escravo TOBIAS, idade 22 annos, estatura regular, cabra, cabello crescido, rosto cheio com um signal em um dos lados, sem barba, falta de um dente, a mão esquerda um pouco torta para fora, pés grandes e esparramados, andar zaimbro. Levou palitot de brim d'angola chadrez tocado á branco, calças de linho branco e uma outra de algodão com lista amarela; camisa de linho listado; chapeo preto, e um pala com listas esverdeadas. *Foi visto no dia 21 do passado em Guaratinguetá, procurando patrão, e no fim do mez em Bananal. Diz que é liberto e que chama-se Jannuario.* Quem o aprehender, po-lo em qualquer cadêa, e avisar ao abaixo assignado, em Taubaté, sera gratificado com a quantia de 50$00 rs. Taubaté 22 de maio de 1883. Jordão Moreira de Toledo.[160]

Esse anúncio de um período já muito próximo da Abolição demonstra que, além de fugir ante a menor oportunidade, a estratégia de fingir-se liberto propiciava ao escravo circular e até mesmo fixar-se nas vilas. O fato de o proprietário saber por onde passou Tobias, que de Taubaté seguiu para Guaratinguetá "procurando patrão" e dali para o Bananal, além de conhecer sob qual alcunha se apresentava o agora "liberto" Jannuario, indica a teia de relações estabelecidas entre os proprietários e moradores da região, que se mobilizavam e mantinham contato a fim de localizar os fujões. Neste caso, Tobias caminhava de forma consciente rumo ao chamado "fundo do vale", em busca de uma nova vida, quem sabe sentindo os ecos da abolição.

A mobilidade espacial das camadas mais pobres da população nas áreas rurais, no século XIX, foi apontada entre outros autores, por Hebe Mattos. A autora observou que os forros, os livres pobres, e também os escravos fugidos, circulavam pelas

---

160 BN – Seção de Periódicos. Gazeta de Taubaté, 24/05/1883.

mais diversas regiões em busca de trabalho. O aumento contingencial de negros e mestiços libertos fazia com que a condição escrava não mais estivesse diretamente associada à cor da pele. Fazendeiros e sitiantes não hesitavam em contratar homens absolutamente desconhecidos para trabalhar por jornada. Segundo Mattos:

> Mesmo em face da rigidez rural predominante nas áreas consideradas, os arraiais, vilas e pequenas cidades possibilitavam a reinserção social para os que possuíam algum capital para montar pequenos negócios ou dominavam ofícios especializados. (…) por outro lado, no circuito rural-rural, a mobilidade, associada ao assalariamento agrícola eventual, funcionava como uma ponte provisória até o estabelecimento de novos laços que permitissem reconstituir a situação anterior de lavrador independente.[161]

No caso dos escravos fugitivos o fato de ser estranho em um lugar pequeno chamava muitíssimo a atenção, dessa forma era preciso estabelecer rapidamente laços ou até mesmo ir embora. É o que pode ter ocorrido com Tobias, que de Guaratinguetá seguiu rumo ao Bananal, possivelmente no intuito de aumentar a distância entre ele e seu antigo senhor. De modo geral, fazendas e sítios distantes do local de fuga serviriam como refúgio ideal para estes "fujões" que se faziam passar por libertos.[162] As constantes fugas empreendidas pelos escravos sempre foram motivo de preocupação entre os senhores, bem como as relações entre libertos e aqueles que ainda se encontravam escravizados.

Não obstante, podiam até ser considerados uma ameaça, mas de fato frequentavam a área rural, praticando o seu comércio, como Pai João Congo, ou participado de festas, tal como os convivas da crioula Josefa. Também se encontravam em suas irmandades que, sobretudo no avançar do século XIX, atuaram na mediação da liberdade de alguns de seus irmãos, acusadas por vezes de acoitar escravos fugidos. Também tiverem importante papel junto aos movimentos abolicionista, fato a ser observado mais adiante por esta pesquisa na cidade Guaratinguetá, de onde Tobias seguiu sem encontrar patrão, rumo ao Bananal.

---

161 CASTRO, Hebe Maria Mattos de. *Op. cit.*, p. 47.

162 *Ibidem*, p. 48-50.

Por fim, em relação à a Irmandade de São Benedito, a aproximação com os irmãos permitiu verificar tratar-se de uma confraria com um perfil de composição muito semelhante ao encontrado na Irmandade do Rosário dos Pretos. Muito mais do que um espaço religioso, transformaram-se essas duas confrarias em espaço de reconhecimento mútuo e de convivência. É importante apontar-se que os proprietários de escravos, fossem eles irmãos ou não, alforriavam muito pouco e essa diminuta proporção, a meu ver, encontra relação direta com a extrema dependência que mantinham de seus cativos. No tocante a esse aspecto, Eduardo Paiva, ao analisar a questão da alforria na região das Minas Gerais, reporta-se às estratégias de resistência empregadas pelos cativos, e observa que:

> Quanto menor a posse individual de escravos por senhor (e a média nas Minas era entre quatro e seis cativos por dono), maior as chances de desenvolver uma relação próxima e de mútua dependência. Isso favorecia, por exemplo, a formação e a preservação da família escrava, assim como os acordos que visaram as alforrias individuais e coletivas.[163]

Não é o que se pode afirmar a respeito de Taubaté, ao menos em relação aos proprietários relacionados direta ou indiretamente às irmandades contempladas por essa pesquisa. Aparentemente a margem de negociação para seus escravos tornava-se uma "faca de dois gumes". Se por um lado possuíam uma proximidade com seus senhores que lhes permitia negociar a alforria individual, como demonstra o caso de Maria e Porcedônia por exemplo, ou conquistá-la "em pia batismal", através de relações de compadrio; de outra parte, a pobreza que os unia podia ser para os cativos, um empecilho rumo à liberdade, na medida em que tornavam-se fonte única de renda, ou ainda boa parte dela, limitando-se muito as suas chances de alforria.

Com relação à família escrava, embora se tenha trabalhado com um pequeno substrato dessa população, pode-se constatar que não se refletia em realidade para esses escravos. Nos plantéis compulsados, encontrou-se um espaço muito restrito para a formação familiar, a não ser nos plantéis um pouco maiores, mas ainda

---

163 PAIVA, Eduardo França. *Escravidão e universo cultural na colônia: Minas Gerais, 1716-1789*. Belo Horizonte: Editora UFMG, 2006, p. 92.

assim não houve uma percepção substancial dessas formações, excetuando-se os casos de mães solteiras e suas "crias", estes sim mais comuns do que os casais de escravos com seus filhos.

A grande questão que nos fica então é a seguinte: seria então possível concluirmos a partir da análise exposta neste capítulo, que as confrarias do Rosário e São Benedito propiciaram um controle maior dos escravos a elas pertencentes, na medida em que, junto aos seus senhores, estes frequentavam e tomavam a direção das mesmas?

De minha parte, acredito que, muito mais do que o controle, a presença conjunta nas confrarias permitiu uma convivência estrategicamente utilizada pelos cativos para sobreviver às intempéries da sociedade escravista. Sobretudo nas áreas rurais a possibilidade de possuírem pequenas plantações lhes auferia alguma renda, utilizadas sabiamente na compra da alforria em alguns casos, e também na produção de um excedente que, como pudemos observar, era comercializado livremente por esses escravos, algumas vezes até mesmo com os próprios senhores.

Em suma, acerca da presença de irmandades compostas por escravos em Taubaté, podemos concluir que na passagem de tempo que nos leva do Rosário dos Pretos a São Benedito, da primeira metade do século XIX para a segunda, pouca coisa mudou. Não obstante a vila de Taubaté tenha ganhado maiores proporções e como cidade, despontado como a segunda maior produtora de café do país, as irmandades mantiveram um perfil bastante similar de irmãos: pequenos proprietários, brancos pobres, escravos e libertos, juntos na administração, tutelados por procuradores, tesoureiros e escrivães brancos, pertencentes a uma "certa elite senhorial". Todavia, é imprescindível considerarmos as possibilidades de circulação e mobilidade propiciadas aos escravos por suas atividades religiosas e mais ainda a sua capacidade em utilizar estrategicamente os espaços que conquistaram.

Parte III

As irmandades no contexto vale-paraibano: Bananal e Guaratinguetá, devoção e sociabilidade na segunda metade do século XIX

Além dos inúmeros cafezais, dos canaviais e "pés de milho", o Vale do Paraíba paulista viu florescer, em sua vasta extensão, diversas irmandades construídas por "homens pretos". Cada aldeia, vila ou cidade dessa região guardou espaço para as devoções cativas e as cidades de Bananal e Guaratinguetá, em momentos distintos, viram brotar capelas construídas pela mão escrava. Diferentemente do que ocorreu durante as pesquisas em Taubaté, em que inventários e testamentos contribuíram para uma aproximação com alguns confrades, não foi possível coligir um corpus documental considerável nesse sentido, embora se continue a trabalhar com esse tipo de fonte. Todavia, foram encontrados alguns livros de atas e compromissos dessas irmandades, bem como os seus posteriores aditamentos, o que traz um diferencial em relação à documentação colimada para a realidade taubateana.

Com relação a Guaratinguetá a documentação relativa às irmandades mostrou-se bastante esparsa, e possibilitou entrever dois extremos da existência da "Irmandade de São Benedito dos Pretos Cativos": a sua fundação na segunda metade do século XVIII e a sua posterior movimentação em torno da compra da alforria de seus irmãos, ocorrida ao final dos oitocentos, momento em que a escravidão expirava. Este fato levou-me a manter um foco maior de análise sobre as irmandades de Bananal, uma vez que as fontes encontradas para esta realidade se mostraram mais consistentes. Sendo assim, optei por incorporar a história dessa irmandade de Guaratinguetá, em contraponto e associação às confrarias do Bananal.

A importância desta última cidade para a economia do Império, e o surgimento ali de irmandades durante o ápice do ciclo cafeeiro, reforça a necessidade de se estudá-las. A partir da história de alguns de seus personagens e novamente no esforço de captar a movimentação de alguns de seus confrades, tentei recompor fragmentos de uma existência que acredito, possa levar a um resgate mais amplo do processo histórico no qual essas associações foram engendradas. Nesse ínterim, ressalto que mesmo escassa, a documentação paralela àquelas produzidas pelas próprias irmandades foi incorporada e alguns inventários encontrados nos permitiram estabelecer importantes ilações.

Todo o trabalho de resgate histórico do cotidiano escravo se encontra permeado por fontes que requerem uma arguta análise, um exercício agudo de observação para que a presença desses seres "semoventes" possa ser pressentida, percebida, avalizada. Esses homens e mulheres, africanos, crioulos, pardos ou cabras (entre tantas outras denominações possíveis), tolhidos que foram em sua existência, precisam ser "rastreados". Tal como caçadores que somos desde milênios, é preciso empreender uma árdua busca por pistas, "infinitesimais como fios de barbas",[1] na tentativa de saber quem eram esses confrades e como transitavam por essas associações estrategicamente constituídas.

BANANAL, "CIDADE HISTÓRICA, BERÇO DO CAFÉ"[2]

Já ouvi que em Bananal o verbo ser se conjuga somente no passado: "Tudo isso aqui já foi café", exclama o neto pobre, num gesto largo que abrange a paisagem nua e erodida. Do passado, ele herdou apenas o nome de família e as recordações – por ouvir dizer – de uma riqueza tão fugaz que começou com seus bisavós, mas nem chegou a ele. [...] Em pouco mais de meio século, no curto espaço de três gerações, aquelas fortunas fora acumuladas, partilhadas mercê de casamentos e mortes, entre centenares de herdeiros, e acabaram pulverizadas e dispersadas, tanto quanto os remanescentes das grandes famílias pioneiras que as haviam criado. [...] O alvorecer do novo século encontrou fortunas e famílias já dispersadas; o véu opaco da decadência descera sobre as fazendas e as cidades daquele

---

1   GINZBURG, Carlo. *Mitos, emblemas e sinais: morfologia e história.* Tradução Federico Carotti. São Paulo: Companhia das Letras, 1989, p. 151.

2   A inspiração para o título deste item se encontra no livro de Maria Aparecida Gouveia de Freitas Rezende. *Bananal: cidade histórica, berço do café.* São Paulo: Secretaria de Estado da Cultura, 1981.

> *fundo do Vale, como uma cortina de teatro dando por encerrado o espetáculo*
> *feérico e opulento, montado em torno da corte do Rei Café.*[3]

Do "auge" à "decadência", a cidade de Bananal teve sua existência fortemente marcada pela cafeicultura, que se iniciou paulatinamente nas primeiras décadas do século XIX. Constituída a partir de um desmembramento da Vila de Areias, esta a primeira grande produtora de café da região,[4] seria o pequeno povoado de Bom Jesus do Livramento do Bananal, elevado à categoria de Freguesia em 1811 e à Vila no alvorecer da década de 30. Por volta de 1836, tornar-se-ia já a segunda maior produtora de café da província, com cerca de 64.822 arrobas produzidas, perdendo somente para a vizinha Areias.[5] Nesse mesmo ano, Daniel Pedro Muller registrou uma população total de 6.599 "almas", entre as quais havia: 3.457 brancos e 1451 pardos (com cerca de 46 "captivos" entre eles). Com relação aos chamados "pretos", divididos entre "crioulos" e "africanos", podemos verificar a seguinte quantificação: pretos crioulos: 436 (sendo 9 livres e 427 cativos); pretos africanos: 1.237 (sendo 31 livres e 1.206 cativos).[6] A partir dos dados oferecidos por Müller, podemos observar que naquele ano de 1836, a população de livres se mostrava muito superior a de cativos, que atingira a soma total de 1.679 pessoas.

---

3   PORTO, Luiz de Almeida Nogueira. "Tudo isto aqui já foi café!". *D. O. Leitura*, São Paulo, vol. 4, nº 41, 1985, p. 10-1. *Apud* MOTTA, José Flávio. *Op. cit.*, p. 63.

4   No Arquivo da Mitra Diocesana de Lorena – AMDL encontram-se os compromissos de três irmandades na cidade de Areias: a Irmandade de Nossa Senhora do Rosário dos Pretos, a Irmandade de São Benedito que aceitava escravos e ainda uma referência à aprovação do compromisso da Irmandade da Boa Morte, no entanto, a ausência de outros documentos não nos possibilitou uma análise mais profunda dessas confrarias. O fato de não haver em Areias um centro de documentação organizado também prejudicou o "rastreamento" dos irmãos. Dessa forma, esses compromissos serão utilizados como referência ao longo do texto.

5   O povoado de Areias surgiu anexado a Lorena e foi elevado à freguesia no ano de 1784, o seu rápido crescimento a elevaria à condição de vila em 1817, desmembrando-a definitivamente de Lorena. Segundo Luna e Klein, naquele ano havia em Areias cerca de duzentos cafeicultores, que contavam com aproximadamente mil escravos, e produziram cerca de cem toneladas de café. Notavelmente, doze anos mais tarde os números se multiplicariam alcançando a cifra de cerca de duas mil toneladas, distribuídas em aproximadamente mil fazendas, que contabilizavam cerca de sete mil cativos. Ver: LUNA, Francisco Vidal; KLEIN, Herbert S. *Op. cit.*, p. 85-86.

6   MÜLLER, Daniel Pedro. *Op. cit.*, p. 154-155. É necessário observar que a soma total da população de Bananal realizada por Müller, 6.708, não confere com os números por ele apresentados, os quais somados apresentam como resultado uma população total de 6.599. Dessa forma, optou-se em trabalhar com o resultado correto da somatória.

No entanto, em um curto espaço de tempo Bananal apresentaria um aumento substancial em sua produção de café, o que refletiria sobremaneira no recrudescimento da população escrava. Com a incrível cifra de 554.600 arrobas da rubiácea colhidas em 1854, e elevada à cidade já há cinco anos, a população cativa de Bananal atingiria a igualmente significativa marca de 7.621 indivíduos, o equivalente a 66,4% da população total.[7] Ainda no tocante à população "não branca", se somarmos a esta o número de libertos e pardos, chegaremos a um contingente populacional muito superior ao número de brancos.[8] Segundo Sérgio Buarque de Holanda, a cidade de Bananal ganharia projeção no cenário econômico brasileiro entre os anos de 1864-1865, momento em que os seus rendimentos superariam os de todos os municípios paulistas, inclusive os da capital.[9]

Novamente os viajantes nos ajudam a perceber a dimensão das mudanças ocorridas ao longo do Vale do Paraíba paulista. Saint-Hilaire e Zaluar, num intervalo de quase 40 anos, transcreveram as suas impressões acerca do Bananal, visões diferentes que marcam momentos distintos de uma história. Em 1822, Saint Hilaire elaborava as seguintes impressões em sua passagem por aquelas paragens:

> A três quartos de léguas do rancho onde passaremos a última noite, alcançamos a aldeia de Bananal, sede de paróquia. Esta vila fica situada num vale bem largo entre morros cobertos de mata e compõe-se de uma única rua. Pareceu-me de fundação inteiramente nova, mas é provável que adquira logo importância, pois se acha no meio de uma região onde se cultiva muito café e cujos habitantes, por conseguinte, possuem rendas consideráveis.[10]

O viajante francês observou que embora fosse Bananal uma "aldeia" pequena e de aparência recente, formada por casas sem luxo, em breve iria adquirir

---

7   Segundo Emília Viotti da Costa é o momento de maior prosperidade para a cidade: "Bananal, em 1854, era o maior produto de café na Província de São Paulo e, ao mesmo tempo, o município que apresentava maior número de escravos, não só em valores absolutos como relativos à população livre". Ver: *Da senzala à colônia*. 4ª ed. São Paulo: Editora da Unesp, 1998, 4ª edição, p. 98-101.

8   CAMARGO, José Francisco de. *Crescimento da população no Estado de São Paulo e seus aspectos econômicos*. São Paulo: IPE/USP, 1981, p. 66.

9   HOLANDA, Sérgio Buarque dc; MAIA, Tom. *Vale do Paraíba, velhas fazendas*. São Paulo: Companhia Editora Nacional, 1975, p. 38.

10 SAINT-HILAIRE, Augusto de. *Segunda viagem a São Paulo... op. cit.*, p. 129.

grande cabedal. Ao observar a simplicidade das moradias e das pessoas com as quais conversou, destacou que o pesado investimento a que se prestavam alguns de seus habitantes, seria o grande responsável pela simplicidade das construções e das pessoas. Vislumbrava Saint-Hilaire a auspiciosa empresa cafeeira na região. Dirigindo-se a um morador local, observou o modo como ali se gastavam essas "rendas consideráveis":

> Não é construindo boas casas e mobiliando-as. Comem arroz e fei- jão. Vestuário também lhes custa pouco, e nada gastam com a edu- cação dos filhos que se entorpecem na ignorância (…), mas é o café o que lhes traz dinheiro. Não se pode colher café senão com negros. É pois comprando negros que gastam todas as rendas e o aumento da fortuna se presta muito mais para lhes satisfazer a vaidade do que lhes aumentar o conforto.[11]

Já o português Augusto Emílio Zaluar, esteve de passagem por Bananal entre os anos de 1860 e 1861, momento de auge da lavoura cafeeira. Não obstante ad- mitisse que "êste município é um dos mais importantes da província de S. Paulo", atribuindo-lhe uma produção anual de mais de "um milhão de arrobas de café", atentou o português para o paulatino esvaziamento da vila naquele momento, em detrimento das áreas rurais:

> O Bananal já teve também o seu período de engrandecimento e prosperidade. Quando não tivéssemos outras provas deste fato, aí estão para o atestar tantos prédios elegantes e dispendiosamente construídos, que bem provam o tráfego e o movimento que aqui já houve. Hoje porém é mais uma cidade sem animação e sem vida. Onde pois se escondem as dezoito mil almas que compõem este mu- nicípio, cujo centro é por assim dizer uma povoação deserta? Toda esta gente está na roça, e só aqui vem no tempo das eleições, quando funciona o júri, ou às paradas da guarda nacional.[12]

---

11   SAINT-HILAIRE, Auguste de. *Viagem pelo Distrito Diamantino e Litoral do Brasil*. São Paulo: Edusp; Belo Horizonte: Itatiaia, 1974, p. 103-104.

12   ZALUAR, Augusto Emilio. *Op. cit.*, p. 48.

O lamento de Zaluar com tamanha "solidão e abandono", estendia-se a todas as cidades e vilas pelas quais passou em sua viagem do Rio de Janeiro a São Paulo. Ressentia-se o viajante da ausência dos "jantares, reuniões, bailes e festas" de outrora, e lamuriava-se, pois que:

> Os grandes proprietários de terrenos, deixando de frequentar os povoados, e reconcentrando-se em suas fazendas, que são os verdadeiros castelos feudais do nosso tempo, fazem convergir aí toda a vida, que reflui das povoações para essas moradas ostentosas onde muitas vezes o luxo e a riqueza disputam primazia à magnificência dos palácios da capital. (...) Dantes o fazendeiro vivia quase simultaneamente tanto em sua lavoura como em seu domicílio no povoado (...) agora o lavrador se retrai em sua fazenda, não aparece senão por necessidade no povoado, não manda comprar aí os gêneros de que carece, faz transportar tudo da côrte. É lá que tem as suas transações e que vende o produto de suas safras; é lá que vai enfim passar dias e meses quando quer distrair-se ou quando procura descansar das fadigas agrícolas.[13]

Mesmo que julgasse a vila desprovida da atenção merecida e até certo ponto, despovoada, Zaluar não deixou de observar os seus grandiosos casarões, com alguns prédios "dignos de uma capital", sobretudo o recém-inaugurado solar do comendador Manuel de Aguiar Vallim, situado no Largo do Rosário "com dezesseis janelas, de gradil na frente, e primorosamente acabado, segundo me dizem, interiormente".[14] Ou ainda a "espaçosa e de elegante arquitetura" casa do Sr. Manuel Venâncio Campos da Paz, situada no mesmíssimo largo. Este último, diga-se de passagem, um personagem importante na história da Irmandade que dava nome ao largo.

---

13 *Ibidem*, p. 46-47.

14 *Ibidem*, p. 44-45.

Sobrado do comendador Manuel de Aguiar Vallim, situado no Largo do Rosário, retratado no ano de 1909 por João Rabelo de Aguiar Vallim. In: Rodrigues, Píndaro de Carvalho. *O caminho novo: povoadores do Bananal*. São Paulo: Governo do Estado de São Paulo, 1980, p. 86.

Sem o saber, Zaluar observava a "transformação" daqueles homens de "agricultores escravistas" em riquíssimos "senhores rurais".[15] Num processo que os levou a fixar estadia em suas fazendas, algumas das quais transformadas em propriedades autossuficientes. Encontramos um exemplo dessa transformação que se processou rapidamente, tal qual o crescimento de Bananal, na figura do comendador Luciano José de Almeida, sogro de Manuel de Aguiar Vallim. Em 1817, o jovem Luciano, então com seus vinte e um anos, foi listado no censo como proprietário de doze escravos e de uma produção de café alocada em modestos quarenta alqueires de terra.[16] Menos de 40 anos depois, em 1854, ano de sua morte, contabilizaram-se a partir de seu inventário: oitocentas cabeças de gado, três mil novecentos e noventa cinco alqueires de terras e um milhão e oitocentos e dez mil cafeeiros, trabalhados por cerca de oitocentos e dez escravos. E ainda, uma tropa com cento e quarenta e nove muares para transporte da produção até os portos do litoral, das cercas de vinte mil arrobas de café colhidas naquele ano.[17] A sua fazenda da Boa Vista símbolo de autossuficiência, possuía farmácia e capelão residente, além de carpintaria

---

15 SCHNOOR, Eduardo. "Das casas de morada às casas de vivenda". In: CASTRO, Hebe Maria Mattos de; SCHNOOR, Eduardo. *Resgate: uma janela para o oitocentos*. Rio de Janeiro: Topbooks, 1995, p. 39.

16 *Ibidem*, p. 41-52.

17 RODRIGUES, Píndaro de Carvalho. *O caminho novo: povoadores do Bananal*. São Paulo: Governo do Estado de São Paulo, 1980, p. 171-172.

e ferraria, bem como roçados de gêneros de subsistência para consumo próprio desta e de suas outras sete fazendas.[18]

O momento é propício para destacar-se que nem tudo era grandeza entre os senhores do Bananal. É importante ressaltar que embora houvesse uma grande concentração de escravos em mãos de poucos, os pequenos proprietários perfaziam uma parcela significativa da população. Breno Servidone Moreno, com base em pesquisa em 226 inventários *post-mortem*, observou que no período entre 1830 a 1869, 61,5% dos proprietários de escravos possuíam 19 ou menos cativos, seriam dessa forma denominados micro e pequenos proprietários. Aqueles senhores que detinham de 20 a 40 escravos, representavam 19,0% e foram chamados pelo pesquisador de médios proprietários.[19] Além de nos auxiliar a compreender o perfil da posse de escravos em Bananal, os dados fornecidos por Moreno são importantes de serem mencionados, pois, justamente entre esses micros, pequenos e médios proprietários é que encontraremos alguns de nossos personagens, irmãos do Rosário, de São Benedito e da Boa Morte.

De outra parte, ainda segundo Moreno: "os grandes e mega-escravistas, proprietários de 50 ou mais escravos, correspondiam a apenas 19,5% do total" e detinham impressionantes 73,2% da escravaria da região.[20] E é justamente entre esses poucos que possuíam tanto, que: "a fazenda próspera, tornada mansão, em meio aos cafezais floridos" não se conformava com o "viver monótono de todos os dias" e imitava "a vida na cidade".[21] Segundo Eduardo Schnoor, o comendador Almeida iniciou com a fazenda Boa Vista, "esboço de uma casa de vivenda", o paulatino surgimento de uma classe senhorial aristocrática. Mas foi seu genro, Manuel de

---

18   *Ibidem*, p. 170.

19   MORENO, Breno Aparecido Servidone. *Café e escravidão no Caminho Novo da Piedade: a estrutura da posse de escravos em Bananal, 1830-1888*. Relatório final (iniciação científica) – FFLCH/USP, São Paulo, 2008, p. 15-17.

20   Moreno informa que colheu esses dados apenas dos inventários de proprietários cafeicultores, mas destaca a importância de se analisarem os dados referentes aos escravistas "não cafeicultores", dos "não-escravistas" e dos cafeicultores "não-escravistas", ressaltando que: "é preciso analisar o papel desempenhados por estes indivíduos para que se possa compreender de que maneira eles se inseriram no mercado" (p. 15-16). Para uma análise mais completa da demografia escrava na região ver a dissertação do mesmo autor: MORENO, Breno Aparecido Servidone. *Demografia e trabalho escravo nas propriedades rurais cafeeiras de Bananal, 1830-1860*. Dissertação (mestrado) – FFLCH-USP, São Paulo, 2013.

21   SOBRINHO, Alves Motta. *Op. cit.*

Aguiar Vallim, quem com a sua fazenda do Resgate, simbolizou "a aproximação entre ideal aristocrático e progresso, modernidade e escravidão".[22] O próprio Zaluar seria ali "muito bem recebido" e descreveria as suas impressões do lugar:

> Muitas fazendas de primeira ordem concorrem para a riqueza agrícola deste município. Tive ocasião de visitar, além das do Sr. Barão de Bela Vista, a do Sr. Comendador Manuel de Aguiar de Vallim, que se torna notável não só por ser uma das melhores propriedades do lugar, como pelo gosto com que são pintadas as salas e a capela da sua casa de moradia campestre. As pinturas são devidas ao hábil pincel do Sr. Vilarongo. A sala de visitas, tôda de branco, com frisos e ornatos dourados, tem o teto de muito bom gôsto, e nos painéis das portas delicadas pinturas representando os pássaros mais bonitos e conhecidos do Brasil pousados nos ramos das árvores ou arbustos de sua predileção, de cujos troncos se vêem pender deliciosos e matizados frutos. A sala de jantar e a capela, que é um trabalho de muito preço, não merecem menos elogio.[23]

Entrada principal da fazenda do Resgate – em foto de Penna Prearo.
In: FREITAS, Maria Aparecida Rezende Gouveia de.
Bananal: cidade histórica, berço do café. São Paulo: Massao Ohno Roswitha Kempf, 1981.

---

22 SCHNOOR, Eduardo. *Op. cit.*, p. 40-41.
23 ZALUAR. Augusto Emílio de. *Op. cit.*, p. 49.

Não somente a Fazenda do Resgate seria alvo de sua admiração. A propriedade do comendador Antônio Barbosa da Silva arrancaria do viajante português, curiosas e poéticas observações e ainda algumas reminiscências europeias:

> Esta residência pitoresca, que faz lembrar os castelos da Escócia (!) e os cantos de Ossian, edificada em uma altura, e ao lado de uma abundante cachoeira que se despenha com murmúrio eterno batendo pelas penhas escarpadas do rochedo, é uma das vivendas mais poéticas que tenho encontrado em minhas viagens. Junte-se a isto a ilustração e amabilidade do proprietário, e os sons harmoniosos de um piano de Erard tocado por um hábil e distinto pianista, o Sr. Julié, e ter-se-á feito, quando muito, uma longínqua idéia do confôrto e agregado desta habitação. Como é diferente a vida da roça da existência monótona da povoação! Ali as distrações abundam. Vive-se na sala, vive-se nos passeios, vive-se na conversação da intimidade.[24]

Mais uma vez Zaluar explicita o seu assombro ante a monotonia da vila em detrimento da "vida na roça", onde abundavam as distrações; certamente após desfrutar do conforto e bem estar "da sala", dos passeios e das conversas de alpendre. A substituição das antigas "casas de moradas" pelas "casas de vivenda" foi analisada por Schnoor, como um "sinal dos novos tempos", no qual se reordenavam os espaços internos, criando-se cômodos especiais para a recepção dos convivas. Desta forma, os grandes senhores rurais, recriaram para si um ambiente recheado de elementos urbanos, pois "agora em Bananal, se convive, se frequenta", sendo que "as casas passam a ser ordenadas para este fato", ou seja, a disposição dos ambientes, bem como do mobiliário, deveria deixar seus moradores aptos a "receber".[25]

Com efeito, a partir da alteração desses interiores, segundo o autor, podemos acessar uma chave interpretativa que nos move para além das transformações arquitetônicas, permitindo-nos observar as formas com que se apropriaram estes senhores dos signos da modernidade oitocentista. A busca por esse ideal aristocrático de modernidade atingiria também o ambiente doméstico. A dicotomia entre o crescimento dos escravos "de dentro" e a extinção do tráfico (com a consequente diminuição da oferta de mão de obra, ocorrida a partir da segunda metade do

---

24 *Ibidem*, p. 49-50.

25 SCHNOOR, Eduardo. *Op. cit.*, p. 41.

século XIX) evidencia a existência de uma complexa "gramática de representação social que, contraditoriamente, se alicerçava no escravo, no momento mesmo em que a ordem escravocrata entrava em crise".[26]

Ainda segundo Schnoor, além dos escravos "de dentro", os trabalhadores do Resgate eram majoritariamente ladinos ou crioulos com família, e essencialmente aqueles que tivessem ofício.[27] Numa extensão do âmbito doméstico, a belíssima capela que encantou Zaluar congregava a todos num mesmo espaço, reforçando os laços paternalistas, conforme se pode observar através da imagem que segue:

Interior da capela da Fazenda Resgate em foto de Penna Prearo.
In: FREITAS, Maria Aparecida Rezende Gouveia de. *Bananal: cidade histórica, berço do café*. São Paulo: Massao Ohno Roswitha Kempf, 1981.

Nesta capela, realizavam-se além de missas especiais, batizados e casamentos. Das dependências da casa de vivenda, nas sacadas dos salões, era possível que convidados assistissem às cerimônias religiosas ali celebradas.[28] Como possivelmente o fizeram durante um casamento coletivo de escravos, realizado no dia 12 de julho

---

26   *Ibidem*, p. 38.
27   Comparativamente, nas demais propriedades de serviço de Vallim, destacavam-se os africanos solteiros, com uma razão de masculinidade excepcionalmente superior. Em um de seus sítios, por exemplo, o do Veríssimo, sequer havia mulheres (*Ibidem*, p. 50-51).
28   *Ibidem*, p. 50.

de 1874, que teve como testemunha o próprio Comendador Vallim. Naquele dia, reuniram-se na capela do Resgate, nada menos do que vinte e seis casais formados em sua maioria por crioulos; mas com a presença também de cônjuges mistos entre crioulos, africanos e pardos, e ainda escravos provenientes de outra fazenda, a Bocaina.[29] A realização de cerimônias religiosas e, sobretudo, dos batizados e casamentos na capela do Resgate, representavam um reforço no elo paternalista que ligava senhores e escravos. Senão, observemos a imagem da capela exposta acima e sem muito esforço poderemos visualizar aqueles cinquenta e dois escravos em pé, perfilados em presença do vigário, de seu senhor e mais testemunhas, prontos a receber o sagrado sacramento do matrimônio. Certamente haveria alguma comemoração por parte dos escravos após a celebração.

Pedidos para a construção de oratórios, capelas ou altares nas fazendas e sítios da área rural eram bastante comuns em Bananal. Como aquele apresentado por certo Senhor Doutor João Venancio Alves de Macedo em 1868, no qual alegava a necessidade de ter em sua casa um oratório "para a celebração do santo sacrifício da missa, para a sua família, e vizinhos", uma vez que possuía mais de sessenta escravos e que devido à distância não poderia "concorrer a Matriz, como era de desejar para cumprimento dos deveres religiosos". Tal como fez dois anos depois, o Tenente Manuel Ferreira de Aguiar, fazendeiro com mais de cem escravos, que solicitou idêntica autorização alegando, além da distância, que: "nas propriedades dessa fazenda moram muitos individuos que na sua maior parte são pobres".[30]

Todavia, a preocupação com os "deveres religiosos", pode revelar a existência de outros temores. O próprio casamento poderia ser visto no que tange às formações familiares decorrentes, como uma estratégica tentativa de se manter "a paz das senzalas", extremamente necessária no caso de plantéis numerosos como o do comendador Vallim, ou mesmo dos dois fazendeiros acima mencionados. É o que sugerem Manolo Florentino e José Roberto Góes, atribuindo à organização

---

29 AMDL. Livro de Casamentos Bananal – Escravos – 1836-1890 – Livro 2.

30 ACMSP – Arquivo da Cúria Metropolitana de São Paulo. Pasta Paróquias, Bananal I – Documento Avulso. Devemos destacar que embora autorizados a erigir oratório, nem sempre os senhores conseguiam manter um capelão particular como o faziam alguns grandes proprietários, como é o caso dos comendadores Luciano José de Almeida e Manuel de Aguiar Vallim. O mais comum é que os religiosos se deslocassem periodicamente a essas propriedades quando solicitados. Na certa os casamentos coletivos poupavam aos senhores dispendiosas viagens para o cumprimento desses rituais, mas também propiciavam diversão aos convidados da casa grande.

parental dos escravos um caráter importante ao "próprio sistema", posto que "sem se constituir em instrumento direto de controle do senhorial, a família escrava funcionava como elemento de estabilização social".[31]

Nesse aspecto, a manutenção de capelas e oratórios em propriedades particulares indicaria tentativas mais efetivas de controle social da escravaria, cujo escopo principal seria o de manter plantéis numerosos sob constante vigilância, especialmente se considerarmos que no período apontado pelos documentos analisados, 1868-1874, vivia-se já sob os auspícios de um movimento abolicionista crescente, bem como sob os reflexos do processo de emancipação escrava sucedido pela Lei do Ventre Livre de 1871.[32]

Não obstante, ainda que sob o jugo da manipulação senhorial, é preciso destacar que os escravos encontraram formas de servir-se desses laços de parentesco. Robert Slenes aponta para a relativa melhoria das condições de vida dos casais formados por escravos. Não se trata, segundo o autor, de suavizar as experiências cativas, no mais das vezes eivadas por tentativas de domínio e pela violência, mas de pensar as vantagens possíveis de serem auferidas em circunstâncias de extrema adversidade, uma vez que ao aderirem ao sacramento do matrimônio os escravos:

> (...) por serem manipuladores de uma gramática do espaço não inteiramente alheia às suas condições de cativeiro, teriam visto oportunidades que os historiadores de hoje, iguais aos grupos dominantes do século XIX, não percebem de imediato. Ter-se-iam interessado pelas possibilidades reais de aumentar a pequena área construída que estava à sua disposição e de ganhar mais controle sobre essa área, sabendo que aumentariam dessa maneira suas chances de atingir certas finalidades materiais e culturais: finalidades limitadas, porém de maneira alguma desprovidas de significado.[33]

---

31 FLORENTINO, Manolo; GÓES, José Roberto. *A paz das senzalas: famílias escravas e tráfico atlântico, Rio de Janeiro, c. 1790 – c. 1850*. Rio de Janeiro: Civilização Brasileira, 1997, p 175.

32 No que tange ao processo de emancipação escrava e da participação do comendador Vallim neste momento histórico me reportarei em momento oportuno.

33 SLENES, Robert W. *Na senzala uma flor: esperanças e recordações na formação da família escrava, Brasil sudeste, século XIX*. Rio de Janeiro: Nova Fronteira, 1999, p. 180. Ver especialmente o capítulo 3.

Tal como demostrei anteriormente, no caso das duas escravas de Taubaté, que pleitearam a herança da irmã e do cunhado falecidos. Aproveito a ocasião para reiterar que parto do pressuposto de que a dinâmica das relações sociais tecidas em torno das práticas cristãs, nas quais se inserem os casamentos e batizados (que favoreciam as relações de compadrio) e as festas das irmandades com suas procissões e folguedos, configuraram-se em fatores determinantes para a criação de espaços de locomoção, trânsito e convivência estrategicamente utilizados pelos escravos para atingir determinados propósitos. No Bananal, a Irmandade do Rosário não fugiria a esta regra. A presença de sua capela foi ressaltada por um fazendeiro paulista de passagem pela cidade rumo ao Rio de Janeiro:

> Esta cidade é como Silveiras e Areias, situada entre dois morros, defeito esse que se encontra em todas as povoações do norte que não estão situadas à margem do Paraíba; contudo, tem mais largueza que os precedentes. A cidade é pequena, porém tem muito boas casas, elegantes. As ruas principais são do Comércio, Direita e do Rosário; a matriz mostra ser ordinária, é melhor a Igreja do Rosário, posto que pequena. No pátio desta Igreja está se fazendo uma rica casa do comendador Manoel d'Aguiar Vallim, notável pelo seu tamanho. Tem no largo da Matriz lindas casas; a rua do Comércio começa desde a margem direita do ribeirão até o largo da Matriz. Enfim, o Bananal é linda cidade, com bons prédios e rica; a primeira em riqueza da Província de S. Paulo e a última na extrema da Província para este lado Norte.[34]

Manoel Elpídio Pereira de Queiroz registrou suas impressões no ano 1854. Note-se que no "pátio" da igreja do Rosário se construía o solar do comendador Manoel de Aguiar Vallim, cuja inauguração se daria ainda naquele ano. A Igreja do Rosário ocupava, portanto, espaço de destaque no centro da vila e como descrito por Elpídio, possuía naquele momento melhores condições do que a própria Igreja Matriz. Já apontei em diversas ocasiões que o pertencimento a uma ou mais irmandades era fator de distinção social, o próprio

---

34 QUEIROZ, Carlota Pereira de. *Um fazendeiro paulista no século XIX*. São Paulo: Conselho Estadual de Cultura, 1965, p. 98. Este relato de viagem está inserido como apêndice à obra.

Vallim fora provedor da Irmandade da Santa Casa da Misericórdia, bem como membro da Irmandade do Bom Senhor do Livramento desde o ano de 1835.[35] Mas nem só do fausto e admiração alheias oferecidos pela participação em irmandades, pela construção do suntuoso solar ou pela posse da fazenda do Resgate viveria esta importante figura do Bananal.

Pouco antes de inaugurar seu magnífico casarão na vila, o ilustre comendador envolveu-se em um escandaloso processo criminal, acusado de contrabando de escravos juntamente com outro importante fazendeiro da época, Joaquim de Souza Breves, residente na porção fluminense do Vale do Paraíba. Ocorre que no final do ano de 1852, portanto dois anos após a lei de supressão do tráfico, aportara nas proximidades de Angra dos Reis um barco capitaneado por um comandante norte-americano, cuja "carga" teria sido encaminhada para a Fazenda Santa Rita de propriedade do comendador Souza Breves.[36] A prisão de alguns membros da tripulação, que incendiou o barco logo após o desembarque e empreendeu fuga rumo ao porto de Santos, revelou que a "carga" era fruto de contrabando e compunha-se de africanos provenientes das regiões de Quelimane e Moçambique e cujo destino seria as terras próximas ao Bananal.[37]

À época, Manuel de Aguiar Vallim coincidentemente exercia o cargo de delegado da cidade e diversos parentes e amigos seus compunham a Câmara Municipal, o que não impediu o seu indiciamento juntamente com o sogro, Luciano José de Almeida, por importação de "africanos livres". O governo imperial também cuidou de encaminhar para o Bananal um contingente de homens do Corpo de Polícia da Corte, além do Chefe de Polícia que promoveu diversas diligências às fazendas da região em busca dos africanos contrabandeados. Em terras da Fazenda

---

35 AMDL – Livro de Entradas da Irmandade do Senhor Bom Jesus do Livramento do Bananal – 1835. Consta neste livro além dos registros dos irmãos matriculados a ata de instalação da irmandade.

36 O tráfico de escravos no Brasil havia sido proibido no Brasil desde 1831, porém a lei tornara-se letra morta diante da premente necessidade de mão de obra gerada pelo surto cafeeiro, após o Bill Aberdeen de 1845 e a Lei Eusébio de Queiroz de 1850, o governo imperial tentou dar um caráter mais agressivo à perseguição ao tráfico.

37 ABREU, Martha. "O caso Bracuhy". In: CASTRO, Hebe Maria Mattos de; SCHNOOR, Eduardo. *Resgate: uma janela para o oitocentos*. Rio de Janeiro: Topbooks, 1995, p. 167.

do Resgate foram encontrados 10 "africanos boçais" liderados por um "escravo ladino" de nome Gregório, propriedade do comendador Vallim.[38]

Durante o interrogatório Gregório afirmou que se encontrava junto aos boçais por ordem de seu amo, que lhe recomendara guardá-los com o devido cuidado para que não se "extraviassem". Em sua defesa o comendador afirmou que tal fato seria inverídico uma vez que a presença de escravos contrabandeados em suas terras era culpa do próprio Gregório, que se aproximara dos boçais a fim de estrategicamente passar-se por um deles e dessa forma conquistar a sua liberdade.[39]

Evidente, até pela importância das personagens envolvidas, que as investigações culminaram com a absolvição dos "potentados do lugar", conforme apontou Martha Abreu. Todavia, a intensa troca de correspondências entre as autoridades, bem como a ampla cobertura dada pelos jornais à época, revelam que as duas porções do Vale do Paraíba foram nesse período assoladas por uma agitação escrava que atemorizou os proprietários da região. Segundo as autoridades locais e os próprios fazendeiros, a presença do Corpo Policial da Corte fez surgir nos escravos ideias de que possuíam direitos iguais aos daqueles vitimados pelo contrabando ilegal.

Abreu chama a atenção para o fato de que tais correspondências, publicadas nos principais jornais da capital e das localidades envolvidas, abriram importante polêmica entre aqueles que defendiam os acusados e questionavam a desnecessária intervenção do Governo Imperial e os que aprovavam a dura repressão ao tráfico. No que tange aos que atacavam a presença do ostensivo policiamento, alegavam que os cativos, incitados pelas diligências, incorporariam ideias absurdas de igualdade para com seus parceiros da Costa d'África, pois ainda que fossem escravos, eram ladinos inteligentes e de "espírito desenvolvido".[40] Exagero ou não daqueles proprietários que se negavam a admitir a invasão de seu espaço e de sua autoridade senhorial, tal argumento teria sido o mais sólido encontrado pelos defensores legais dos fazendeiros para solicitarem a retirada do policiamento da vila. Segundo Martha Abreu:

---

38 A expressão boçal era utilizada comumente para referir-se ao escravo africano que ainda não se encontrava adaptado ao idioma e aos costumes, diferentemente daquele já ambientado que ficou conhecido como ladino. Ver: WISSENBACH, Maria Cristina Cortez. *Sonhos africanos... op. cit.*

39 *Ibidem*, p. 165-196.

40 *Ibidem*, p. 187-189.

> Além da "desmoralização" dos senhores e da própria instituição, colocada em dúvida, outra manifestação dos escravos bastante citada nas cartas eram as fugas, provavelmente também decorrentes da pretensa confusão entre quem é escravo e que tem o direito a ser livre. Estas fugas estavam obrigando os fazendeiros a proibirem seus escravos de irem à cidade, resultando daí, como dizia a Câmara de Bananal, uma "escassez de víveres de um modo tão oneroso para o povo, como se estivesse residindo em praça sitiada".[41]

Seria então, a "desertificação" da vila do Bananal, observada por Zaluar no início da década de 60, fruto da agitação escrava reinante anos antes? Estariam de fato os escravos do eito mais restritos em seus movimentos? O "caso Bracuhy" traz à tona não somente a questão do tráfico clandestino e os seus desdobramentos junto à sociedade mais ampla, como revela a face das intensas relações entre o Vale do Paraíba paulista e a sua porção fluminense.

Tal era o quadro existente em Bananal, desenhado, sobretudo a partir da segunda metade do século XIX. Um período de grande conturbação social na região vale-paraibana como um todo, com o crescimento da cafeicultura, a extinção do tráfico, os inúmeros casos de contrabando de escravos, o aumento do contingente africano que, legal ou ilegalmente, "boçalizava"[42] a paisagem bananalense e o decorrente medo de fugas e rebeliões. Certamente estes fatos não ofereceriam um ambiente muito propício para o "ajuntamento" de pretos.

Mas as irmandades surgiram. Novamente através de mãos leigas e também de escravos. Respaldadas por proprietários de todas as proporções: grandes, médios, pequenos, micros. E nesse instante, voltamos as nossas atenções para o surgimento no Bananal, de duas irmandades que iriam altercar-se em busca de reconhecimento em um momento como vimos de grande agitação social: Rosário e Boa Morte.

---

41 *Ibidem*, p. 186. Acerca do tráfico de escravos na região do Vale do Paraíba, ver: ALONSO, Priscila de Lima. *O vale do nefando comércio: o tráfico de africanos no Vale do Paraíba (1830-1860)*. Dissertação (mestrado) – FFLCH/USP, São Paulo, 2006, especialmente os capítulos II e IV.

42 Essa expressão se inspira na palavra "boçal", utilizada comumente para nos referirmos ao escravo africano que ainda não se encontrava adaptado ao idioma e aos costumes, diferentemente daquele já ambientado que ficou conhecido como ladino. Ver: WISSENBACH, Maria Cristina Cortez. *Sonhos africanos... op. cit.*

A IRMANDADE DE NOSSA SENHORA DO ROSÁRIO
E A HISTÓRIA DE UMA DISPUTA

Imagem da Igreja de Nossa Senhora do Rosário do Bananal. In: FREITAS, Maria Aparecida Rezende Gouveia de. *Bananal: cidade histórica, berço do café*. São Paulo: Massao Ohno Roswitha Kempf, 1981.

No ano de 1857 a Irmandade de Nossa Senhora da Boa Morte encaminhou ao Juiz Municipal do Bananal uma representação na qual alegava a sua maior antiguidade em relação à Irmandade de Nossa Senhora do Rosário. No intuito de recuperar o suposto direito ao lugar de precedência durante as solenidades religiosas realizadas na cidade, os seus membros afirmavam que:

> O argumento que tem servido a dita Irmandade de N. Sa. do Rozario para tomar o logar mais digno qdo. em conccurrencia com a dos abaixo assignados, é o da antiguidade de instalação, mas os abaixo assignados entendem que esse argumento não é valioso, quando as Irmandades só se considerão como corporações legais desde q. seus

> Compromissos são aprovados; ora o Compromisso da Irmandade
> de N. Sa. do Rozario foi aprovado em 4 de Março de 1851, e o da
> Bôa Morte em 8 d'Abril de 1850, como V. Sa. poderá verificar nos
> mesmos Compromissos q. subirão à Correcção q. V. Sa. está fa-
> zendo; portanto nenhuma duvida há a respeito da antiguidade da
> Irmandade da Boa Morte. Esperão pois os abaixo assignados que V.
> Sa, attendendo aos motivos allegados nesta representação, proveja
> a respeito, mandando restabelecer a verdadeira pragmatica entre as
> ditas Irmandades, e cortando-se o abuso que tem havido.[43]

Essa representação data de 23 de fevereiro de 1857, período que sucedia momentos de intensa festividade religiosa nas vilas de antanho: entre as festas de
orago da Senhora do Rosário e de São Benedito, realizadas no mês de outubro e as
comemorações do Natal. Eventos que certamente colocaram as duas irmandades
em rota de colisão na busca pela legitimação da primazia durante as procissões
e cortejos. A tentativa dos irmãos da Boa Morte em "restabelecer a verdadeira
pragmatica entre as ditas Irmandades", foi rechaçada imediatamente pelos irmãos
do Rosário. Não era a primeira vez que tinham a sua antiguidade questionada
pela mesma irmandade. No ano de 1851, semelhante pedido fora encaminhado aos
órgãos eclesiásticos e negado pelo Vigário Capitular. A pronta resposta dos irmãos
do Rosário, dada logo no dia seguinte à nova representação, revela o olhar atento
sobre a movimentação dos congêneres da Boa Morte:

> A Mesa da Irmde. de N. S. do Rozario a quem foi prezente hú reque-
> rimento do Provedor da Boa Morte, sobre a precedencia que querem
> ter, com o despacho de V. Sa. mandando responder assim o cum-
> pre, representando a V. Sa. que erecta a Irmandade em 1838 cuidou
> logo em formular seus Estatutos, que aprovados pela Authoridade
> competente regeo a dita Irmandade 12 annos; em 1850 foi propos-
> ta a reforma de alguns artigos e augmente de outros que a expe-
> riencia mostrou necesarios, e como era costume, forão remettidos
> a Authoridade tais Estatutos para serem aprovados, acompanhados

---

43 Museu Histórico e Pedagógico Major Novaes – MHPMN. Autuação de uma petição. Cartório do
1º Ofício. Caixa 81, ordem 1646 – 1857, p. 1-3.

dos antigos cuja reforma e aditamento se pedia, e aprovados forão rementidos á Irmandade os novos [estatutos].[44]

Os irmãos do Rosário alegavam que haviam erigido a sua irmandade no ano de 1838. Ocorre que em 1850, ao perceberem a necessidade de alterações em seus estatutos, encaminharam-nos a São Paulo, onde, como de praxe, deveria ser aprovado pela Presidência da Província após haver passado pelo crivo do poder eclesiástico na "ordem espiritual".[45] Durante este processo, no entanto, encerrado com a aprovação da reforma em 04 de Março daquele ano, o documento original de 1838 não fora devolvido, o que os impedia de comprovar a sua antiguidade frente à nova representação da Boa Morte. Ainda segundo os irmãos do Rosário:

> Por hua razão muito simples, qual a ignorancia dos Irmaons q. formarão as primeiras Mesas, nada foi registado, como era a desejar, o q. teria evitado, que a Irmandade da Boa Morte, esquecida daquelle espírito de humildade e confraternidade que devem distinguir as corporações religiosas, venha pugnar por hua preferencia que conhece não lhe competir, e de que a Irmandade do Rozario de boa mente desistiria, se não fosse isso exigido como direito, fundado em hum falso pretexto.[46]

Conforme a defesa, a Boa Morte, apoiava seu pedido em um "falso pretexto" e na "ignorancia dos Irmaons" que ao formarem as primeiras mesas, delas não fizeram registro em atas. Como não pudessem apresentar o compromisso original, os irmãos do Rosário anexaram como prova, o pedido de ereção da Capela com a subsequente autorização do Bispo datado de 18 de fevereiro de 1841, o qual informava que:

> (...) attendendo ao q. nos reprezentarão o Juiz e mais Irmãos de Mesa da Irmandade de N. Senhora do Rozario da Villa do Bananal, deste Bispado, havemos por bem pela prezente conceder lhes faculdade para que possão fundar, erigir e edificar na dita Villa huma

---

44 *Ibidem*, p. 4-5.

45 Lei Provincial nº 5 de 26 de Fevereiro de 1840.

46 MHPMN. Autuação de uma petição. Cartório do 1º Ofício. Caixa 81, ordem 1646 – 1857, p. 4-5.

> Capella com a Invocação da Senhora do Rozario, com tudo que seja em lugar decente, alto, livre de humidades, desviado quanto possa ser de lugares emmundos, e sórdidos e de cazas particulares, não sendo porem em lugar ermo, e despovoado, e com âmbito em roda para poder andar Procissões (...) Dada em São Paulo sob Nosso Signal e Sellados aos Irmaons. Aos 18 de Fevereiro de 1841.(...) Provizão de Ereção de Capella de N. Sra. do Rozario na Villa do Bananal.[47]

O documento acima comprova que a autorização para a construção da Capela do Rosário deu-se no ano de 1841, o que nos leva a acreditar que esse pedido possa ter sido feito até alguns anos antes desta data, pois além de serem enviados a São Paulo, é fato que as autorizações para a construção de capelas, ainda mais quando solicitadas por cativos, somente seriam concedidas a entidades anteriormente constituídas, em geral com altar erigido nas laterais das igrejas matrizes, que deveriam demonstrar condições de fazê-lo conforme as exigências dos poderes eclesiástico e provincial, procedendo no mais das vezes à coleta de esmolas ou busca de doações para efetuar o tento. Um relatório da Câmara Municipal, assinado por Ovídio de Carvalho e Silva e José Elói Machado no ano de 1843, põe fim às dúvidas:

> A vila: tem-se estendido para um dos seus lados. O terreno plano e enxuto que aí se encontra, pertencente outrora a um proprietário, foi vendido por este em braças à diversos cidadãos, os quais vão edificar seus prédios naquele lugar. A igreja de N. S. do Rosário, ai erecta, formará um dos lados do paralelogramo em que se convertera aquele novo acréscimo da Vila, sendo formados os três números de edifícios particulares. Essa edificação e lugar se tornarão elegância, e constituirão a parte mais aprasível e desafogada da Vila, liberta do peso das montanhas, e apresentando ao expector num horizonte extenso e dilatado. Para o total complemento desta obra só falta uma ponte sobre o córrego Lavapés, que corre pelas fraldas deste trecho, afim de unir a esse terreno o que compões a estrada geral para essa Vila.[48]

---

47 *Ibidem*, p. 6-7.

48 *Apud* RAMOS, Agostinho Vicente de Freitas. *Pequena história do Bananal*. São Paulo: Conselho Estadual de Artes e Ciências Humanas, 1978, p. 66.

O relatório acima aponta para o projeto de efetivação da Capela e de suas cercanias dois anos após a autorização dada pelo bispo. A data de sua fundação segue incerta até os dias de hoje, contudo pode-se depreender que os irmãos do Rosário rapidamente se mobilizaram na coleta de esmolas e doações para a sua construção, em conformidade com a autorização que lhes fora dada em 1841. Dessa forma, as evidências de que a Irmandade de Nossa Senhora do Rosário era mais antiga em relação à da Boa Morte se confirmam. Entretanto, não fora esta a conclusão do Juiz Municipal Agostinho Luiz da Gama naquele ano de 1857, o qual em muito rápida sentença, dada aos 10 de março, determinou que:

> Para ser attendida esta reclamação era mister q. fosse acompanhada de prova, o que não fez visto que os documentos a folhas 6 e folhas 7 apenas prova que o Ordinario concedeu licença para ser edifica-da uma Capella, licença q. podia ser concedida a um particular q. por devoção quisesse edificar e de maneira algua prova a existencia da Irmandade organizada e approvada pelo Poder Civil e espiritual, como é indispensável.[49]

Em suma, a sentença do Juiz não considerou a provisão eclesiástica como prova da anterior existência da Irmandade do Rosário e determinou que o direito de precedência coubesse à Boa Morte, muito embora tenha sido a autorização de 1841 concedida ao "Juiz e mais Irmãos de Mesa da Irmandade de N. Senhora do Rozario da Villa do Bananal", pelo próprio bispo Diocesano à época, Dom Manuel Joaquim Gonçalves de Andrade,[50] que naquele ato reconhecia e legitimava os proponentes. Por que então teria o Rosário, face à aparente veracidade dos fatos, perdido em juízo civil o direito de ocupar "o logar mais digno" quando "concorria" com a Boa Morte?

A precedência nas procissões era uma questão de suma importância entre as ordens leigas. Conforme as leis eclesiásticas vigentes caberiam às associações

---

49 MHPMN. Autuação de uma petição – Cartório do 1º Ofício – Caixa 81 – Número de Ordem: 1646 – 1857, p. 9.

50 O bispo Dom Manuel Joaquim Gonçalves de Andrade era português natural da Quinta Grande, e não restringiu as suas atividades somente à Igreja Católica, atuou também no cenário político paulista, foi vice-presidente de Província e deputado entre os anos de 1839 e 1841. Ver: LACERDA, Carlos. *A casa de meu avô*. Rio de Janeiro: Nova Fronteira, 1996, p. 203 e 221.

mais antigas lugares de destaque em procissões e eventos religiosos. O cânone 701 estabelecia uma sequência hierárquica entre as ordens leigas, que colocava em primeiro lugar as Ordens Terceiras, seguidas das Arquiconfrarias, Confrarias, Pias Uniões Primárias e Pias Uniões Outras, sempre respeitando a sua antiguidade.[51] Como não havia em Bananal Ordem Terceira, esta hierarquia seria estabelecida entre as confrarias existentes. Além das irmandades já mencionadas, havia a do Senhor Bom Jesus, a da Santa Casa da Misericórdia, do Senhor dos Passos e Santíssimo Sacramento. Nesse caso, caberia então a mais antiga dentre elas, no caso a do Bom Jesus do Livramento,[52] a precedência nas festividades religiosas, seguida pelas demais segundo o critério da antiguidade.

A disputa por esses espaços foram recorrentes no universo confrarial brasileiro.[53] Refletem, sobretudo, conflitos latentes entre segmentos sociais diferenciados que se espraiam e se consolidam no interior dessas confrarias. Não obstante, um olhar mais atento ao mencionado contexto social vivenciado não apenas por Bananal, mas pelo Vale do Paraíba como um todo, no momento em que a Boa Morte e o Rosário se altercaram, pode ajudar a compreender a decisão do digníssimo senhor Juiz Municipal, bem como inferir que haja uma explicação a mais do que apenas a suposta antiguidade da Boa Morte. Em tempos de agitação uma irmandade instituída por escravos deveria certamente ser controlada bem de perto.

No entanto, os irmãos do Rosário não cederiam facilmente o seu lugar de precedência. Em tréplica apresentada poucos dias depois, aos 16 de março, contestariam a resolução do Juiz de Direito:

> Ilmo Snr. Dr. Juis de Direito
>
> Dis a Mesa da Irmandade de N. S. do Rozário, que lhe consta que por despacho de V. S. dado em correição foi deferida a pretenção do Provedor da Irmandade N. S. da Boa Morte que requereo

---

51 SALLES. Fritz Teixeira de. *Op. cit.*, p. 105.

52 O documento mais antigo que encontramos dessa Irmandade é o seu livro de entradas de irmãos datado de 1835, depositado no Arquivo da Mitra Diocesana de Lorena. Em seus quadros alguns membros da elite bananalense, entre os quais diversos fazendeiros da região.

53 Zoroastro Vianna Passos relata o episódio de um conflito entre as Irmandades de Nossa Senhora do Rosário e a Arquiconfraria do Cordão de São Francisco, em disputa pela primazia na procissão. Ver: *Em torno da história do Sabará: a Ordem Terceira do Carmo e a sua igreja e obras do aleijadinho no templo.* Rio de Janeiro: Artes Graph C Mendes Junior, 1940, p. 101-105.

disapossar a Irmandade do Rozario do uso de q. estava desde sua installação de ocupar nas prosissoens o lugar imediato a do Senhor Bom Jesus. Este despacho parece tanto mais injusto á Meza quando se attende 1º que pelo Vigario Capitular, *sede vacante*, já foi indeferida essa pretenção, sustentando a Irmandade do Rozario no uzo, e posse em que estava, 2º que não sendo materia de Estatutos (...) q. parece á Meza competir a Authoridade secular decidir sobre direitos adquiridos, e que mais interessa ou só interessa ao culto, cuja materia está sugeita á Authoridade Eclesiastica, 3º finalmente por que quando mesmo em direito pudesse arrogar a si a Irmandade da Boa Morte não era o meio de ser desapossada a do Rozario, hu simples requerimento e despacho por todas estas razoens pois, vem a Meza, na falta de Procurador (visto ser ele quem contra a mesma Irmandade procura) apellar como de facto apella da Sentença de V. S. pela anulação do Districto, e requer que tomado por termo sua apellação e assignado pelo Expediente della na falta de Procurador siga a apellação seus tramites.[54]

No trecho acima transcrito, os irmãos do Rosário reforçam a afirmação de que apenas ao poder eclesiástico, que já lhe havia favorecido em idêntica reclamação, caberia dirimir sobre questões que fossem relativas ao culto, como de fato o eram as procissões. Importante destacar que o seu representante legal naquele momento era o tesoureiro Manuel Venâncio Campos da Paz, proprietário da espaçosa e elegante casa da vila observada por Zaluar, uma vez que o procurador do Rosário àquela ocasião, Victoriano Pedro de Alcântara Peixoto exercia a função de representar a sua rival. Dessa forma, os irmãos do Rosário se encontravam representados interinamente por Manuel Venâncio, personagem que guarda uma profunda ligação com a Irmandade do Rosário.

O próprio Venâncio era um irmão da Boa Morte desde 1849,[55] também servia à Irmandade do Senhor Bom Jesus do Livramento desde 1835.[56] Aparentemente guardava grande afeição aos confrades do Rosário uma vez que fora ele quem

---

54   MHPMN. Autuação de uma petição – Cartório do 1º Ofício – Caixa 81 – Número de Ordem: 1646 – 1857, p. 10.

55   AMDL – Livro de Entrada de Irmãos da Irmandade de Nossa Senhora da Boa Morte – 1849-1865.

56   AMDL – Livro de Entrada de Irmãos da Irmandade do Bom Jesus do Livramento do Bananal – 1835.

doara o terreno no qual a capela fora construída, conforme demonstra correspondência encaminhada por Antonio Guimarães Barroso, Vigário da Vara, ao Cônego Joaquim Manuel Gonçalves de Andrade, em 28 de Janeiro de 1873. Este documento nos informa sobre esta doação, mas também oferece subsídios para outras elucubrações:

> Além da matriz possue essa paroquia seis capellas e cinco irmandades, duas das capellas a de Nossa Senhora da Boa Morte e de Nossa Senhora do Rosário estão situadas dentro da cidade as demais no município e são as seguintes:
>
> Capella e Irmandade de Nossa Senhora da Boa Morte
>
> Foi autorizada a benção desta capella por provisão de 26 de Março de 1860, ignorando se a data de sua fundação, a Irmandade de Nossa Senhora da Boa Morte que funciona na respectiva capella possue um terreno de 394 palmos de frente com 193 de fundos, inclusive o terreno ocupado pela referida capella, cujo terreno foi doado a Irmandade pelos finados Comendador Antonio Barbosa da Silva e sua mulher em maio de 1850 por titulo registrado no livro de nota do tabelião e pelo finado Francisco de Aguiar Vallim em outubro de 1851 com titulo igualmente registrado e por um legado de débito (ilegível) segundo o registro de testamento.
>
> Capella e Irmandade de Nossa Senhora do Rozario
>
> Desta capela cuja existência he de mais de vinte anos, não me consta nem achei documento algum que me esclareça sobre a data da sua fundação a qual foi a expensas de alguns devotos, ela esta colocada no recinto desta cidade, tendo por orago Nossa Senhora do Rozario cujo titulo he também de uma Irmandade que nella funciona com compromisso aprovado, e essa irmandade é proprietária allem da ditta capela de um terreno devoluto ao lado esquerdo da igreja com 28 palmos de frente sobre 13 de fundo e o terreno ocupado pela igreja com 63 palmos de frente sobre 114 de fundo, bem assim uma cazinha em seus fundos de porta e janela, o terreno e casas foram doados pelo finado Manuel Venâncio Campos da Paz que não passou titulo, mas a irmandade está a muitos annos de posse de tais bens, mansa e pacificamente.
>
> Irmandade de São Benedito

> Funciona a Irmandade de São Benedito na mesma Capella de Nossa Senhora do Rozário a qual irmandade não tem propriedade nem bens alguns a não serem alguns poucos objetos para uso do culto.[57]

Além da doação do terreno pertencente à Manuel Venâncio, que não se encontrava devidamente legalizado como o da Boa Morte, mas que era ocupado "mansa e pacificamente" pela confraria há "mais de vinte anos", pode-se constatar a existência de uma Irmandade de São Benedito, que não possuía bens, mas mantinha seus "poucos objetos para uso do culto" e um altar lateral na capela do Rosário. O vigário não menciona o período exato de fundação dessas confrarias, no entanto, sabemos a partir de seu compromisso, que a confraria de São Benedito havia sido fundada no ano de 1855.[58]

Segundo Píndaro de Carvalho Rodrigues, o comendador Manuel Venâncio Campos da Paz, que presidiu a Câmara Municipal no ano de 1857,[59] era natural de Sabará, Minas Gerais, e praticava a vinicultura. Conforme o autor, Venâncio participou ativamente do processo de constituição do Bananal em vila no ano de 1832 e depois em cidade em 1849.[60] O próprio Victorino Pedro de Alcântara Peixoto, que no caso da contenda representaria a Irmandade da Boa Morte, transitava entre os irmãos do Rosário. Em 1853, como procurador desta última, atuou em ação de legalização de dívida contra o espólio do irmão Joaquim Pinto do Nascimento, que ao falecer deixou pendências junto à confraria:

> *Diz Victorino Pedro d'Alcantara Peixoto* Procurador da Irmandade de N. S. do Rozario erecta nesta Cidade, que o finado Joaquim Pinto do

---

57 Arquivo da Cúria Metropolitana de São Paulo. ACMSP – Pasta Paróquias, Bananal I – Documento Avulso, 1873.

58 Arquivo da Cúria Diocesana de Taubaté – ACDT. Livro de Estatutos de Irmandades, Licenças, Dispensas e Correspondências em geral – século XIX – Compromisso da Irmandade de São Benedito – 1855 – Doc. 40.

59 *Ibidem*, documento avulso, 1857.

60 RODRIGUES, Píndaro de Carvalho. *O caminho novo: povoadores do Bananal*. São Paulo: Governo do Estado de São Paulo, 1980, p. 123. Os dados de que dispomos a respeito do comendador Manuel Venâncio Campos da Paz, foram retirados de obras que fazem menção a sua pessoa. Infelizmente não encontramos o seu inventário no arquivo do Museu Major Novaes, o que nos possibilitaria levantar mais dados sobre esse importante personagem no histórico da Irmandade do Rosário.

Nascimento ficou devendo a dita Irmandade a quantia de 46$800 reis como se vê da Conta junta extrahida pelo Secretario da Irmandade e como por este Juízo se esteja procedendo a Inventario, requerem a V. Sa.que ouvidos os interessados, quando não presenta recibo em quitação, julgada a divida, por V. Sa. se mande unir ao Inventario para ser attendida nas partilhas. Bananal 1º de Abril de 1853.

Irmandade de N. S. do Rozario

O Irmão Joaquim Pinto do Nascimento e sua mulher devem a Irmandade de N. S, do Rozario

Entrada do Irmão	2$000
Annuaes de 8 annos a 800 réis	6$400
Como Juíza da Festa – Jóia	30$000
Soma	46$800

Secretaria da Irmandade de N. S. do Rozario 1º de Agosto de 1853.

Joaquim Antonio da Rocha

Secretario.[61]

Joaquim Pinto do Nascimento era um médio proprietário de escravos, que possuía na data de seu falecimento um plantel jovem, essencialmente masculino e em idade produtiva, composto por 23 escravos, entre os quais 15 eram africanos. Vivia da cafeicultura, com uma produção de aproximadamente 32.000 pés de café. A viúva desse irmão do Rosário, Maria Gonçalves Ribeiro Guimarães, reconheceu a dívida de cujo montante também era devedora: cerca de 30$000 réis em decorrência do cargo de Juíza da festa, que exercera em data indeterminada. Atentemos, contudo, para o fato de que o falecido devia à Irmandade, em 1853, cerca de oito anos de anuais, ou seja, desde 1845! Sendo assim, mais um documento comprova a existência da Irmandade do Rosário em período anterior ao ano de 1851.

Interessante observarmos que o processo de cobrança contra o falecido Joaquim Nascimento, fora "tocado" por Vitoriano Pedro de Alcântara Peixoto, aquele que, alguns anos mais tarde, representaria a Irmandade da Boa Morte na ação de precedência. Certamente que o procurador saberia, a partir de sua intervenção nesta causa em benefício do Rosário, a data provável da existência dessa Irmandade. Todavia, não obstou em encaminhar ao Juízo Municipal a representação da Boa Morte, mesmo conhecendo que fosse espúria. Dessa forma, pode-se concluir que

---

61   MHPMN – Legalização de Dívida – Cartório do 1º Ofício – Caixa 70 – Número de Ordem 1430, 1854.

a resolução da contenda entre as irmandades não se passava por justa, ratificando uma disputa por espaços estratégicos na geografia social da vila. Tão importantes que os irmãos do Rosário, além da "tréplica" ao Juiz Municipal, encaminharam também uma carta diretamente ao Reverendo Bispo reforçando a sua antiguidade:

> V. Exma. Revdma.
>
> A Irmandade de Nossa Senhora do Rosário erecta na Freguezia do Senhor Bom Jesus do Livramento do Bananal, vem perante V. Exa. Rma. requerer a confirmação do direito que lhe foi outorgado por despacho de 5 de abril de 1851, do Ex. dado em requerimento da mesma como se vê as folhas 4 e he o caso. Tendo se erigido a capella de Nossa Senhora do Rosário por provisão de 18 de Fevereiro de 1841 a fls. 3, funcionava desde então a Irmandade, ajustando Capellão, e cuidando dela a celebrar missas nas domingas e dias santos, pelos irmãos e fazendo annualmente a festa da padroeira na primeira dominga de outubro e dando sepultura aos seus irmãos fallecidos acompanhando-os a irmandade e seu capellão. Tempos depois criou-se a irmandade com a invocação de Nossa Senhora da Boa Morte a qual sendo de uma data posterior e não tendo ainda capella e nem funcionando como irmandade regular mas só porque a aprovação de seus estatutos é anterior a da atual da representante, procurou fazer com que a precedência nas procissões em que vão todas as irmandades fosse dada a ela.[62]

Mas também utilizando novos argumentos em sua defesa:

> *A supplicante como já expos em sua resposta aquelle juiz, resignar se ia a perder desse privilegio e regalia consedida, se não conhecese que dessa maneira veria essa sua aquiescencia resfriar o fervor do culto em seus irmãos pela maior parte captivos, os quais na sua ignorancia atribui-rão que em attenção a sua condição de captivos he que são expoliados de suas regalias mandando os para aquelle lugar reputado nas procis-sões menos nobre (...)* E por isso recorre a V. Exma. Revdma. para que como chefe da Igreja e pastor mande o Rev. Vig. fassa manter nas procissões o direito de que a Supplicante esta de posse indiscutivel de

---

62   ACMSP –Pasta Paróquias, Bananal I – Documento Avulso, s/d.

> preceder a Irmandade da Boa Morte em atos sollenes em que. (…) he incontroverso que a questão de que se trata é toda religisosa que diz respeito ao culto, e assim é incompetente ao Dr. Juiz de Direito para decidi-la como o fez, revogando o despacho do Vigario Capitular e isto mais se evidencia quando se attende que as atribuições que lhe são conferidas no regimento das correições tendentes as irmandades, só corresponde a respeito do cumprimento das obrigações e emprego das regras e nada sobre prerrogativas e culto.[63]

Desta feita, além de ressaltarem a sua formação anterior e argumentarem acerca da incompetência do Juiz Municipal para arbitrar em questões de foro religioso, os irmãos do Rosário apelaram a duplas sensibilidades. Do Reverendo em relação à devoção dos fiéis, em sua maioria cativos e que poderiam ter o seu fervor cristão "resfriado" ao serem colocados em lugar menos nobre durante as procissões e assim impingir uma perda de almas convertidas. E das autoridades legais, uma vez que estes irmãos-cativos, ao ressentirem-se de uma "condição" que os levava a serem "expoliados de suas regalias", poderiam, quem sabe, rebelar-se. Tratava-se, a meu ver, de resguardar uma posição adquirida por direito, com base nas mencionadas leis que regiam as ordens religiosas leigas, mas também de reativar as lembranças das inquietações que abalaram o Bananal alguns anos antes.

De outra parte, a perda no lugar de precedência por parte da Irmandade do Rosário significaria o retorno a uma ordenação social que vez por outra era quebrada durante as festas religiosas, as quais propiciavam a inversão das rígidas configurações sociais que sempre colocavam os escravos nos estratos mais baixos da sociedade. As devoções no caso do Bananal, ao misturavam senhores, escravos e livres, colocavam os cativos à frente de seus senhores, lançando uma massa negra em destaque pelas ruas da vila. Segundo Martha Abreu e Larissa Viana: "as camadas livres pobres especialmente através dos membros de irmandades e de seus empresários barraqueiros, politizavam suas festas e afirmavam em praça pública seu direito à diversão e à expressão".[64]

---

63 *Ibidem*. Grifos meus.

64 ABREU, Martha; VIANA, Larissa. "Festas religiosas, cultura e política no império do Brasil". In: GRINBERG, Keila; SALLES, Ricardo (orgs.). *O Brasil imperial*. Vol. III: 1870-1889. Rio de Janeiro: Civilização Brasileira, 2009, p. 237. Neste capítulo as autoras discutem a intervenção das irmandades nos espaços sociais e as caracterizam como organismos politizados que se altercavam com

A apelação dos irmãos do Rosário revela o compromisso da irmandade com seus confrades cativos, e a disposição de seus representantes em politizar os espaços de uso comum, altercando-se com aqueles que intentavam retomar a velha ordem, mesmo que esta estivesse presente alegoricamente durante as procissões. Configurações significativas em uma sociedade, centro da economia de *plantation*, na qual as concentrações escravas eram relativamente grandes. Ao final da missiva, os persistentes irmãos do Rosário, informam ainda que "para evitar prolixidade" deixariam de fazer "outras considerações" que não escapariam à "illuminada inteligência" do Reverendo.[65]

A contribuir com possíveis temores latentes, temos mais notícias sobre tentativas de revoltas de escravos no Vale do Paraíba. Desta feita em localidade não muito distante, em episódio que nos traz novamente notícias de um velho conhecido, o comendador Joaquim José de Souza Breves. Os fatos aqui narrados fazem parte de um *corpus* documental que contém trocas de ofícios entre proprietários e autoridades do vale fluminense, e iniciam-se a partir de uma denúncia oferecida pelo próprio comendador em 1853 (momento conturbado em sua vida, a lembrar-nos da acusação de tráfico ilegal de escravos).[66]

Naquele ano, o fazendeiro informava às autoridades competentes que alguns escravos seus maquinavam um levante, organizados sob a égide de uma associação denominada D. Miguel. Com base nas graves informações do comendador, o Presidente da Província emitiu ordem ao Delegado de Polícia local para que averiguasse a situação. Em sua resposta, o delegado assegurou com afinco, após algumas diligências, que a tranquilidade ali pairava e não havia "a menor ideia a respeito de insurreição".[67]

Quatro anos mais tarde, voltaria o comendador a advertir sobre a organização dos escravos, que segundo ele, escondiam instrumentos "ordinariamente empregados na lavoura", local estabelecido como "centro de suas reuniões".[68] Na troca de

---

as autoridades locais em defesa de seus folguedos. Conformando-se em espaço fundamental de luta e resistência para escravos e libertos.

65 ACMSP – Pasta Paróquias, Bananal I – Documento Avulso, s/d.

66 Arquivo Público do Estado do Rio de Janeiro – Aperj. Fundo da Presidência da Província, notação 236, Col. 100/15.

67 Aperj, Fundo Presidência da Província, notação 236, Col. 100/15/ fl. 1/27, 1853.

68 Aperj, Fundo Presidência da Província, notação 236, Col. 100/15/ fl. 2/27.

correspondências, as autoridades discutiam a real necessidade de se mandarem reforços. A impressão que se tem é que as autoridades não levavam muito a sério as afirmações de Breves. Contudo, tais ofícios, ao solicitarem reforços policiais para a região, nos trazem, a partir do olhar senhorial, referências acerca do comportamento da escravaria e de suas formas de organização. Em correspondência de 27 de junho de 1857, o subdelegado de Itaguaí comunicou ao Juiz Municipal que investigava um caso relatado pelo Sr. Francisco de Paula Pedrozo, o qual afirmava peremptoriamente que:

> Uma sua comadre lhe tinha dito, que estando em sua caza ouvio um preto que pasava com outros a dizer como meu senhor não quer o partido de D. Miguel, havemos de o fazer dansar na salla na noite de S. João (…) e que lhe tinha dito um sugeito que tem uma venda, que vendera muitos foguetes do ar para a Fazenda de S. Joaquim, e elle na véspera ao anoitecer encontrara na estrada da Fazenda da Olaria distante da vila de S. João meio quarto de légua pertencente ao Comendador Breves, alguns 50 escravos.[69]

Ocorre que ao serem chamados a depor, o Sr. Pedrozo e sua comadre desmentiram a gravidade dos fatos. Alegaram que os foguetes eram para as festas de Santo Antônio e os escravos, propriedade de Joaquim de Souza Breves, retornavam do eito. Segundo a comadre, o compadre compreendera mal a sua conversa. Chama a atenção neste trecho, a possibilidade de reunião dos escravos, especialmente durante as festas religiosas, bem como o trânsito entre a lavoura e as senzalas. Considere-se que, no caso acima, eram nada menos do que cinquenta escravos caminhando juntos. Destarte, mantinha-se no ar o temor de rebeliões, pois obtemos mais notícias, tempos depois, dessa vez através do barão de São João do Príncipe em carta de 10 de dezembro de 1858 endereçada ao Delegado de Polícia:

> Tenho a honra de levar a conhecimento de V. Sa. que há por aqui na escravatura das fazendas minhas vizinhas, muitos indícios de insurreição. Consta-me que os escravos fallão as claras, que no dia de natal hão de ser senhores da terra. Não posso certificar a V. Sa. a verdade disto, mas *noto não terem os escravos mais roças que fazião*

---

69   Aperj – Seção Presidência de Província, notação 0236, Col. 100/15/ fl. 5/27.

> *nos domingos e dias Santos, e mesmo muita insubordinação. Nos domingos só procurão ajuntarem-se com outros de outras fazendas, há reuniões, e dizem que tratão de matar todos os brancos.* Consta mais que essas reuniões são presididas por *dous pretos forros, um chamado Caetano, e outro que tem por appelido Sapucaia.* V. Sa. pois, digne--se tomar isto em sua mais alta consideração, e com aquella prudência e reserva que o cazo exige dar providencias, afim de evitar essas reuniões, fazendo que os Inspectores rondem em seus Quarteirões, e outras que a sabedoria de V. Sa. lembrar.[70]

Afora captar a presença de elementos forros transitando entre os seus cativos, insuflando-lhes a verve libertária, o barão observou que os escravos já não faziam mais uso dos seus domingos, como de costume, para trabalhar os seus roçados, mas sim para tramarem. Mais uma vez expõe-se a possibilidade dos escravos de "ajuntarem-se" entre si ou com parceiros de outras fazendas, o que nos leva novamente às possibilidades de circulação dos escravos pelos plantéis da região, propiciadas sobremaneira pela organização de suas festividades. Lembremos que Charles Rybeirolles testemunhou em sua passagem pelo Vale do Paraíba fluminense, a mobilização escrava em torno de seus folguedos nos dias santificados. A presença dos dois forros apontados como aliciadores dos escravos auxiliando na disseminação de informações e ideias de insurreição, reforça a manutenção dos laços entre escravos e libertos.

De outra parte, as informações contidas nesses documentos refletem o contexto histórico em que são trocadas essas correspondências, qual seja, o da proibição do tráfico de escravos, o receio de que no Brasil se reproduzissem revoltas similares a de São Domingos,[71] e o posterior florescimento dos movimentos abolicionistas.[72] Esses temores justificam-se tanto mais quando verificamos que à semelhança do que ocorrera do outro lado do Paraíba, no vale fluminense houve também um rápido crescimento demográfico da população cativa. No curto espaço de vin-

---

70 Aperj – Seção Presidência de Província, notação 0236, Col. 100/15/ fl. 14 de 27. Grifos meus.

71 MOTT, Luiz R. B. "A revolução dos negros do Haiti e o Brasil". *Mensário do Arquivo Nacional*, Rio de Janeiro, vol. 13, nº 1, 1982.

72 Acerca da atuação do movimento abolicionista nas áreas rurais ver: MACHADO, Maria Helena. *O plano e o pânico: os movimentos sociais na década da abolição.* Rio de Janeiro: Editora UFRJ; São Paulo: Edusp, 1994, especialmente o capítulo 3: "Com dois te vejo, com cinco te prendo: os escravos e suas estratégias de libertação".

te anos, a população escrava de algumas vilas e cidades quase que quadruplicou. Segundo Emília Viotti da Costa, nos municípios de Valença, Pirahy e São João do Príncipe, no ano de 1857, o quadro populacional apresentava a seguinte proporção:

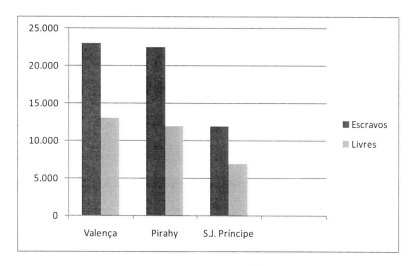

Fonte: Relatório do Presidente da província – 1857.[73]

É possível notar que em São João do Príncipe, embora a população fosse menor em relação às outras vilas, a proporção de escravos era consideravelmente maior do que a dos livres, o que condicionaria primordialmente a grande tensão observada entre os fazendeiros locais. Ressalte-se, como fizemos para Bananal, que entre estes últimos encontrar-se-iam mulatos e pretos libertos. Curiosamente o alarma de supostas tentativas de rebelião sempre coincidia com a proximidade das festividades religiosas e as suspeitas de insurreição eram, em sua maioria, derivadas da observação direta dos senhores do comportamento de seus escravos, como bem demonstra a resposta do chefe de polícia da Província e do delegado de polícia do termo de São João do Príncipe à carta do barão de São João do Príncipe, baseando-se nas atitudes dos escravos para apontar os indícios de uma aparente insurreição e solicitar reforços:

> (...) Sendo muito para notar que nesses últimos tempos não se encontra mais embriagado um só escravo de fazendas, quando outrora

---

73 COSTA, Emília Viotti da. *Da senzala à colônia...* op. cit., p. 100.

era esse um hábito constante (...) Igualmente deixão esses escravos de trabalhar aos domingos em suas roças, o que também talvez seja algum resultado de cálculos dos cabeças para impedir que obtenhão meios de comprar bebidas. Finalmente não posso deixar de reclamar de V. Exa. um reforço suficiente para o destacamento de policia dessa villa, hoje reduzido a três praças, que quando menos servirá para serenar os ânimos. Deos guarde a V. Exa. São João do Príncipe 13 de dezembro de 1858.[74]

Não se trata de analisar profundamente o *corpus* documental composto por essas correspondências, a intenção é contextualizar o momento histórico e ao mesmo tempo sugerir que não era difícil que a inquietação ali reinante chegasse a não tão distante cidade do Bananal. Nesse sentido, as ligações entre as duas metades do vale se refletem através do mal fadado caso do Bracuhy, do indiciamento de Manuel de Aguiar Vallim e Joaquim de Souza Breves, como receptor e traficante respectivamente, e ainda nas fugas individuais noticiadas pelos jornais vale-paraibanos, evidência da circularidade dos escravos pelas duas regiões. Talvez aí residam as tais considerações que, mesmo não ditas pelos irmãos do Rosário do Bananal, deveriam ser consideradas pela "iluminada inteligência" do poder eclesiástico. Senão vejamos os seguintes anúncios publicados em jornal da cidade de Resende, no vale fluminense:

> Fugio da fazenda do abaixo assignado na cidade do Bananal, o escravo Jacintho, crioulo, de cor bem preta, e é muito proza quando bebe, tem 24 annos pouco mais ou menos. Da-se premio a quem entrega-lo. 24 de setembro de 1867. José Gonçalves Pereira Sobrinho.[75]

> Fugio da fazenda Ilmo. Sr. Coronel José de Magalhães Couto, morador no Bananal, domingo 19 de julho de 1870 uma preta por nome Ignez, creoula, filha de Rezende, com os seguintes signaes: idade de 20 annos mais ou menos, alta, corpo regular, cabelos bem seguros, testa regular, olhos bem grandes a ponto de darem bem na vista, nariz chato e muito largo com as ventas bem abertas e um pouco virado para cima, boca grande, beiços grossos, dentes apontados a

---

74 Aperj – Seção Presidência de Província, notação 0236, Col. 100/15.

75 BN – Seção de Periódicos. Astro Rezendense, 28/09/1867.

ferro, mãos grandes, pés regulares, tem gesto de gente espantado, foi vestida com camisa e saia de algodão, um palitó de chita e um lenço do mesmo na cabeça; esta escrava foi do Sr. Antonio Moreira de Andrade morador em Rezende. Quem a aprehender e levar a mesma fazenda será bem gratificado. Bananal, 23 de junho, 1870. José de Magalhães Couto.[76]

Encontramos entre os "procurados" dois escravos jovens, crioulos e produtivos, cuja fuga ensejava providenciar-se um "cerco" que iria além das localidades nas quais se mantinham cativos. O fato de Ignez ser "filha de Rezende" traz a suspeita de que fugira do Bananal com a intenção de retornar àquela cidade, onde provavelmente teria deixado parentes. A informação de que Jacintho era "muito proza" quando bebia, poderia consistir em ardil para sua captura, posto que certamente correria o vale a passar-se por liberto. Os exímios detalhes fornecidos pelos anúncios demonstram o interesse dos proprietários em uma rápida recuperação, em um momento de grande alta nos preços dos escravos.

Não obstante, se os senhores sabiam qual o melhor lugar para anunciarem os seus fujões, é certo que esses cativos conheciam bem os caminhos que os levariam à almejada liberdade. E se sabiam aonde ir, também como "brigar" por seus direitos e lutar para manter posições sociais conquistadas arduamente. Quem sabe até mesmo tirar partido do medo civil de rebeliões escravas, para veladamente "ameaçar" as autoridades... Voltando às Irmandades da Boa Morte e do Rosário do Bananal, não foi possível apurar os desdobramentos dessa contenda, mas sabemos que suas histórias se cruzam, entrelaçadas por meio de alguns de seus confrades e igualmente por outros momentos de tensão, fruto de tentativas dos irmãos de alcançarem o reconhecimento social e ocupar espaços de prestígio. A partir da documentação colimada "rastreamos" alguns desses laços, na tentativa de compreender a dinâmica e as estratégias de funcionamento dessas irmandades.[77]

---

76   BN – Seção de Periódicos. Astro Rezendense, 31/07/1870.

77   Durante as pesquisas, foram encontrados no Arquivo da Cúria Diocesana de Taubaté (ACDT), cópias dos compromissos das Irmandades do Rosário e São Benedito. As associações com a Boa Morte são estabelecidas a partir da documentação relativa à contenda com o Rosário, encontrada no Museu Major Novaes de Cruzeiro e do seu Livro de Atas que se encontra no Arquivo da Mitra Diocesana de Lorena. A coleta dessa documentação tornou-se uma tarefa bastante árdua, haja vista a dispersão das fontes.

NOS CAMINHOS DO VALE ENCONTREI OS MEUS IRMÃOS: IRMANDADES DO BANANAL E UMA REALEZA COROADA EM GUARATINGUETÁ

A Irmandade de São Benedito, da vila de Bananal, estabeleceu altar na Capela do Rosário em 1855. Conforme consta de seu compromisso, aprovado naquele mesmo ano:

> A Irmandade será anexa á Igreja de Nossa Senhora do Rozario, onde construirá um altar para o santo, logo que possa e contribuirá com as custas que puder para a boa conservação da mesma Igreja. A Irmandade procurará obter o consentimento da Irmandade de Nossa Senhora do Rozário para este fim.[78]

Altar concedido, os irmãos de São Benedito permaneceriam ali durante muitos anos, sem jamais erguer templo próprio. Certamente devido às estreitas relações que mantinha com a sua anfitriã, uma vez que os membros de uma e outra irmandade circulavam pelo consistório da igreja do Rosário e compartilhavam as suas devoções. Por sua vez, a sua consorte teve a reforma de seu compromisso aprovada no ano de 1851, o original seria perdido durante este processo, conforme mencionado anteriormente.[79] Nesse ínterim, destacarei a seguir alguns trechos de ambos os documentos, os quais serão analisados em conjunto, ressaltando antes que os compromissos devem ser acolhidos como fonte mais pelo que sugerem, do que pelo que neles se transcreve. Muito embora sejam documentos oficiais, "padronizados", deixam-nos entrever as preocupações dos irmãos no momento de constituição de suas associações. Documentos fundantes das confrarias, que nos ajudam a perceber, conforme apontou Mariza de Carvalho Soares, "a construção da norma".[80]

---

78 ACDT. Livro de Estatutos de Irmandades, Licenças, Dispensas e Correspondências em geral – século XIX – Compromisso da Irmandade de São Benedito – 1855 – Doc. 40.

79 ACDT. Livro de Estatutos de Irmandades, Licenças, Dispensas e Correspondências em geral – século XIX – Compromisso da Irmandade de Nossa Senhora do Rosário do Bananal – 1851 – Doc. 38.

80 Já apontei no primeiro capítulo a importância de observar-se a construção dos compromissos com base na assertiva de Soares, a fim de identificarmos as questões prementes para essas confrarias. Ver, sobretudo, o capítulo 1, item 4: "Estruturação e funcionamento das irmandades de pretos no Brasil". In: *Devotos da cor... op. cit.*

> Compromisso da Irmandade de Nossa Senhora do Rosário erecta na Cidade do Bananal – 1851.
>
> Titulo Primeiro
>
> Capítulo 1º
>
> Da Irmandade
>
> Artigo 1º *Pode ser Irmão nesta Irmandade qualquer pessoa que siga a religião Christã qualquer que seja seo estado, idade, sexo e condição.*
>
> Artigo 2º Para ser admittido irmão na Irmandade basta assignar seu nome no Livro de entrada sendo Livres e com *consentimento de seu Senhor sendo escravos.*
>
> Artigo 3º O numero dos irmãos e irmãs he illimitado, *no acto da entrada pagarão dois mil reis e annualmente pagarão oitocentos reis.*
>
> Capitulo 2º
>
> Da Mesa e sua eleição
>
> Artigo 4º A irmandade será reprezentada por uma Meza composta do *Juiz, Secretario e dose Irmãos de Meza eleitos no primeiro Domingo do mez de Outubro de cada anno.*
>
> Artigo 5º A irmandade alem dos empregados acima tera *hum thezoureiro, hum Procurador, hum Andador e hum Zelador,* que serão eleitos no mesmo dia mencionado no artigo antecedente que tãobém terão assento na Meza.[81]

A partir do trecho acima se pode observar que a Irmandade do Rosário congregava irmãos de qualquer "condição", os escravos, no entanto, deviam portar a autorização de seus senhores. Pagariam os irmãos, como entrada, a joia de 2.000 réis e a contribuição anual de 800 réis. Os irmãos de mesa deveriam pagar a quantia de 8$000 réis e as irmãs de 4$000, e no ano em que servissem estariam dispensados da anuidade. Da mesma forma, a Irmandade de São Benedito permitia a entrada de irmãos de todas as condições, igualmente solicitando aos cativos a autorização de seus senhores, senão vejamos:

> Capitulo 2º
>
> Da formação da Irmandade e dos deveres e direitos dos Irmãos

---

81 Grifos meus.

Art. 4º

Toda a pessoa que profesar a religião catholica Romana qualquer que seja o seu estado, condição, idade e sexo, poderá ser Irmão bastando para isso asignar ou fazer asignar o seu nome no Livro de entradas-sendo Livres, o que for captivos a permisão do senhor.

Art 5º

O numero dos Irmãos é indefinido e cada hum pagará no acto da entrada 2$000 reis e será obrigado ao annual de 1.000 reis sendo livres e de 500 reis sendo captivos.

Titulo Segundo

Capitulo 2º

A Irmandade será representada pela Meza, a qual é composta do Juiz Mordomo, Secretario, Thezoureiro, Procurador e dose Irmãos de Meza.[82]

A distribuição dos cargos e suas atribuições guardava também bastante semelhança com a do Rosário. O cargo máximo seria exercido pelo juiz, com a variante de "Juiz-mordomo" para a Irmandade de São Benedito. Aos juízes caberia "a inspecção geral, sobretudo quanto diz respeito à Irmandade, sua direção, zelo e guarda de alfaias" (São Benedito), bem como "presidir as secções da mesa, dirigir seos trabalhos, manter a ordem nas discussões e fazer executar pelo expediente as deliberações da Meza" (Rosário). Em ambas as irmandades ficariam os juízes obrigados ao pagamento de uma joia no valor de 50$000 réis no ano em que servissem, como contribuição para as festas de orago. A presença em atos solenes era uma exigência:

TITULO SEGUNDO

Capitulo 1º
Das Obrigaçoens do Empregados
Art. 11. O Juiz pagará de jóia para a festa a quantia de cincoenta mil reis, igual quantia pagará a Juíza.

---

82 Grifos meus.

Art. 12. Compete o Juiz geral inspecção em tudo quanto diser respeito a Irmandade tanto na sua direção econômica, como no culto da Senhora, zelo e guarda das alfaias.

Art. 13. Presidir as secções da mesa, dirigir seos trabalhos, manter a ordem nas discussões e fazer, executar pelo expediente as deliberações da Meza.

Art. 14. Assistir a todos os actos solennes da Irmandade com sua insignia que será uma vara branca e acompanhar a mesma nas procissoens e enterros solennes dos irmãos fallecidos.

Art. 15. Convocar a Meza extraordinariamente todas as vezes que os negócios e interesses da Irmandade assim o exigir e mesmo a pedido de qualquer irmão quando o fim para que pede for julgado urgente. (Rosário).

TÍTULO SEGUNDO
Da eleição para os cargos, e do regimem e administração da Irmandade

CAPITULO 3º
Do Juiz Mordomo
O Juiz Mordomo dará de jóia 50:000 he de sua competência [a juíza pagava a quantia de 30$000 réis de jóia]

1º A inspeção geral sobretudo quanto diz respeito a Irmandade, sua direção, zelo e guarda das alfaias.

2º Presidir aos trabalhos da Meza, dirigilos, e manter a ordem nas discusões e debates.

3º Dar todo o espediente, e fazer executar as deliberações da Meza, asignando toda a correspondência official da Irmandade.

4º Assitir a todos os actos solennes da Irmandade, com sua insígnia (que será uma vara azul clara) acompanha-la nas procissões, e nos enterros dos Irmãos fallecidos, que tiverem direito ao acompanhamento de toda a Irmandade.

5º Convocar extraordinariamente a meza todas as vezes que julgar preciso, ou quando por algum motivo attendivel, lho for requerido por algum Irmão. (São Benedito).[83]

---

83 Grifos meus.

Note-se que durante os atos solenes, como procissões, enterros de irmãos entre outros, os juízes deveriam se destacar ao portarem as suas "insígnias", qual seja uma vara, com cores diferentes para uma e outra, branca para o Rosário e azul para São Benedito. As reuniões para eleição de mesa e as festividades de orago aconteciam quase que simultaneamente, uma vez que dividiam o mês de outubro para a sua realização. Se o Rosário festejava o seu orago no primeiro domingo daquele mês, os irmãos de São Benedito por sua vez o faziam logo depois:

TITULO TERCEIRO

CAPITULO 1º
Art. 41. No Primeiro Domingo de Outubro de cada anno, a Irmandade celebrará a festa de Nossa Senhora do Rozário sua Padroeira com a pompa e brilhantismo que for possível.
Art. 42. A Meza reunida dois meses antes deliberará sobre a festa, fazendo seo programa, coordenando a dispeza que nunca poderá ser exedida em mais da décima parte quantia que for pela Meza orçada.
Art. 43. A festa será sempre celebrada no dia próprio, não se fazendo transferencia, salvo por motivo imprevisto e ponderado. (Rosário)

TITULO PRIMEIRO
Da Irmandade e dos direitos e deveres dos Irmãos.

CAPITULO 1º
Do fim da Irmandade
Art. 1º
Esta Irmandade tem por fim o Culto Divino do Glorioso São Benedito, e a celebração da sua Festa annual com a pompa e brilhantismo compatível com os meios disponíveis.
Art 2º
A Festa se fará no segundo domingo de Outubro de cada anno, na Igreja de Nossa Senhora do Rozario, podendo ser antes ou depois deste dia, quando a Meza de acordo com os juizes da Festa assim o julgue conveniente.
Art. 3º
Dous meses antes do Dia marcado, a Meza se reunirá para deliberar a respeito da mesma festa, e determinar a quantia com que a Irmandade tiver de auxiliar aos Juizes festeiros, a qual nunca deverá

exceder a importância total das jóias annuais do Juiz mordomo, e dos Irmãos e Irmãs de Meza. (São Benedito).[84]

Além de realizarem as suas festas em proximidade, organizavam-se dois meses antes da data, durante o mês de agosto. Obviamente que o fato de o altar de São Benedito se concentrar na capela do Rosário, facilitaria o acesso daqueles que partilhavam as devoções. As reuniões ordinárias realizadas mensalmente, segundo os compromissos de ambas, realizar-se-iam sempre "na primeira Dominga", apenas em horários distintos, o que demonstra mais uma vez a interação entre seus membros. Ainda no tocante aos cargos administrativos, destacamos a importância dos andadores, responsáveis por "convocar" os irmãos com "toques de campa pelas ruas". Espécie de "faz tudo" deveriam estar presentes em todas as reuniões e "ahi prestar-se para os serviços que lhe forem incumbidos".[85]

Em ambas as irmandades, receberia o andador uma gratificação de 50$000 réis, exercendo a função enquanto o fizesse de forma plena e eficiente. Em São Benedito, além das atribuições de praxe ficaria ao seu cargo a responsabilidade de "fazer chegar ao seo destino toda a correspondencia official da Irmandade e Meza".[86] No caso da Irmandade do Rosário seria o andador ainda: "o sineiro da Irmandade e de todos aqueles dobres de sino pelos quais se pagarem". A cobrança pelo toque de sinos também auxiliava na arrecadação da irmandade e a mesma deveria ficar com "a oitava parte do que o mesmo percebe por tais dobres e mesmo repiques".[87] Outra forma de auferir divisas, essa comum a todas as confrarias espalhadas pelo Brasil, conforme mencionado anteriormente, eram os pedidos de esmolas pelas ruas da vila e adjacências. Neste caso, deveriam ser feitos regularmente todos os domingos do mês, tanto pelos irmãos de São Benedito quanto pelos do Rosário, os quais seriam escolhidos por sorteio.

---

84   Grifos meus.

85   ACDT. Livro de Estatutos de Irmandades, Licenças, Dispensas e Correspondências em geral – século XIX – Compromisso da Irmandade de São Benedito – 1855 – Doc. 40. Título Segundo, Capítulo 8º, Artigo 27.

86   *Ibidem*, artigo 25.

87   ACDT. Livro de Estatutos de Irmandades, Licenças, Dispensas e Correspondências em geral - século XIX – Compromisso da Irmandade de Nossa Senhora do Rosário do Bananal – 1851 – Doc. 38, Título Segundo, Capítulo 7º, Artigo 40.

O esmolar era uma atribuição obrigatória e a sua recusa implicaria em pagamento de multas. No caso da Irmandade de São Benedito as normas eram rígidas: "o Irmão e Meza que deixar de tirar esmolas, quando lhe competir pela escala pagará 3$000 réis pela falta de cada domingo".[88] Também se penalizavam as ausências dos irmãos de mesa em dias de reunião. Quando não apresentassem justificativa coerente, deveriam pagar algumas libras de cera como multa. O rigor com a punição dos faltosos, mais do que servir para arrecadar multas e as tais libras de cera (utilizadas nas solenidades e, sobretudo na ocasião dos sepultamentos), revela a extrema organização dessas confrarias, bem como a sua mobilização no intuito de garantir a presença maciça dos confrades em todas as atividades.

As atribuições do andador, bem como as daqueles escolhidos para esmolar, propiciaram momentos de intenso intercâmbio entre esses confrades e a sociedade mais ampla. Os movimentados domingos na vila ofereceriam maior possibilidade de circulação e também facilidade para que os irmãos cativos pudessem participar das atividades. É bem possível que, conforme observou o temeroso barão de São João do Príncipe, os escravos deixassem de "trabalhar os seus roçados", para sobejamente circular pela vila, protegidos sob o manto da devoção. Ao mencionarmos a questão da circularidade viabilizada pela participação nas irmandades, lembremo-nos das mulheres, para quem esse ir e vir era mais palpável em se tratando das vilas.

Todavia, a presença feminina no tocante aos documentos ora analisados, restringia-se às funções de auxiliar os zeladores nos cuidados com as roupas dos santos, toalhas e alfaias, as quais deveriam manter-se extremamente limpas. Conforme o compromisso do Rosário, as irmãs deveriam inclusive fornecer o sabão, caso lhes fosse exigido. Também deveriam providenciar os anjos (crianças) para as procissões. Não se deve concluir apressadamente que essas mulheres pouco participassem de outras atividades. Concorriam certamente para o bom andamento dos rituais da irmandade e para a organização das festas de orago. Ocorre que a parte administrativa e os cargos de comando ficavam sempre ao encargo dos homens. Os compromissos, no mais das vezes,

---

88 ACDT. Livro de Estatutos de Irmandades, Licenças, Dispensas e Correspondências em geral – século XIX – Compromisso da Irmandade de São Benedito – 1855 – Doc. 40, Título Terceito, Capítulo Único, Artigo 34.

podem ser vistos como documentos essencialmente masculinos. Em geral, são os livros de atas e de entradas que nos ajudam a revelar a presença feminina, mas no caso das irmandades do Rosário e São Benedito do Bananal, não foi possível encontrá-los.

Com relação aos cargos de primazia no interior dessas associações, foi possível observar em ambas, a inexistência de uma realeza. A importância da coroação de reis e rainhas já foi mencionada, no entanto, cabe ressaltar a sua ausência nessas duas confrarias, tanto mais quando sabemos que os irmãos do Rosário eram em sua maioria cativos. No geral, e tomando como base os estudos mais gerais sobre as irmandades relacionadas ao mundo da escravidão, não somente para os escravos, mas também para os seus proprietários, a coroação era motivo de prestígio e distinção social:

> Os reis deveriam ter meios de pagar uma alta contribuição para as irmandades, a ser usada na festa dos oragos. Muitas vezes, quando fossem escravos os eleitos, eram ajudados por seus senhores para bom desempenho das tarefas, sendo a função atribuidora de prestígio não só a quem exercia o cargo, mas também, no caso dos escravos, aos senhores, que algumas vezes eram estimulados pelas autoridades eclesiásticas a colaborarem para que seus escravos exercessem ativamente os deveres espirituais, nãos se agastando com o tempo dedicado às atividades religiosas.[89]

Jean Baptiste Debret observou a importância dessas figuras ao retratar uma coleta de esmolas às portas da Igreja do Rosário de Porto Alegre:

---

89   SOUZA, Marina de Mello e. *Reis negros no Brasil escravista... op. cit.*, p. 200-201

Coleta para manutenção da Igreja do Rosário. Jean Baptiste Debret.
Viagem Pitoresca e Histórica ao Brasil.

Em suas apreciações, Debret menciona que a presença da família real na corte do Rio de Janeiro, coibiu as "festas fantasiadas extremamente ruidosas a que se entregavam [os pretos] em certas épocas do ano para saldar a mãe pátria". Segundo o pintor, somente em outras províncias podia-se ainda presenciar a eleição anual de reis e rainhas, tal qual a representada na gravura, que retrata a realeza da Irmandade de Nossa Senhora do Rosário de Porto Alegre durante a coleta de esmolas. O francês destaca ainda em seu texto a generosidade das mulheres e o retorno financeiro: "esse espetáculo pomposo dá sempre resultado, pois, satisfazendo o amor próprio das majestades temporárias, impõe ao mesmo tempo aos fiéis de côr um certo respeito que os convence, suficientemente, do legítimo emprêgo de seus óbulos".[90]

Importante destacar, conforme pontuou Debret, que pudemos observar esse movimento em Taubaté, local onde reis e rainhas eram devidamente eleitos e coroados e no qual a presença dos senhores junto aos seus escravos sinalizava a parceria sugerida por Marina de Mello e Souza. Muito próximo dali, encontraremos

---

90 DEBRET, Jean Baptiste. *Viagem Pitoresca e Histórica ao Brasil.* Tomo II, vol. III. Tradução de Sérgio Milliet. São Paulo: Livraria Martins, 1940, p. 247-258.

a Irmandade de São Benedito dos Pretos Cativos de Guaratinguetá. Nesta confraria, fundada em 1757, desde os seus primeiros estatutos, encontramos igualmente as figuras da rainha e do rei, este apresentado como a autoridade máxima. Permanecem como símbolo até os dias de hoje, coroados anualmente na tradicional Festa de São Benedito.[91]

A documentação sobre essa longeva irmandade infelizmente, restringiu-se a dois compromissos, encontrados no Arquivo Público do Estado de São Paulo. Esses documentos revelam dois extremos de sua história e serão analisados em momentos distintos. Por ora, nos interessa o seu compromisso inicial, aprovado pelas autoridades eclesiásticas no ano de 1758. Mais uma vez, nossos amigos viajantes nos ajudam a compor um brevíssimo quadro acerca dessa importante vila, fundada no século XVII.[92]

Nas primeiras décadas dos oitocentos, Saint-Hilaire reparou que a vila era "muita mais comprida do que larga". Em suas ruas estreitas, "vendas bem sortidas" indicavam que ali se fazia bom comércio. Entretanto, observou que as casas, pequenas em sua maioria, deveriam ser habitadas apenas aos domingos e dias de festa, por pessoas que iam às missas e por cultivadores: "é a mesma coisa todos os domingos; dia em que a gente do campo envia seus produtos à cidade", entre os quais "também negros que para ali conduziam víveres".[93] Nesse ano de 1822, floresciam ainda os primeiros cafezais, tratava-se então de uma vila de pequenas proporções.

Anos depois, se encontraria uma produção de café solidamente constituída, com cerca de seiscentas mil arrobas exportadas anualmente. O português Zaluar acharia a cidade "mui feia", lugar onde bois e vacas, não obstante o esplendendo

---

91 Em Guaratinguetá, a Irmandade de São Benedito mantém a eleição de reis e rainhas e sua corte, para saírem em procissão na tradicional Festa de São Benedito, acompanhados pelos grupos de congada. Esta festa é uma das mais aguardadas da região, os postos de reis e rainhas coroados continuam a ser ocupados por homens e mulheres negros da comunidade. A respeito da festa de São Benedito ver: DUARTE, José Antonio Cruz. *A festa de São Benedito de Guaratinguetá*: contribuição *do negro para um catolicismo popular e resgate da cultura afro-brasileira*. Dissertação (mestrado) – PUC-SP, São Paulo, 1998. Dissertação. Duarte empreende uma descrição narrativa da festa, da qual participou *in locu*; consultar especialmente o capítulo III: "A festa vista por dentro".

92 Diversos viajantes deixaram suas impressões acerca de Guaratinguetá ,algumas delas foram reunidas por José Luiz Pasin em sua obra: *Guaratinguetá: tempo e memória*. São Paulo: Roswitha Kempf, 1983.

93 SAINT-HILAIRE, Augusto de. *Segunda viagem a São Paulo... op. cit.*, p. 87-90.

da cafeicultura, passeavam tranquilamente enquanto "a municipalidade dorme o sono da inércia". Todavia, não lhe escaparia a feira dominical:

> Todos os domingos faz-se na cidade uma grande feira ou mercado, no largo do Rosário, onde os habitantes se suprem de gêneros precisos para o consumo doméstico durante a semana. Além de uma padaria e loja de barbeiros, existem outros estabelecimentos de mais ou menos importância.[94]

É nessa pequena e "mui feia" vila de Guaratinguetá, que encontramos duas irmandades de homens pretos constituídas no século XVIII, a de Nossa Senhora do Rosário dos Pretos e a de São Benedito dos Pretos Cativos. Abaixo duas imagens da Igreja do Rosário, localizada em Largo do mesmo nome, espaço de vital importância para o comércio e a circulação de pessoas na vila, sobretudo durante aos domingos e dias de festa:

À esquerda, vista parcial do Largo do Rosário com a Igreja de Nossa Senhora do Rosário dos Homens Pretos ao centro, em foto de 1920. Em: PASIN, José Luiz. *Guaratinguetá: tempo e memória*. São Paulo: Roswitha Kempf, 1983, p. 75. À direita, a Igreja em destaque. Foto de autor desconhecido, 1889 – Museu Frei Galvão.

Note-se à esquerda da Capela, o sobrado do Visconde de Guaratinguetá, um dos maiores cafeicultores do Vale do Paraíba paulista (uma disposição que traz a memória a Igreja do Rosário dos pretos do Bananal, ladeada pelo solar do comendador Vallim). Residência frequentada por esse "nobre" homem, aos finais de semana e

---

94 ZALUAR, Augusto Emílio. *Op. cit.*, p. 83-90.

em ocasiões de festas como a de seu segundo casamento, ricamente aparelhada com camas francesas tecidas de couro, móveis marchetados com tampos de mármore, cadeiras americanas e mais alfaias e vasos de manga de vidro.[95] Sobre essa irmandade em Guaratinguetá, infelizmente encontrei poucos dados. O livro tombo da Igreja Matriz de Santo Antônio oferece algumas informações a seu respeito:

> *Titº da Capella de N. Sra. do Rozrº dos Pretos*
>
> *Capella de N. S. do Rozrº dos Pretos sita nesta Villa, foi erecta com provisão do Exmo. Frei. D. Antonio de Guadalupe de dous de dezembro de 1727*, e foi vizitada por provizão do Sr. Bispo D. Frei João da Cruz de 7 de junho de 1744, e depões por provizão do Exmo. Rmo. Sr. D. Frei Antonio da Mãe de Deus, Bispo de S. Paulo de 20 de fevereiro de 1753 foi benta, e se celebrou nella, pelo Ver. Padre José Alz. Vilela, entam vigario da Vara aos 23 de abril de 1753. (…) Esta ditta Capella tem hu altar e não está forrada, e tem os ornamentos q. constão do Inventario a fl. 170. *He pequena, e de prezente andão os pretos a querer fazer corpo da Igreja para a Capella servir de Capella mor.* Tem de dotte cem brasas de terrs de testada, e cem de certão. Alem do Paraíba, q. partem principiando de hum córrego, com terras de Pedro Nunes de huã banda e doutra o ribeirão de Guaratinguetá, doadas por escritura pública nas notas por Joam Francisco de Crasto (sic), e sua molher Thereza Maria. Aos dous de Fevereiro de 1753 annos.[96]

Através deste trecho, percebemos que em 1727, o bispo dom Antonio de Guadalupe passara provisão, autorizando os pretos da vila a construírem a sua capela. Já em 1744, outro bispo chegaria a Guaratinguetá para inspecionar e benzer esta e outras igrejas e capelas existentes. Dessa forma é possível inferir que a Irmandade dos Pretos do Rosário, encontrava-se constituída pelo menos desde

---

95 MOURA, Carlos Eugênio Marcondes de. *O visconde de Guaratinguetá: um fazendeiro de café no Vale do Paraíba*. São Paulo: Studio Nobel, 2002, p. 60-61.

96 Apesp – Arquivo Público do Estado de São Paulo, depositados no Fundo Francisco de Paula Santos – Ref.: APTXTPS 096 A APTXTPS 104, Caixa AP 101. Nos arquivos do Museu Frei Galvão (MFG), encontramos uma cópia do Livro Tombo e inventário da matriz, transcritos no *Primeiro Livro Tombo e Inventário da Matriz de Santo Antônio de Guaratinguetá, começado a 2 agosto de 1757*. Pasta IMSA – Doc 01. Transcrição realizada por Francisco de Paula Santos em 1942. Grifos meus.

aquele ano de 1727 e até mesmo antes dessa data, reunindo-se provavelmente em altar lateral da Igreja Matriz, antes da autorização para ereção de sua capela. A lamentável demolição da antiquíssima capela no ano de 1935, certamente contribuiu para a perda de seu acervo documental, o que comprometeu qualquer possibilidade de investigação acerca de sua história. A sua arquitetura lembra em muito a do Rosário de Taubaté, com as duas torres altas e grandes janelas frontais.

A Irmandade de São Benedito dos Irmãos Pretos Cativos de Guaratinguetá foi fundada no ano de 1757, ocupando inicialmente um pequeno altar lateral no interior da capela de São Gonçalo. Uma face marcante do catolicismo popular no Brasil encontra-se ilustrada no surgimento dessa capela. Construída, segundo as crônicas históricas locais, às margens do Caminho da Piedade, no ano de 1726, "pouco maes ou menos, pella devoção do homens de Caminho, cavaleiros, tropeiros e viandantes",[97] abrigava uma imagem do santo e localizava-se próxima a um pequeno riacho, na passagem para as Minas Gerais. Provavelmente fora erguida pela devoção dos muitos tropeiros que circulavam pela região, os tais "viandantes", que ali paravam, para orar e pedir a proteção do santo para a longa travessia que enfrentariam.

Alguns pesquisadores associam esse orago ao santo pardo Gonçalo Garcia, no entanto, conforme apontou Thereza Maia, a devoção dirigia-se a São Gonçalo do Amarante, e não há indícios de haver sido fundada em Guaratinguetá qualquer irmandade ligada a este santo. O fato é que a pequena capela, construída por volta de 1726, foi paulatinamente ocupada pelos "pretos cativos" de São Benedito. A constante atuação desses irmãos fez com que no ano de 1891, o bispo de São Paulo concedesse à irmandade autorização para erigir no mesmo local uma nova capela, sob a invocação do santo negro, associando-a definitivamente a São Benedito.[98]

---

97 *Ibidem*.

98 Embora alguns escritores locais associem a capela a uma devoção de pardos, o mais correto é que fosse dedicada a São Gonçalo do Amarante, frade dominicano e eremita beatificado por volta de 1561, posto que São Gonçalo Garcia, o chamado "santo pardo", seria entronizado no Brasil somente no ano de 1745, em Pernambuco, conforme aponta Thereza Maia. Ver: MAIA, Thereza Regina de Camargo. *A volta de São Gonçalo*. Coleção Monografias. Guaratinguetá: Museu Frei Galvão – Arquivo Memória de Guaratinguetá, 1990, nº 95.

Capela de São Benedito de Guaratinguetá final do século XIX – imagem cedida pelo professor Benedito Dubsky Coupé.

Destaque-se em Guaratinguetá, a existência de duas irmandades de homens pretos no decorrer do século XVIII, em uma vila ainda de pequenas proporções, na qual segundo Lucila Herrmann, os homens negros eram pouco numerosos. Ainda assim, a autora observa que: "a ereção da igreja de Nossa Senhora do Rosário dos Pretos indica um fato que os Levantamentos da População, até 1775, não mencionam: o desenvolvimento da população negra em Guaratinguetá no começo do século 18".[99] A opção dos devotos de São Benedito em erigir altar na capela de São Gonçalo, em detrimento de erguê-lo na já existente capela do Rosário, pode revelar atritos e diferenças latentes entre esses confrades. No contexto de possíveis altercações, encontramos referências de que em Guaratinguetá, no decorrer do século XIX, existiu uma irmandade de pardos também em devoção a Nossa Senhora do Rosário. Trata-se do registro da aprovação de seus estatutos, ocorrida no ano de 1869:

> Carta de Compromisso da *Irmandade de Nossa Senhora do Rosario dos Homens Pardos da Cidade de Guaratinguetá*.

---

99 HERRMANN, Lucila. *Op. cit.*, p. 19.

> O Juiz de Direito Antonio Candido da Rocha, Presidente da Província de São Paulo.
>
> Faço saber aos que esta Carta virem que sendo-me presente Compromisso da Irmandade de Nossa Senhora do Rosario dos Homens Pardos da Cidade de Guaratinguetá, e bem assim a approvação dada pelo Ordinário na parte espiritual, e *verificado pelo exame a que mandei proceder que nem uma de suas disposições se oppunha ás leis em vigor, nem offerecia algum outro inconveniente, resolvi, usando da attribuição que me confere a Lei Provincial de nº 5 de 16 de Fevereiro de 1840, confirmar, como por esta confirmo o referido Compromisso. Mando portanto, que o mesmo seja observado pelos mesários e mais Irmãos da mesma Irmandade,* que os Ministros e Justiças a quem pertencer a facão cumprir como n'elle se contem. Dada no Palácio do Governo de S. Paulo, aos desenove dias do mês de novembro de 1869.[100]

Embora não se tenha conseguido apurar mais dados sobre a confraria, é lídimo inferir-se que a sua existência reflete uma divisão social reinante. O próprio fato de a Irmandade de São Benedito ter-se alocado na capela de São Gonçalo, denota que esses "pretos cativos" não quiseram dividir o mesmo espaço com os "pretos" do Rosário. Neste caso, as aspas servem para ressaltar que uma irmandade era nomeadamente de escravos, não obstante aceitasse libertos e pardos como veremos em seguida. Significaria que ao Rosário acorreriam apenas os pretos libertos? Ou mais ainda: teria a Irmandade dos Pretos do Rosário, fundada nas primeiras décadas do século XVIII, se transformado paulatinamente em uma irmandade de pardos no decorrer dos oitocentos? Infelizmente, a ausência de fontes nos impede de responder estas e outras inquietantes questões.

Em relação à Irmandade de São Benedito, seus estatutos nos permitem conhecer um pouco mais sobre essa confraria e constatar a importância da figura do rei em sua hierarquia de comando:

> Compromisso da Irmandade de S. Benedito da Freg.ª de S. Ant.º de Guaratinguetá.

---

100 Apesp – E000618 – Compromissos de diversas irmandades da Província – p. 83. Grifos meus.

Cap. 1º

Serão admitidos nesta Santa Irmandade todos os Pretos assim homens, como molheres, pardos, assim forros, como cativos. q. a Meza admitir conforme seu bom procedimento. Não se admitindo quem for escandalozo no viver, e viciozo: e se algum depois de admitido viver com escandalo será pella Meza admoestado, e penitenciado primeira, segunda, e terceira vês, e não se emendando, será expulso da Irmandade. *E querendo algua pessoa branca entrar nesta irmandade, com parecer da meza será admitida, mas não poderá ter voto, nem cargo algu, senão o q. abaixo se declara.*

Cap. 2º

Tera esta Irmandade hum Rey, huã Rainha, hum Juiz e huã Juiza de vara, outro juiz, outra juiza de Ramalhete, hum Procurador, hum Thezoureiro, hum Escrivam, hum andador, e seis Irmãos de Meza, *e os Officiaes q. o Rey nomear: q. todos cuidarão no augmento da Irmandade.*

Cap. 3º

No Domº antecedente a festa, ou noutro dia q. a mesa conveniente for se fará eleição dos Irmãos q. hão de servir na forma seguinte. Juntos em meza o Rey, Escrivam, Juizes, Procurador, Thezoureiro, com R. Vigário, proporão três irmãos para cada cargo, e depois darão os maes irmãos seus votos per si, tendo o Rey dous votos, e havendo empate tera maes o Rey o seo decisivo, e os q. tiverem maes votos serão obrigados a asseitar, e estes Officiaes nomearão aos Irmãos de Meza, e Andador, e esta eleição será publicada no dia da festa: e querendo algu Irmão por sua devoção ou promesa ser Rey ou Juiz ou outro cargo, com parecer da Meza podera ser admitido, e em tal cazo não se fara mais nominata para esse cargo senão para os outros.[101]

A partir deste fragmento é possível observar que a irmandade permitia a entrada de pretos e pardos, tanto forros quanto escravos. O compromisso distingue os pretos apenas por gênero, não fazendo menção se eram crioulos ou africanos. Como admitisse libertos, é possível inferir-se que ao nomear-se como Irmandade

---

101 Apesp – Fundo Francisco de Paula Santos – Ref.: APTXTPS 096 A APTXTPS 104 – Caixa AP 101. Grifos meus.

de São Benedito "dos Pretos Cativos", quisesse evidenciar ser uma associação criada essencialmente por estes. Muito importante, inclusive porque esses estatutos foram aprovados, é o fato de que a entrada de brancos era mantida sob um rígido controle. Seriam admitidos com a condição de não poderem votar e de exercerem apenas alguns cargos.

Verificamos que, na ocasião das eleições, deveriam estar "juntos em meza": o rei, o escrivão, os juízes, o procurador, o tesoureiro, além do reverendo vigário. Estes deveriam propor três nomes para cada cargo e proceder à sua eleição por maioria de votos; em caso de empate o "voto de minerva" caberia estritamente ao rei. Além do mais, estariam presentes "os Officiaes q. o Rey nomear". Muito embora possamos identificar, na presença obrigatória do vigário durante as reuniões, formas exógenas de controle dos irmãos pretos, não devemos deixar de considerar as tentativas intestinas de se manter o controle sobre as ações da irmandade, bem como de garantir aos pretos a ocupação dos cargos. É notável a extrema centralização de poder em mãos do rei, sublinhando o fato de que não se tratava em absoluto de um cargo meramente alegórico ou figurativo. Tal assertiva se confirma nos capítulos seguintes do mesmo documento:

> Cap. 11º
> *Ao Rey como principal Cabeça* compete a mayor zello e cuidado advertindo e emendando as faltas dos maes Irmãos, e penitenciandos, quando forem omissos, ou por si so ou com a Meza, *dando bom exemplo, confessandose a Meudo, e fazendo q. os mes Irmãos se confesse, e assitão ao Terço de Nossa Snrª e a doutrina com devoção.*

> Cap. 12º
> Os Juizes terão o mesmo cuidado e zello para o Serviço de Deus, augmento, conservação, e asseyo da Irmandade, *e junto com o Rey poderão corregir aos Irmãos q. faltarem as suas Obrigações e forem viciozos e escandolozos.*[102]

Como "principal cabeça" da irmandade, o rei deveria zelar por todos os irmãos, levar uma vida regrada sem "vícios ou escândalos", regra geral, como se aponta logo no primeiro capítulo dos estatutos, mas que, no seu caso, serviria para

---

102 Grifos meus.

dar o "bom exemplo". Deveria ainda manter-se "em dia" com as suas obrigações religiosas, confessando-se, assistindo ao terço, e garantir que seus comandados também o fizessem. Os faltosos poderiam ser punidos pelos juízes, mas sempre "junto com o Rey". De outra parte, configura-se uma exceção à presença de brancos com direito a voto:

> Cap. 13º
> *O irmão Thezoureiro sera hum homem branco de boa conciencia*, o qual terá a seo Cargo o dinheiro e maes que pertencer a Irmandade, dispendendo o q. for necessario, como Zelador desta Santa Irmandade *na qual tera voto*, e a Meza nada determinara sem consentimento seo para q. como Zelador cuide no Augmento e bem da Irmandade e não será obrigado a pagar os Annuaes emquanto servir. Assim como o Escrivam, q. tam bem será branco assistira as eleições e fará os termos e assentos e tudo o maes q. lhe competir com zello desta Irmandade.[103]

Como era praxe à época, os cargos de tesoureiro e de escrivão seriam ocupados por homens brancos "de boa consciência", tanto mais quando era difícil encontrar-se entre os irmãos pretos aquele que estivesse alfabetizado. Neste caso, a mesa deveria consultar o tesoureiro antes de realizar qualquer atividade e, diferentemente do escrivão, ele teria direito a voto, isento do pagamento de anuais enquanto servisse como tal. É necessário mencionar que, de conformidade com todas as irmandades pesquisadas, as celebrações se realizavam as expensas dos irmãos, podendo se candidatar a juízes da festa pessoas de fora, desde que contribuíssem financeiramente para as celebrações de orago. Os valores das joias pagas pelos irmãos se assemelham aos vigentes no Rosário de Taubaté: 4$000 réis para o rei e rainha, cerca de 3$200 para os juízes e $160 réis para entrada e anuais dos irmãos. Dessa forma podemos considerar que também os pretos cativos de Guaratinguetá possuíam, a princípio, uma irmandade de poucos recursos.

O compromisso determinava ainda que se elegessem irmãos para tirar esmolas, essenciais para a sua sobrevivência; e estabelecia ao andador a incumbência de avisar sobre as reuniões e também acompanhar os irmãos falecidos. Obviamente

---

103 Grifos meus.

a questão dos sepultamentos aparece, e por meio desse compromisso os pretos de São Benedito solicitaram autorização para enterrar os seus falecidos no interior da capela de São Gonçalo. Durante o processo de aprovação dos estatutos, que se deu em 9 de Maio de 1758, o bispo fez as seguintes ressalvas:

> Aos que esta nossa Provisão virem Saúde e benção. Fazemos saber que attendendo ao que por sua *petição nos enviarão a dizer os Irmãos pretos cativos da Irmandade de São Benedito da Freguezia de Guaratingueta* que elles pela Provisão junta de ereção tinhão erigido a dita Irmandade, e colocado a imagem do mesmo santo na Capella de São Gonçalo da mesma freguezia e que tinhão formado o Seo Compromisso que era o que junto offerecião: e que para Sua validade nos pedião lho aprovássemos, e confirmássemos: a qual petição Sendo-nos aprezentada por nosso despacho mandamos dar vista ao Rdo. Procurador da Mitra, que vejo com sua resposta; e sendo-nos com ella aprezentada pelo nosso despacho mandamo passar a prezente, pela qual *aprovamos e confirmamos os dezaseis capítulos que contem o dito compromisso com as clausullas seguintes: emquanto ao nono capitulo que para tirarem esmollas com caixinha impetrarão primeiro licensa nossa in scriptis, e a mesma para serem reeleitos os Officiaes da Meza se declarão no Capitulo tres como tão bem pelo que respeita ao Capitulo dezaseis, não poderão ter seupulturas sem nos fazerem nova suplica neste mesmo compromisso, para lhe diffirirmos como for justo; e querendo para o futuro acrecentar ou diminuir alguma couza, recorrerão a Nos, que determinaremos o que for de Justiça.*
> *Dada nesta cidade de São Paulo sob nosso Sinal, e sello aos 9 de Mayo de 1758.* (grifos meus).

A confirmação do compromisso demonstra que se estabeleceram algumas restrições. No tocante à coleta de esmolas, deveriam solicitar licença para fazê-lo (lembremos que os irmãos do Rosário e São Benedito do Bananal estavam autorizados pelo poder eclesiástico, a recolher esmolas livremente todos os domingos). As reeleições dos oficiais deveriam ser comunicadas e devidamente autorizadas (mas não esqueçamos que estes eram pessoas escolhidos pelo Rei da irmandade). Apesar desses pequenos adendos, o compromisso foi aprovado praticamente na íntegra, o cemitério, por exemplo, a princípio negado, seria erguido anos mais tarde ao redor da própria Igreja. Deve-se considerar que a diminuta possibilidade de "vigilância" das autoridades competentes, face à enorme quantidade de irmandades, ordens terceiras, entre outras, que surgiram Brasil afora, fruto de uma presença religiosa quase sempre rarefeita, possibilitou sobremaneira o surgimento e a consolidação das associações leigas, bem como a sua autonomia ante as tentativas de controle. Neste caso, é certo que os "pretos cativos" de São Benedito encontraram formas de burlar as autoridades eclesiásticas, o que explica, a meu ver, a sua longevidade.

Sabemos que pelo fato de dependerem da aprovação dos órgãos eclesiásticos, os compromissos no mais das vezes reproduziam o discurso vigente. Não parece ser o caso do compromisso ora analisado. Distante do olhar atento da burocracia eclesiástica, aparentemente os pretos de São Benedito puderam exercitar livremente o seu arbítrio, tanto é que construíram a sua norma, cercando-se de um cuidado extremo para que se não lhe escapasse o controle das ações administrativas. Infelizmente, não encontrei livros de registro de entradas de irmãos, nem mesmo de atas desta irmandade, para que fosse possível observar a sua evolução histórica. Porém, alguns documentos comprovam a sua existência no decorrer dos séculos XVIII e XIX; trata-se do aditamento de seu compromisso, registrado em 1875, já sob a égide da Lei do Ventre Livre, que revela uma irmandade ativa, atuando na compra da alforria dos irmãos cativos. Episódio que retomarei em momento oportuno. Antes disso voltemos às irmandades do Bananal, local em que aparentemente a realeza não poderia encontrar nem coroa, nem majestade.

DE VOLTA AO ROSÁRIO E SÃO BENEDITO EM BANANAL: CONHECENDO ALGUNS IRMÃOS

Embora não possuíssem uma realeza constituída como os pretos cativos de Guaratinguetá, os irmãos do Rosário e São Benedito do Bananal guardavam algumas funções que se assemelhavam às do Rei em matéria de prestígio, assim como ambas possuíam um cargo vitalício: o de zelador. Sendo a estes delegadas diversas funções que os permitiam acompanhar, em proximidade, o desenvolvimento da irmandade. A esse respeito, o compromisso da Irmandade do Rosário preconivaza:

TÍTULO SEGUNDO

CAPITULO 5º

Art. 30. *Haverá hum Zelador vitalício* cujas obrigaçõens sãos as que vão consignadas nos artigos seguintes: *Este emprego será exercido pelo actual Zelador em quanto viver aqui, digo ou aqui residir.*

Art. 31. Ao Zelador compete ajudar ao *Thezoureiro e Procurador* em tudo quanto for concernente as suas obrigaçoens e compativel com seo emprego, conforme os artigos 20 e 27.

Art. 31. *Cuidará na limpeza e aceio da Igreja, suas imagens e altar, ornamentos, roupas e opas. Nas ocasioens de festa, procisoens e enterros, e fazer repartição e entrega aos Irmãos das opas e tochas.*

Art. 33. A seo cuidado ficará a guarda da cera, tochas e passar aos Irmãos de Meza a quem compete tirar esmollas, para o fazerem dando lhes opas e bolças.

TÍTULO QUARTO

CAPITULO ÚNICO

Art. 46. *A Irmandade quando fizer suas eleiçoens annuais elegerá tão bem hum Zelador annualmente que terá por obrigação substituir o Zelador vitalício em suas faltas ou quando necessário, e mesmo coadjurara este quando seja necesario.*[104]

A irmandade de São Benedito, por sua vez, teceu maiores considerações a respeito do seu zelador:

TÍTULO SEGUNDO

CAPÍTULO 2º

---

104 ACDT. Livro de Estatutos de Irmandades, Licenças, Dispensas e Correspondências em geral – século XIX – Compromisso da Irmandade de Nossa Senhora do Rosário do Bananal – 1851 – Doc. 38. Grifos meus.

Art° 17
Além desses Empregados, haverá um Zelador vitalício que será o actual e outro eleito annualmente para auxiliar e substituir ao primeiro e um Andador nomeado pela Meza.

CAPÍTULO 7°
Do Zelador

Art. 25°
O Zelador actual é vitalício e terá auxiliar e substituto em seos impedimentos, o Zelador que se eleger annualmente. A elles compete:
1° Auxiliar ao Thezoureiro e ao Procurador na arrecadação dos objectos e alfaias pertencentes a Irmandade, tel-as sob sua guarda e cuidado quando lhes forem entregues para servirem em alguma sollenidade.
2° Cuidar na limpeza e aceio da Imagem, altar, ornamentos, roupas e opas da Irmandade, e ter em sua guarda toda cera e tochas.
3° Avisar ao Irmão de Meza a que por escala competir tirar, esmolas, entregando lhe a opas e bolça.
4° Fazer participação a Meza. Para que ella providencie a respeito dos Irmãos que acharem em qualquer dos casos previstos no artigo onze [doente, falecido ou encarcerado].
5° Tomar asento, desenpatando votos com os Irmãos de Meza.

Art. 40°
Além da vitalicidade do cargo de Zelador, na pessoa de José Dias da Rocha, em attenção ao ser elle o principal instituidor e fundador desta Irmandade, e aos serviços que tem prestado, terá também por seo fallecimento o mesmo acompanhamento e suffragio determinado para os que tiveram servido de Juiz Mordomos.[105]

Podemos observar que algumas atribuições dos zeladores são semelhantes, sobretudo no que concerne ao auxílio aos tesoureiros e procuradores no desempenho de suas funções, bem como nos cuidados com as alfaias e objetos das irmandades. Além desse acompanhamento, teriam sob a sua guarda a organização dos irmãos que esmolariam aos domingos. No caso da Irmandade de São Benedito, o zelador deveria "tomar asento, desenpatando votos com os Irmãos de Meza". Ou

---

105 ACDT. Livro de Estatutos de Irmandades, Licenças, Dispensas e Correspondências em geral – século XIX – Compromisso da Irmandade de São Beneditodo Bananal – 1851 – Doc. 40. Grifos meus.

seja, caberia a ele, o papel chave de sedimentar as decisões da confraria. Note-se que este cargo era exercido pelo seu "principal instituidor e fundador", José Dias da Rocha, ao qual estaria reservada por ocasião de seu falecimento, a mesma distinção dispensada aos Juízes-mordomos, qual seja a de ser acompanhado e reverenciado por todos os irmãos com opas e tochas.

Ao retomarmos o documento sobre a questão da precedência em 1857, é possível encontrar-se José Dias da Rocha nomeado como zelador da Irmandade do Rosário, sua assinatura aparece também ao final dos dois compromissos ora analisados, indício de que Rocha seria o zelador vitalício de ambas as confrarias. Há poucas informações sobre esse irmão, é certo que residisse na vila, pois que para "zelar" e executar as tarefas de cuidar da capela do Rosário e de seus altares; organizar os irmãos que esmolariam por São Benedito, pelas ruas da vila todos os domingos, desdobrando-se entre uma e outra função, deveria morar nas proximidades da capela. Comumente, José Dias da Rocha servia como testemunha em casamentos, notadamente de escravos.

Como no ano de 1846 em cerimônia realizada na Igreja Matriz, quando casaram-se Antonio de nação congo e Laura de nação Cabinda; e ainda Manoel de nação Moçambique com Luzia de nação, todos escravos de Maria Rosa de Candeas. Dois anos depois, em 09 de janeiro de 1848, seria testemunha do consórcio entre Rodrigo e Amélia, ambos de nação, escravos de Rodrigo Ribeiro de Manola. Dez anos mais tarde lá estaria ele novamente na Igreja Matriz, juntamente com outro irmão do Rosário, João Joaquim Felício, como testemunhas do africano Matheos e da crioula Lucrecia, escravos de Rita Moreira da Silva.[106] Joaquim Felício inclusive exerceria na década de 80, os cargos de tesoureiro e presidente da irmandade do Rosário, assim como sucederia a José Dias no cargo de zelador, que deixara de ser vitalício, conforme informações encontradas no livro de atas da irmandade do Rosário no período de 1882 a 1883.[107]

---

106 Dados gentilmente cedidos por Juliana de Paiva Magalhães, fruto de suas pesquisas para a dissertação: *Moçambique e Vale do Paraíba na dinâmica do comércio de escravos: diásporas e identidades étnicas,* século XIX. São Paulo: FFLCH-USP, 2010.

107 AMDL – Livro de atas da Irmandade de Nossa Senhora do Rosário do Bananal – 1882/1883. O cargo de presidente não estava previsto no compromisso da Irmandade de 1851, possivelmente tenha sido acrescentado em decorrência de alguma reforma. Mantinha-se, no entanto, na década de 80, a figura do juiz. O cargo de zelador deixara de ser vitalício, possivelmente após a morte de José Dias da Rocha.

É evidente a relação desta irmandade com o universo escravista. Tanto mais quando sabemos que seria formada em sua maioria por escravos, e que além da preocupação com auxílio aos irmãos necessitados (doentes, encarcerados ou em situação de miséria e abandono), com o sepultamento e o acompanhamento dos falecidos, um dos objetivos das duas confrarias nesta época era o de angariar fundos para proceder à libertação de irmãos cativos. Vejamos como ambas pontuavam essa importante questão em seus compromissos:

TÍTULO QUARTO

CAPÍTULO ÚNICO

Art. 58. Logo que a Irmandade tenha fundos sufficientes *todos Irmãos que cahirem em indigência, moléstia ou prisão tem direitos aos socorros della de mensalidade, remédios e diligencias para soltura, sendo isto da especial obrigação do zelador, que apresentará a Meza para rezolver a respeito e ordenar esses socorros e providencias.*

Art. 59. Haverá hum livro especial na Thezouraria para nelle se lançar os donativos feitos a Irmandade e legados deixados em testamento e do valor destes legados e donativos *se extrahirá a quarta parte que formará um fundo de reserva e cuja applicação especial será o resgate de algum Irmão captivo que pelos serviços prestados a Irmandade e sua idade avançada e rigorzidade(sic) do captiveiro a Meza julgar digno dessa graça.*
(Rosário).

TÍTULO PRIMEIRO

CAPITULO SEGUNDO

Art. 11º
Os irmãos que cahirem em indigência, moléstia ou forem encarcei-rados *serão soccorridos pela Irmandade logo que ela tenha fundos, com huma mensalidade, remédios e deligencias para o seo livramento, sob deliberação da Meza.*

TITULO TERCEIRO

CAPITULO ÚNICO

Art. 37º

Dos donativos e legados deixados a Irmandade *se extrahirá a terça parte para formação de um fundo de reserva que será aplicado ao resgate d'algum Irmão Captivo, que pelos bons serviços prestados, se tornar digno desse favor.*

(São Benedito).[108]

Observe-se que a obrigação com o auxílio aos irmãos está expressa em ambos os compromissos. Diferentemente da Irmandade de São Benedito, o Rosário estabelecia condições mais amplas para a libertação dos irmãos, além dos que haviam prestado "bons serviços", aqueles que fossem mais idosos ou sofressem maiores rigores no cativeiro, poderiam ser contemplados com a alforria. Dessa forma, ao menos para a Irmandade do Rosário, mais uma atribuição ficaria ao encargo de José Dias da Rocha, a "especial obrigação" de coletar informações sobre a situação dos irmãos e levá-las à Mesa, que decidiria sobre as providências a serem tomadas. Nesse sentido gostaria de destacar a importância do papel exercido por esse personagem, bem como a sua evidente circulação entre senhores e escravos, olhar atento para identificar possíveis maus tratos que levariam à ação da Irmandade em benefício de algum irmão cativo.

A respeito da determinação da Irmandade do Rosário em despender recursos para a alforria de irmãos cativos, teremos notícias alguns anos depois. Por ora, retomemos o contato com outros irmãos que estiveram presentes no momento de fundação dessas irmandades e que também circulavam pela vila. Tal como Ephifanio Ulrico de Azevedo que assina o compromisso da Irmandade do Rosário. Era tenente e consta que morasse na vila. Como conseguiu sua patente não sabemos, pouca coisa pudemos apurar a seu respeito, exceto que pertencia também à Boa Morte[109] e devia dinheiro a diversos negociantes da região por compra de mantimentos e gêneros de primeira necessidade. Em uma dessas dívidas, contraída com Domingos de Mattos Barreiro, informa-se que para saldá-la, havia penhorado sua única escrava, de nome Eva.[110]

---

108 Grifos meus.

109 AMDL – Livro de Atas da Irmandade da Boa Morte – 1849-1863.

110 MHPMN – Libelo – Cartório do 1ºOfício – Caixa 155 – Número de Ordem 3305 e 3306 – 1873; Assignação de dez dias – Cartório do 2º Ofício – Caixa 003 – Número de Ordem 0054 – 1873 e Assignação de dez dias – Caixa 006 – Número de Ordem 145, 1877.

Outro irmão do Rosário, Elias Libório Cardoso, cuja assinatura também aparece no compromisso de 1851, nasceu em Minas Gerais e morava na vila, à Rua da Boa Vista. Era separado de sua esposa, que ficara em terras mineiras, vivia sozinho e não possuía filhos. Comprara sua moradia com dinheiro que tomara emprestado a uma certa senhora dona Maria Jacinta do Rozario, residente na corte. Ao falecer, em 1884, devia dinheiro a Victorino Pedro de Alcântara Peixoto.[111] Essas informações foram fornecidas por João dos Santos Simas, vizinho de Libório, instado a prestar informações sobre ele por ocasião de sua morte, na tentativa de se computarem os bens para o pagamento das diversas dívidas que deixara.[112] Simas era também um irmão do Rosário, seu nome consta em livro de atas da confraria no ano de 1882.[113] Encontramos o falecido Libório em diversos outros documentos, mencionado como "porteiro" do Juízo Municipal, encarregado de dar toques de aviso para o início dos trabalhos; ou ainda, como oficial de justiça, incumbido de entregar intimações e documentos oficiais, circulando pela vila e também pelas cercanias rurais.

Como membro da Irmandade de São Benedito, encontramos José Felipe de Andrade, escrivão do Juízo Municipal de Bananal e morador da vila, à Rua dos Lavapés, número seis. Era natural da cidade de Areias e casado com dona Mamede Maria de Andrade, nascida em Piraí, província do Rio de Janeiro. Casaram-se na freguesia de Queluz, no ano de 1848, e logo depois se estabeleceram na vila do Bananal. Seus dois filhos já eram falecidos quando elaboraram um testamento conjunto, em 1873, deixando como herdeiro de seus bens um afilhado, além de libertarem "os escravos que actualmente possuimos ou viermos a possuir".[114] Esse testamento foi elaborado pelo advogado Francisco de Paula Ferreira, um irmão de São Benedito e também da Boa Morte que, na ocasião da contenda em 1857, era o provedor desta última e foi quem levou ao Juízo Municipal, a representação exigindo a precedência nas solenidades. Um personagem que veremos mais adiante,

---

111 Importante destacar que por ocasião da contenda entre Rosário e Boa Morte em 1857, Victorino de Alcântara exercia o cargo de procurador em ambas as confrarias. No entanto, diante do Juízo Municipal, aparece como representante legal desta última, deixando os irmãos do Rosário à revelia.

112 MHPMN – Arrecadação de Bens – cartório do 1º Ofício – Caixa 191 – Número de Ordem 3859 e 3863, 1884.

113 AMDL – Livro de atas da Irmandade de Nossa Senhora do Rosário do Bananal – 1882-1883, p. 3.

114 MHPMN – Inventário de José Felipe d' Andrade – Cartório do 1º Ofício – Caixa 170 – Número de Ordem 3512, 1878.

atuando como procurador em algumas ações, entre elas o levantamento de bens de inventário de um irmão do Rosário e algumas representações de cativos em processos de ação de liberdade e arbitramento de pecúlio.

Temos mais notícias de José Felipe, quando em 1873 contratou um menino crioulo para prestar-lhe serviços sob o regime de soldada. Faleceu antes da esposa, em 1878, e não deixou escravos a serem libertados. No rol de seus bens aparecem somente as quatro casinhas que possuía na vila e mais uma chácara; cujo valor somado atingia cerca de 2:500$000 (dois contos e quinhentos mil réis), imóveis que certamente complementavam em aluguéis a sua modesta renda de escrivão. Durante a prestação de contas testamentárias, a viúva alegara que as dívidas deixadas pelo marido foram tantas que a venda dos bens não fora suficiente para o pagamento de todos os credores.[115] Pouco depois de seu falecimento, o crioulo liberto Prudêncio José Madeira "actualmente rezidente na corte", por haver atingido a sua maioridade, encaminhou pedido à Coletoria do Bananal, para resgatar o valor de 4$000 réis depositado em seu nome por José Felipe à época em que fora seu funcionário.[116]

O fato de pertencer a uma irmandade que tinha como pressuposto angariar fundos para a alforria de irmãos cativos, talvez influenciasse na decisão de Felipe em manter ao seu serviço, um crioulo sob um regime de trabalho remunerado. Segundo o documento, no período em foi contratado, Prudêncio, filho da escrava Joana, de propriedade de José Antonio Madeira, já era liberto. Por certo, nessa condição, teria se encaminhado à vila para "ganhar a vida" longe do cativeiro onde ainda vivia a sua mãe, trabalhando para José Felipe quem sabe para futuramente lhe comprar a liberdade. Não é difícil pensarmos nessa hipótese quando encontramos no Bananal, um caso de tentativa de compra da liberdade de uma mãe por seu filho já liberto, como é o caso da ação de partilha de pecúlio movida por Sebastião Alves Guedes Pereira no ano de 1887:

> Morador na Comarca de Valença, Província do Rio de Janeiro neste Termo representado por seu bastante procurador, abaixo assignado, que tendo o Padre João Alves Guedes Pereira, feito um pecúlio de

---

115   MHPMN – Contas de testamentária – Cartório do 1ºOfício – Caixa 177 – Número de Ordem 3611, 1879.

116   MHPMN – Soldada José Felipe d' Andrade e o crioulo Prudêncio – Cartório do 2ºOfício – Caixa 003 – Número de Ordem 0048, 1873.

CAMINHO DA PIEDADE, CAMINHOS DE DEVOÇÃO

200$000 em benefício de Roberto, pae do Supplicante, peculio que foi recolhido a Collectoria desta Cidade e acontecendo ter fallecido o pae do Supplicante deixando viuva e filhos, vem o Supplicante requerer q VS. que se digne proceder de conformidade com os artigos 59 e 60 do Regto. De 13 de Novembro de 1872. O Supplicante informa a VS. que sua mãe Ephigenia, com direito á metade d'aquelle pecúlio e actualmente escrava do Major Henrique José da Silva, tendo consigo uma filha ingênua de nome Hyppolita e um outro filho de nome Fabrício, escravo do menor Odorico filho da Viscondessa de Ariró. O Supplicante com direito a uma quarta parte do pecúlio, desiste do seu direito a favor da liberdade de sua mãe e requer a VS. que seja tomada por termo a desistência e que VS. se digne proseguir nos precisos termos da liquidação do pecúlio que com os juros vencidos serão partilhados de modo a ser sua mãe contemplada com a meiação e quota parte do Supplicante que constituira peculio da mesma. Nestes termos pede deferimento. Bananal 4 de Maio de 1887.[117]

Neste trecho do processo podemos observar que Sebastião, abria mão de sua parte em um pecúlio deixado pelo padre João Alves Guedes Pereira, em favor da compra da liberdade de sua mãe Ephigenia, escrava do Major Henrique José da Silva. Ocorre que Sebastião não anexou ao pedido a devida comprovação de que era seu filho. Como o parentesco foi colocado em dúvida pelo Juízo Municipal, recorreu-se ao testemunho de sua mãe, a qual tinha também direito à parte do mesmo pecúlio, para que esta falasse sobre os seus filhos. A respeito daquele que tentava libertá-la declarou, sob juramento, que havia nascido no dia 03 de agosto de 1864 e alforriado cerca de vinte dias depois. Ephigenia revelou também que Sebastião residia em Valença, em companhia do padre João Alves Guedes Pereira, o padrinho que o havia libertado por ocasião do batismo.

Contudo a questão arrastou-se durante algum tempo, e a libertação de Ephigenia deu-se mesmo por meio da lei de 13 de maio de 1888. Poucos meses depois, ela e seus filhos receberam o dinheiro deixado pelo padre. A partir desse caso podemos detectar mais uma vez as relações de compadrio entre senhores e escravos, certamente consolidadas pela mútua participação em irmandades, espaço de interação que ajudava a reforçar o elo que os unia. Mais adiante veremos outro caso, semelhante ao de

---

117 MHPMN – Partilha de pecúlio– Cartório do 1º Ofício – Caixa 200 – Número de Ordem 4017, 1887.

Sebastião e seu padrinho, no qual dois irmãos do Rosário, escravos também de um padre, seriam beneficiados por essa extrema proximidade.

Enquanto isso, o testamento de um irmão da Boa Morte, nos ajuda a constatar a extensão das relações entre os membros das confrarias em Bananal. O português Thomaz da Silva Lisboa faleceu em 1854, nascido em Lisboa, homem solteiro e sem filhos "legítimos com direicto a herança e nem tão pouco naturaes", morava na vila à Rua do Rosário. Na primeira parte do testamento pode-se ver o nome de um velho conhecido nosso: o tesoureiro da Irmandade do Rosário e doador do terreno em que a capela foi construída, o sr. Manuel Venâncio Campos da Paz; além de um irmão que assina o compromisso de 1851, Joaquim José Domingues, nomeados respectivamente como segundo e terceiro testamenteiros. Ambos mantinham relações de proximidade com Lisboa, que, aliás, fora um membro bastante atuante da Irmandade da Boa Morte, na qual exerceu o cargo de provedor entre os anos de 1850 e 1851. Pouco antes de sua morte, responsabilizara-se em recolher esmolas para a construção de igreja própria, pois naquela época o altar da santa encontrava-se na Igreja Matriz.[118] Ao amigo José Domingues, o falecido deixava como herança uma vaca que havia emprestado a sua esposa, dona Maria. Com relação aos demais legados, vejamos o que registrou em seu testamento:

> Declaro que minha cazeira Roza mulata, que foi minha escrava, se acha por mim libertada desde dous de Junho de 1853, digo 1843, e que a mesma possue dous escravos de nomes Martinho Mosambique, e Thereza crioula, os quaes lhes dei em remuneração dos serviços que me tem prestado depois de liberta athe 10 de Agosto de 1847 dacta desta doação; e mais dous de nomes Roza de Nação e Beatriz crioula, que lhe dei em 30 de Novembro do corrente anno, em remuneração de serviços prestados daquella dacta (10 de Agosto de 1847) athé oje, e assim mais um criôlinho de nome Miguel de 02 annos e meio de idade filho de minha Escrava Ignacia = Deixo por minha morte a dita Roza minha cazeira a caza de sobrado que possuo na rua do Rozario onde actualmente rezido (...) e a mesma ficarão pertencendo todos os trastes e moveis que em dita caza se achar por meu fallecimento. Hé

---

118   AMDL – Livro de atas da Irmandade de Nossa Senhora da Boa Morte do Bananal – 1849-1865, p. 5 verso.

> condição desta doação ter a mesma em sua companhia, e tractar a minha escrava Antonia que intão será liberta.[119]

A mulata liberta Rosa, foi uma das principais legatárias do testamento de Lisboa. Sabemos que havia sido sua escrava e que fora liberta no ano de 1843, além de continuar a lhe prestar serviços como caseira. Era também uma proprietária de escravos, em número de cinco: Martinho Moçambique, Thereza crioula, Roza de Nação, Beatriz crioula e o "crioulinho" Miguel, todos doados pelo falecido "em remuneração" de serviços prestados ao finado Lisboa. Como sua caseira, por certo residiria em casa do português, situada à Rua do Rosário, a qual lhe seria deixada "com todos os trastes e moveis", condicionalmente a ter em sua companhia a recém-liberta Antônia. Dessa forma, muito próximo à Irmandade do Rosário, ao solar do comendador Manuel de Aguiar Vallim e a "suntuosa" casa do tesoureiro Manuel Venâncio Campos da Paz, teríamos em breve um sobrado habitado por duas libertas e cinco escravos, os quais muito provavelmente deveriam trabalhar a ganho pelas ruas do Bananal. Deixou ainda à Rosa, a considerável quantia de um conto de réis.

Não é possível inferir o caráter das relações entre Rosa e Lisboa a partir de seu testamento, mas não seria difícil afirmarmos tratar-se de uma convivência marcada pelo concubinato ou até mesmo por uma relação de parentesco, uma vez que Rosa como mulata, podia muito bem ser uma filha não assumida. Liberta há mais de dez anos e proprietária de escravos, poderia facilmente prescindir de seu trabalho como caseira, no entanto, mantivera-se ao lado de seu antigo proprietário, o que reforça ainda mais, a meu ver, a importância dessas relações pessoais na dinâmica das estratégias escravas. Nesse sentido, outros escravos foram beneficiados por seu antigo proprietário:

> Por minha morte ficarão livres meus escravos *Manoel Benguella, sua mulher Joaquina Benguella, com seus 03 filhos Benedicta, Jacintho, e Pedro.* = Ficarão igualmente libertos na mesma ocazião meus escravos Manoel crioulo= cazado = sua mulher Felicidade e as 02 filhas que actualmente tem e as que tiver d'ora em diante =

---

119 Grifos meus.

> Ficarão igualmente libertos na mesma occazião minhas escravas Antonia Moçambique, Jozefa Benguella, e seus filhos.[120]

Que se mostrou generoso com seus afilhados:

> Deixo a minha afilhada filha de Manoel Pereira da Cunha a importância de huma Letra que meu deu seu Pay e meu Compadre, passada a 03 de Novembro de 1850 a 4 meses. (…) *Deixo a meu afilhado, filho de minha Comadre Maria Roza preta forra, e que actualmente se acha em minha companhia* a quantia de 500 mil reis que meu testamenteiro fará entrar para a Collectoria como dinheiro de Orphãos para ser levantado com o juro que vencer quando chegar a sua maioridade.[121]

E com algumas confrarias do Bananal:

> Deixo a Irmandade de Nossa Senhora da Boa Morte desta Cidade, 500 mil reis, e outros 500 mil reis a do *Senhor Bom Jezuz do Livramento* e á esta *mais huma Escrava de nome Ignacia, com condição de a não poder libertar.* = Deixo a Santa Caza de Caridade Desta Cidade meu *Escravo Francisco barbeiro, sua mulher e filha para servirem de infermeiros e mais serviços aos pobres que se recolherem doentes á fita Caza, não podendo estes escravos por pretexto algum serem desviados deste serviço, nem libertos ou alienados, por ser esta condição essencial desta doação.*[122]

O inventário de Thomaz da Silva Lisboa reporta-nos ao momento de efervescência econômica do Bananal. Em seu plantel constavam 29 escravos, entre os quais estão os 14 que libertou.[123] Metade destes escravos era composta por africanos de diferentes origens: moçambiques, benguelas, cabindas congos, monjolos e

---

120 Grifos meus.

121 Grifos meus.

122 Grifos meus.

123 Contando-se com os filhos de Josefa Benguela, Maria e Romão; e de Antonia Moçambique, de nome João. Na ocasião da abertura do inventário em 1854 e posterior arrolamento de seus bens, consta que Lisboa possuía 29 escravos, o que o colocaria entre os médios proprietários do Bananal. São dados do levantamento empreendido por Breno Aparecido Servidone Moreno

até um escravo mina. Entre os seus afilhados, havia um crioulo que residia com ele, a quem legou a quantia de 500 mil réis, filho de sua comadre, a preta forra Maria Rosa. Curiosamente deixou como legado a Jacinto, filho de Manoel Benguela e Joaquina, todos recém-libertos pelo mesmo testamento, um "crioulinho" de nome Oscar e mais a quantia de um conto de réis. Nesse ínterim podemos observar que as relações entre Thomaz Lisboa e o seu plantel variavam bastante.

No contexto maior da escravidão alguns cativos foram mais bem sucedidos em angariar as benesses de uma suposta proximidade com seu senhor, mais hábeis em demonstrar ou mesmo dissimular lealdades. Não foi o caso, contudo, de Ignácia, doada à Irmandade do Bom Jesus do Livramento e da família formada pelo barbeiro Francisco, sua mulher e a filha, doados à Santa Casa para servirem de enfermeiros. Estes escravos foram doados sob a condição de "por pretexto algum serem desviados deste serviço, nem libertos ou alienados". No caso de seus alforriados, Thomaz seria ainda mais "generoso" ao doar uma chácara para que estes usufruíssem do local como moradia enquanto vivessem, sob a condição de não poder vender ou alienar a propriedade que de fato não lhes pertencia.

Não obstante as restrições à liberdade de alguns escravos, observemos que havia famílias constituídas no plantel de Lisboa, e que até mesmo no momento da doação à Santa Casa elas foram mantidas. Luna e Klein observaram em comparação com o restante do Brasil, os elevados índices de casamentos de escravos na Igreja Católica ocorridos em São Paulo, com uma tendência nos plantéis maiores, e possivelmente consequência da entrada em massa de africanos no conjunto da população.[124] É fato que a alta concentração de escravos nas áreas cafeeiras possibilitou a criação de laços familiares legitimados pela instituição católica, mas não devemos negligenciar a importância das irmandades, nesse contexto. Uma vez que proporcionavam um ambiente compartilhado por senhores e escravos, em que as sociabilidades eram tecidas e utilizadas pelos próprios cativos, sempre que possível, para amenizar a árdua vida do cativeiro. E no caso acima citado, podemos observar que Thomaz era um homem extremamente religioso, ao menos do que tange às suas doações a instituições religiosas. O fato de participar ativamente da Irmandade da Boa Morte, também o colocaria em contato com os

---

que os consolidou em banco de dados e que analisamos de modo diferenciado nesta pesquisa. Agradecemos ao pesquisador por cedê-los gentilmente.

124 LUNA, Francisco Vidal; KLEIN, Herbert S. *Op. cit.*, p, 249.

irmãos do Rosário, pois no período em que exerceu o cargo de provedor da Boa Morte, as reuniões desta irmandade eram efetuadas na capela de sua congênere. Possivelmente levasse consigo alguns de seus escravos, para assistirem às missas e até mesmo frequentar a Irmandade do Rosário.

Ao menos sabemos que mantinha relações com alguns deles. Elesbão Veloso da Silva, presidente interino do Rosário na ocasião da contenda com a Boa Morte em 1857, vivera graciosamente em casa cedida por ele. A esse respeito, o testamento de Lisboa declarava que

> os senhores Elesbão Velozo da Silva e Joaquim Jozé de Almeida que morão em minhas cazas nada me devem de aluguer das mesmas e nem nada pagarão athe minha morte, em quanto eu nellas os conservar, por ter sido gratuitamente que lhes concedi nellas morarem.

Seria essa deferência fruto da amizade travada no consistório da igreja do Rosário? Infelizmente Velozo não deixou mais vestígios de sua existência, a não ser a assinatura no indignado protesto do Rosário no caso da precedência.

Podemos observar a partir dos trechos selecionados, algumas relações tecidas por Thomaz da Silva Lisboa com seus escravos, ex-escravos e ainda com outros personagens que transitavam pelas cercanias. O testamento do português revela por fim que uma parcela significativa de seus bens, entre os quais o restante de seu plantel, após serem vendidos deveriam destinar-se a tentativas de localizar certa Luzia parda:

> *Cumpridas as minhas dispozições o resto de meus bens será reduzido a dinheiro* que meu testamenteiro aprezentará em o Banco Nacional, vencendo juro por um prazo de trez annos, para durante este tempo *pagar-se todas as diligencias para descubrir onde rezide Luzia parda, filha de Luzia crioula já fallecida e que foi escrava do defunto Braz, a qual sua condição para no caso de captiva libertal-a e entreguar-lhe esse dinheiro e no caso de liberta entregar-lhe igualmente toda a quantia.* Se depois porem de feitas todas as pesquizas e diligencias e no dito prazo della não tiverem noticia, ficará neste cazo essa quantia e seus juros pertenecendo a Santa Caza desta cidade. E por esta forma hei por findo meu testamento (…) Escrito por Manuel Venancio Campos

da Pás (…) Bananal vinte e cinco de dezembro de mil oitocentos e cinquenta e três.[125]

Thomaz da Silva Lisboa faleceu logo depois de registrar as suas disposições em testamento e destinou boa parte de seus bens a duas mulheres: a mulata Rosa, sua caseira e Luzia parda. Esta última, seria legatária do remanescente de seus bens. Imaginando-se que o português deixara quinze escravos sem alforria, como se depreende de seu testamento, além alguns pés de café, "sendo oito mil pés de café novos e dezesseis mil velhos" e ainda uns poucos roçados de milho, arroz e um mandiocal, podemos afirmar que seria considerável o investimento destinado à empresa de encontrar Luzia, e, neste ponto, podemos levantar diversas questões: o que motivaria este homem a despender tamanhos esforços para encontrar e beneficiar Luzia? Estaria juntamente com a mulata Rosa, ligada ao português por laços de sangue ou concubinagem? E o que dizer da utilização de dois termos para a identificação dessas mulheres mestiças: mulata e parda? Seriam utilizados num contexto de distinção de papéis sociais? Lembremo-nos que as irmandades de par--dos, conforme mencionado anteriormente, chamavam-se assim por ser atribuído ao termo "mulato" um caráter depreciativo.

O encerramento do inventário do português revelou o destino de Luzia: fora encontrada na Província do Maranhão juntamente com sua filha Júlia, ambas eram escravas da massa falida do Comendador Manuel Joaquim de Azevedo e haviam sido "seqüestradas" junto a outros bens, por seus depositários, Antonio Lopes Ferreira e Antonio José Fernandes Guimarães. O testamenteiro de Lisboa, João Ribeiro Guimarães, que residia no Rio de Janeiro, pagou a quantia de um conto e quatrocentos mil réis pela liberdade das duas e solicitou a carta de manumissão em 13 de Janeiro de 1855. Luzia recebeu em novembro do mesmo ano a quantia de novecentos e cincoenta e seis mil cento e noventa e sete réis, como remanescente da herança, conforme determinara o testamento de Thomaz da Silva Lisboa.

Tanto Rosa quanto Luzia são expressões de diferentes relações mantidas entre senhores e escravos no âmbito da sociedade escravista: concubinas ou filhas? Não sabemos. Em seu testamento, antes de iniciar as suas disposições, o português afirmava: "sou solteiro e nunca fui cazado e por isso não tenho filhos alguns legítimos com direicto a herança e nem tão pouco naturaes". Essa afirmação deixa pouco

---

125 Grifos meus.

espaço para a crença de que ambas as mulheres pudessem ser filhas do falecido, todavia, devemos considerar que Thomaz era um homem extremamente religioso, o que se confirma através de generosas doações a irmandades e ordens religiosas, também era um assíduo frequentador de reuniões na Irmandade da Boa Morte. Certamente, como um homem de prestígio, não desejaria assumir filhos mestiços "naturais", perante a sociedade, tampouco um relacionamento com uma mulher escravizada. No entanto, o fato é que, a beira da morte, Thomaz da Silva Lisboa cuidou de deixar bem amparadas, duas mulheres mestiças, sem deixar transparecer a qualidade dessas relações, ao contrário de seu terceiro testamenteiro, conterrâneo e membro da Irmandade do Rosário.

Joaquim José Domingues, cujo nome aparece no compromisso do Rosário de 1851, além de terceiro testamenteiro herdou-lhe uma vaca que havia sido emprestada a sua esposa. Natural de "Alem da Freguesia de Santa Eulália, no Conselho do Povoa do Vartim, Reino de Portugal", naturalizou-se brasileiro. Na ocasião de seu testamento era viúvo há mais de vinte anos e sem filhos. No inventário de seus bens, efetuado em 1881, constam arrolados 24 escravos (entre os quais alforriou apenas quatro), que trabalhavam em sua pequena lavoura de café. Domingues deixou quantias em dinheiro a alguns menores libertos: Roza, filha de sua escrava Justina, herdou 300 mil réis para receber quando casasse, com certeza para ser usado em seu dote. Henriqueta, filha de Eva, escrava de Theodoro de Carvalho, herdeira de "igual quantia para o mesmo fim". Religioso, deixou ainda doações para a Santa Casa, para a capela de Nossa Senhora de Aparecida, em Guaratinguetá, à Nossa Senhora de Copacabana, no Rio de Janeiro, e para o "aformozeamento" do altar do Senhor dos Passos, na Igreja Matriz. Pertencia também à Irmandade do Bom Jesus, uma vez que pedia para ser sepultado sem pompa no cemitério desta confraria em jazigo próprio, ao lado de sua finada esposa. Em seu testamento fez uma importante revelação:

> Em estado de viuvez *tive um filho de Joanna, liberta, viúva de Lourenço, a qual era nesse tempo, como é ainda, mulher livre e desimpedida; esse meu filho até o presente não se acha por mim reconhecido, chama-se Antonio José Domingues, tem atualmente a idade de desoito annos mais ou menos e vive em minha companhia*, em estado de solteiro, nesta dacta e *pelo presente testamento reconheço o mesmo como meu filho natural e o instituo como meo sucessor e herdeiro de meus*

bens. Declaro que além desse, não tenho mais filho algum nem herdeiro necessário. *Declaro que o mesmo meo filho e herdeiro já possue quatro apólices da divida publica*, sendo três de conto de reis cada uma sob os numero duzentos e dose novecentos e cincoenta e cinco, duzentos e doze novecentos e cincoenta e seis e duzentos e doze novecentos e cincoenta e sete, e a quarta de duzentos mil reis sob o numero três mil oitocentos e noventa e seis, os quais são de sua exclusiva propriedade e por minha morte, não terá meu filho de vir com seu valor a collação; essas apólices estão actualmente em poder de José Leite de Figueiredo meu correspondente no Rio de Janeiro.[126]

Podemos observar que, afora algumas outras doações feitas aos irmãos e mais algumas pessoas de sua consideração, Domingues nomeou como único herdeiro um jovem mestiço de nome Antonio, a quem reconheceu legalmente como filho, fruto de sua relação com a liberta Joanna, segundo declarou, "mulher livre e desimpedida". O rapaz contava já com 16 anos à época de elaboração do testamento, em novembro 1879. Neste mesmo ano, poucos meses antes, Joaquim Domingues registrara em cartório um pedido de tutela de Antônio, primeiro passo para o posterior reconhecimento de sua paternidade.

A preocupação de Domingues com o filho que pouco tempo depois reconheceria é evidente. Mantinha-o consigo desde o seu nascimento, dispensando cuidados em fornecer-lhe uma "esmerada" educação que lhe asseguraria o "futuro".[127] Acerca de Joanna, sabemos que fora sua escrava, pois seu nome aparece em levantamento de escravos realizado no ano de 1872. Se Antonio contava com cerca de dezesseis anos quando do pedido de tutela, haveria de ter nascido por volta de 1863. Mais uma vez, a proximidade entre senhores e escravos renderia frutos. Desta feita um jovem pardo, filho de uma ex-escrava, seria o legítimo e único herdeiro de aplicações financeiras, terras e escravos. O pai deixara-lhe como herança duas fazendas, com plantações de café, feijão, milho e arroz: a fazenda "Dôce" e a do "Mendeguê", esta última vendida para a satisfação das disposições testamentárias, doações, al-

---

126 Grifos meus.

127 MHPMN – Tutela – Cartório do 1º Ofício do Bananal – Caixa 176 – Número de Ordem 3598 – 1879. Ambos os documentos, inventário e pedido de tutela, alternam as informações a respeito da idade de Antonio Joze Domingues, alternando-se essa informação, no entanto, há consenso de que fosse menor de idade.

gumas poucas dívidas passivas e despesas com o funeral. Alguns escravos seriam leiloados também para este fim. No entanto, o seu legado seria ainda considerável.

Ao final do testamento, Joaquim José Domingues solicitava aos seus testamenteiros que "auxiliem com seus conselhos ao referido meu filho e herdeiro, afim de que o mesmo sempre se conduza pelos princípios do justo e honesto".[128] Este irmão do Rosário morava longe da vila, "no lugar do Barreiro", o que motivou seu testamenteiro a requerer um auxílio para custear as constantes viagens.[129] Todavia, sua presença nas confrarias do Bananal se encontra registrada. Podemos nos perguntar então, o quanto dessas relações foi construído a partir do pertencimento de Domingues à Irmandade do Rosário? Voltaremos a encontrar Domingues um pouco mais adiante em um caso de ação de liberdade.

Por fim, mais um membro de nossa Irmandade do Rosário mantinha origens em terras portuguesas: Manuel Leite da Costa. Em seu testamento, datado de 1862, o lusitano declarou que: "fallecendo quero que o meu enterro seja o mais simples que for possível e que o meu corpo seja conduzido no caixão da Irmandade de Nossa Senhora do Rosário da qual sou irmão".[130] Manuel Leite também era irmão assíduo da Boa Morte, seu nome aparece em diversas atas da confraria, entre os anos de 1851 e 1860. A identificação de Costa com a irmandade dos pretos talvez possa ser explicada pela exiguidade de seus bens. Ao falecer, um ano após a elaboração de seu testamento, deixou três escravos menores, duas meninas crioulas de sete anos e um garoto pardo de cinco; além de duas pequenas casinhas na Rua da Boa Morte e na Rua do Fogo. Diferentemente de seus consortes, Costa vivera de um pequeno comércio, do qual se desfez pouco antes de morrer.

A partir da aproximação com esses personagens, pode-se depreender que o trânsito nas irmandades do Rosário, São Benedito e da Boa Morte era intenso, pois há uma constância de nomes que se cruzam na documentação relativa às confrarias e também nas fontes paralelas. Ao que parece, as relações entre as três irmandades foram harmoniosas ao menos antes que a questão da contenda viesse à tona. Em 1851, por exemplo, a Irmandade da Boa Morte, cujo altar se encontrava na Igreja Matriz,

---

128 MHPMN – Inventário de Joaquim José Domingues – Cartório do 1º Ofício do Bananal – Caixa 182 Número de Ordem 3714 – 1881, p. 33 verso.

129 *Ibidem*, p. 49.

130 MHPMN – Inventário de Manuel Leite da Costa. – Cartório do 1º Ofício do Bananal – Caixa 110 Número de Ordem 2365 – 1863.

CAMINHO DA PIEDADE, CAMINHOS DE DEVOÇÃO 253

transferiu a imagem da santa para a capela do Rosário, em cerimônia formal na qual estavam presentes representantes de ambas as agremiações.

É importante observar que, conforme mostra a documentação sobre a disputa pela precedência, de 1857, foi justamente no ano de 1851 que a Boa Morte tentou pela primeira vez ocupar o lugar imediato ao Bom Jesus nas solenidades, no que foi "dezattendida" pelo Vigário Capitular.[131] Nesse contexto teria sido o traslado da imagem um ato deliberado da Boa Morte para apaziguar os ânimos exaltados? É possível que sim e que o intento, mesmo que temporariamente tenha sido atingido, pois em 1852 os irmãos da Boa Morte mudariam não somente o seu altar de lugar, mas também o dia de sua festa, que a partir daquela data ocorreria no mês de outubro, a fim de fazê-la "unida com a festa da Sra. do Rozario".[132]

No dia do traslado da imagem, foram recebidos os irmãos da Boa Morte pelo zelador do Rosário, o já mencionado José Dias da Rocha, que naquela ocasião também fazia parte da confraria trasladada e muito provavelmente tenha mediado a transposição, quiçá os conflitos oriundos da primeira disputa pela precedência. No livro de atas da Boa Morte, registrou-se o evento com uma carta aberta em agradecimento aos irmãos do Rosário pela acolhida da imagem:

> *Aos quinze de Agosto de mil oitocentos e cincoenta e um, nesta Cidade do Bananal e Capella da Snra. do Rozario, a onde se achava reunida a Irmandade da Nossa Snra da Boa Morte (…) Foi appresentado um elogio pelo zelador desta Irmandade á Irmandade da Snra. do Rozario,* na forma seguinte – *Grande é o regozijo que me cabe, por ter de erguer minha débil voz n'um recintho tão illustre, posuido de gratidão, cheio de enthusiasmo, não posso reprimir os impulsos de meu coração agradecido no momento solenne em que o espírito de devoção, trás aos pés do altar tantos Irmãos reunidos pela devoção, cheios de zelo pela fé!* (…) Sim Senhores vós no dia 15 do corrente praticastes um acto que vos enche de galardão, um Acto pomposo, e grande como Vós mesmos, pomposo como deve ser sempre o culto do Deos Vivo. (…) *Sim eu considero na recepção brilhante q. Vós fisestes à Santa Virgem, eu contemplo o cortejo magestoso que*

---

131 Conforme documento analisado anteriormente. MHPMN. Autuação de uma petição – Cartório do 1º Ofício – Caixa 81 – Número de Ordem: 1646 – 1857, p. 4-5.

132 AMDL – Livro de Atas da Irmandade de Nossa Senhora da Boa Morte de Bananal, p. 15-19.

sahio a receber-nos ainda distante da Vossa Capella, concebo vosso enthusiamo, parece que nascido de um orgulho nobre de ver a May de Deos procurar o Vosso templo! *Eu te saúdo corporação illustre e respeitável, eu vos bem digo, eu vos louvo, eu vos o parabenizo por vosso zêlo, por vossa fé, por vossa devoção e vós Senhores Thesoureiro e Zelador aceitai em particular os votos do nosso reconhecimento q. se estende a todos os Irmãos de tão illustre Irmandade. (…) A trasladação da Santa Virgem para a Vosa Capella marca em nossos fastos uma epocha distinta que o tempo não pode desmerecer (…) Aceitai pois os sinceros testemunhos da nossa gratidão, vós q. occupais o vestíbulo da ordem seráfica, permitti que vos clame o seu melhor ornamento.*[133]

O extenso elogio, eivado de inflexões cristãs, marcou um período de convivência e de constantes encontros entre os confrades de ambas as irmandades. A partir do livro de atas da Boa Morte sabemos que a confraria se reunia com certa regularidade no consistório do Rosário, realizando cerca de dois a três encontros mensais, às vezes mais. Neste documento aparecem nomes conhecidos, como o do comendador Manuel Venâncio Campos da Paz, exercendo o cargo de tesoureiro, Manuel Leite da Costa (o irmão que preferiu ser enterrado no caixão do Rosário), e Eugenio de Paula Ferreira, cuja assinatura aparece também no compromisso da Irmandade de São Benedito. É fato que a nova disputa pela precedência, ocorrida em 1857, trouxe um ambiente de desconforto e de rivalidade, pois logo após apresentação do pedido ao Juízo Municipal, vemos que os encontros da Boa Morte voltam a se realizar na Igreja Matriz, permanecendo ali até a mudança para a sua própria igreja. Certamente não havia sido realizada uma cerimônia de saída da imagem.

As tensões geradas por esse episódio ficaram expressas em ata registrada no dia 02 de setembro de 1857, na qual os irmãos da Boa Morte decidiram após reunião que: "os empregados actuais desta Irmandade ficão authorizados para tractarem de seguirem a questão da precedencia com a Irmandade de N. S. do Rozario com a devida moderação e prudência que demanda hum negocio tão dellicado".[134] "Negócio" delicado que envolvia irmãos que participavam concomitantemente dessas confrarias. Há indícios inclusive de que alguns tomaram o partido de uma

---

133 AMDL – Livro de Atas da Irmandade de Nossa Senhora da Boa Morte de Bananal, p. 15-19. Grifos meus.

134 AMDL – Livro de Atas da Irmandade de Nossa Senhora da Boa Morte de Bananal, p. 63.

ou outra durante o processo. Como é o caso do próprio José Dias da Rocha, cujo nome desaparece do livro de atas da Boa Morte logo após o início da contenda. Como pudemos ver, Dias assina juntamente com os irmãos do Rosário, como seu zelador; assim como Antonio Joaquim de Moraes Pacheco, outro assíduo frequentador dos encontros da Boa Morte, mas cuja assinatura aparece junto à de Rocha na carta de réplica do Rosário.

No contexto mais amplo da história das ordens leigas no Brasil, as irmandades continuamente protagonizaram disputas por espaços de representatividade social. Não obstante, as típicas altercações entre etnias diversas ou entre pretos, crioulos e pardos, não foram apuradas nas irmandades de Bananal. O mesmo se pode dizer com relação à cidade de Taubaté, não obstante tenhamos encontrado referências a uma irmandade de pardos. Em Bananal não se encontrou qualquer sinal de uma confraria formada exclusivamente por pardos. Os cativos, grande maioria dos irmãos do Rosário, conforme mencionado por seus próprios representantes, também não puderam ser rastreados, uma vez que não encontramos os livros de entradas da irmandade, documento que viabilizaria o conhecimento dos mesmos, de seus proprietários e também, possivelmente, de sua identidade étnica. Todavia, em documentação paralela, conseguimos alcançar alguns personagens interessantes. A partir de agora, vamos seguir as pistas deixadas por dois crioulos, Domingos e João; e um africano chamado Joaquim, cujas histórias se encontram dentro e fora do Rosário.

PRETOS CATIVOS DO ROSÁRIO DO BANANAL E A REFORMA DE UM COMPROMISSO EM GUARATINGUETÁ: OS CAMINHOS DA LIBERDADE

Em 1876, deu-se entrada no Cartório do Primeiro Ofício da cidade do Bananal, ao processo de inventário dos bens de João Belizário de Siqueira.[135] O requerente era seu irmão, Domingos Belizário de Siqueira, que entrou com o referido processo quatro anos após a morte de João, ocorrida em 1872. Na solicitação inicial, Domingos alegava que o falecido não havia deixado testamento, nem herdeiros ascendentes ou descendentes. Para comprovar a sua condição de único herdeiro

---

135 MHPMN – Inventário de João Belizário de Siqueira – Cartório do 1º Ofício do Bananal – Caixa 163 Número de Ordem 3428 – 1876.

de uma casa na vila "á rua da Mizericordia nº 4 e mais alguns bens de insignificante valor", Domingos anexou ao processo as certidões de óbito de João e de outras duas irmãs, a partir das quais é possível saber que o falecido, conhecido também como João Glória Belizário, era um crioulo liberto que residia na vila à Rua da Misericórdia, nº 4, antiga Rua do Rosário.[136] Havia sido escravo do padre Joaquim Belizário de Siqueira e morreu jovem com cerca de 30 anos de idade, solteiro e sem filhos. Pouco depois de sua morte, faleceram as suas irmãs Justina e Francisca Maria da Conceição, ambas também muito jovens, aos 20 e 16 anos respectivamente. Justina também havia sido escrava do padre e por ocasião de sua morte se encontrava na condição de liberta. Quanto a Francisca Maria, surge nominada apenas como preta, solteira e "filha legítima de Daniel de Siqueira e da finada Maria Olímpia".[137]

Único sobrevivente entre os irmãos, Domingos não encontrou dificuldades em garantir os seus direitos sobre o imóvel, no qual já residia em companhia da esposa, Cândida Mariana da Paz. Com o auxílio de seu advogado, Francisco de Paula Ferreira, um irmão da Boa Morte e de São Benedito, pagou custas devidas e o transferiu para si. Apesar de haver sido desfeita pela morte de seus integrantes, temos aqui uma família composta por pretos crioulos que muito provavelmente transitavam pelo consistório da Irmandade do Rosário, uma vez que Domingos Belizário de Siqueira participava ativamente dessa confraria. Pouca coisa pôde ser apurada ao seu respeito a partir dessa fonte, no entanto, conseguimos seguir as suas pegadas através do inventário do padre Joaquim Belizário Mendonça de Siqueira, antigo proprietário da família. Por meio deste documento descobrimos algumas informações acerca deste irmão e de sua família, bem como encontramos ainda outros dois membros do Rosário do Bananal.

O padre Belizário vivia em um sítio na área suburbana, próximo o suficiente da vila para não comprometer as suas atividades religiosas e lugar apropriado para atividades agrícolas como o cultivo de café, ao qual ele se dedicava em pequena escala. Alguns trechos de seu breve testamento nos mostram as suas últimas disposições:

---

136 No decorrer do século XIX, a Rua do Rosário foi rebatizada como Rua da Misericórdia, no processo de inventário de João Belizário, esses nomes se alternam constantemente.

137 MHPMN – Inventário de João Belizário de Siqueira – Cartório do 1º Ofício do Bananal – Caixa 163 – Número de Ordem 3428 – 1876, p. 3-5.

Declaro que sou natural da Freguesia de Nossa Senhora da Piedade de Inhomerim, Província do Rio de Janeiro, filho legitimo de Antonio de Mendonça e de Florinda Maria da Conceição, que não tenho herdeiros necessarios por ascendência ou descendencia. Declaro que possuo os seguintes escravos, *Daniel, João e Joaquim, todos de nação, e Maria crioula, mulher deste [de Joaquim] e seus filhos, José e Sabino; e João, Miguel, Domingos, Justina, Rogério, Joaquina, Francisca e Thomé, crioulos, os quais deixo todos libertos por minha morte. Declaro que tenho uma casa na Cidade do Bananal, e um sitio, com casa e cafezais nos subúrbios della, que a casa da Cidade com todos os trastes que nella houver deixo ao meu escravo João, crioulo, bem como animais e mais bens moveis que possuo* e do remanescente instituo por herdeira minha irmã Francisca Maria da Conceição e quando acontecer ser falecida, seus filhos. Rogo ao Ilustríssimo Senhor Doutor Antonio Lima da Silva queira fazer a obra pia de ser meu testamenteiro. Esta é a minha última vontade e disposição para depois de minha morte, e por este testamento revogo qualquer outro. Bananal, vinte e dous de Setembro de mil oitocentos e sessenta e três.[138]

Por testamento o padre Belizário libertava os seus catorze escravos: os irmãos crioulos João, Domingos, Justina e Francisca, além do pai desta última, o africano Daniel, viúvo de Maria Olímpia, mãe dos irmãos. Constam ainda como escravos a serem libertados: a família formada pelo africano Joaquim e Maria, crioula, e seus filhos José e Sabino; e finalmente, o africano João e os crioulos Thomé, Joaquina, Miguel e Rogério. Destacamos no pequeno plantel a presença de outros dois membros da Irmandade do Rosário, os quais serão mencionados em breve e cujos nomes encontramos no livro de atas e ainda em um processo de "representação de livros", entre os anos de 1879 e 1883:[139] o africano Joaquim e seu filho José. O padre Belizário era enfim um pequeno proprietário e, além de libertar seu plantel de

---

138 MHPMN – Inventário de Joaquim Belizário de Mendonça Siqueira – Cartório do 1º Ofício do Bananal – Caixa 145 – Número de Ordem 3084 – 1870. Grifos meus.

139 AMDL – Livro de atas da Irmandade de Nossa Senhora do Rosário do Bananal – 1882/1883; MHPMN – Representação de livros – Cartório do 1º Ofício do Bananal – Caixa 180 – Número de Ordem 3670 – 1881.

escravos, beneficiou o crioulo João com uma casa de moradas na vila e ainda duas mulas de carga, sendo o remanescente de seus bens deixado a uma irmã distante.

João mantinha uma relação de grande proximidade com o padre Belizário. Inclusive durante o inventário de bens, entraria com pedido formal junto ao Cartório do 1º Ofício, solicitando ser nomeado inventariante, posto que "em vida do dito seo ex-senhor já era o Supplicante o encarregado de todos os seus negócios e administração do sitio, merecendo-lhe a confiança e estima; do que merece a maior prova, concedendo-lhe o dito finado liberdade". Dessa forma, "ninguém melhor do que elle pode fazer a discripção de bens e informar sobre tudo quanto occorra a respeito do Inventário".[140] A solicitação de João enfatiza a relação de confiança existente entre ele e seu "ex-senhor", busca destacar a anterioridade de suas responsabilidades com a administração dos negócios, bem como a sua continuidade. Ficara ainda responsável pela organização das exéquias do finado padre. Audácia de um crioulo arrogar para si o papel legal de inventariante? Especialmente ao alegar que "ninguém melhor do que ele" poderia prestar as devidas contas ao juízo? O fato é que o seu pedido seria indeferido pelo poder competente, em seu lugar, seria nomeado Bento Antonio Vieira, que no decorrer do processo ficaria doente, deixando nosso amigo Francisco de Paula Ferreira, como responsável legal pelo processo.

É evidente que o padre Belizário guardava preferência por João entre os seus escravos. No decorrer da burocracia processual, instados a comparecer em juízo para tomarem ciência de sua condição de libertos, os escravos do Padre tiveram os seus nomes assinados a rogo, por serem analfabetos. Não é o caso de João, entretanto, que assina de próprio punho toda a documentação, inclusive o audacioso pedido de representação no processo de inventário. Certamente fora letrado pelo próprio padre, numa mistura de afeição e doutrinamento, quiçá para que pudesse assessorá-lo na administração dos negócios, como de fato o fazia. Mesmo tendo o seu pedido negado, uma correspondência posterior demonstra a desenvoltura do crioulo na ultimação de seus encargos. Trata-se de uma carta endereçada ao Juízo Municipal, anexa ao inventário, na qual João informa que mesmo sendo preterido como inventariante do espólio do qual era herdeiro, era em vida do padre: "o confidente de todos os seus negócios". Continuando dessa

---

140 MHPMN – Inventário de Joaquim Belizário de Mendonça Siqueira – Cartório do 1º Ofício do Bananal – Caixa 145 Número de Ordem 3084 – 1870, p. 2.

forma, "na mesma gerencia da casa, pelas mesmas razões e pela confiança que merecia d'aquelle Inventariante".[141]

Mais uma vez João ressalta os seus predicados como administrador dos negócios do falecido, arvorando-se como "a pessoa mais habilitada para isso". Desta feita, comunica ao Juízo Municipal que, com a devida anuência e confiança do inventariante legal, Bento Antonio Vieira, procedera ao pagamento das despesas do funeral e de algumas dívidas que o falecido deixara, mas especialmente comunicava a exportação do café colhido para a cidade de Barra Mansa, prestando as devidas contas sobre essa transação equivalentea 317$970 réis. A confiança do inventariante tributada ao crioulo pode certamente ser fruto de relações anteriores. Anos depois, no inventário dos bens do próprio João, em 1876, encontramos entre as dívidas passivas deixadas por ele o valor de 67$180 réis, devido ao mesmo Bento Antonio Vieira, por dinheiro que lhe tomara emprestado e algumas obras que encomendara. Esse valor seria saldado regiamente pelo seu irmão Domingos Belizário de Siqueira.[142]

É possível que as relações entre Bento Vieira e o falecido João Belizário tenham se estabelecido após o processo de inventário do padre Joaquim ou ainda que Vieira fosse anteriormente cliente do padre em seu comércio de café e dessa forma já conhecesse o liberto, responsável pelos negócios de seu senhor. De todo modo criam-se laços sociais estimulados pela convivência na vila. As disposições testamentárias do padre Belizário foram devidamente cumpridas, cabe apenas ressaltar que a sua casa de vivenda no sítio e os 13.000 pés de café que deixou dispostos em pouco mais de quatro alqueires, foram comprados de seus herdeiros pelo comendador Manuel de Aguiar Vallim, pela quantia de dois contos e quatrocentos mil réis, garantindo ao fazendeiro o usufruto daquelas terras que faziam divisa com a sua fazenda das Três Barras.[143] Cabe aqui uma pequena inflexão. Em que pese

---

141 *Ibidem*.

142 *Ibidem*, p. 4.

143 MHPMN – Inventário de Joaquim Belizário de Mendonça Siqueira – Cartório do 1º Ofício do Bananal – Caixa 145 Número de Ordem 3084 – 1870, p. 40-41. Os herdeiros do padre naquele caso, eram as filhas de Francisca Maria da Conceição, irmã falecida do padre, moradoras na vila de Estrella, Rio de Janeiro. Segundo Píndaro Rodrigues, a Fazenda das Três Barras fora adquirida por Manuel de Aguiar Vallim e incorporada ao Resgate. Na ocasião de sua morte, contava com 229 alqueires (quatro dos quais pertenceram ao finado padre), 218.000 pés de café e cerca de 103 escravos. *Op. cit.*, p. 174.

a afeição por João e até mesmo por seus demais escravos, como ficará indicado através da história do africano Joaquim, não se preocupou o religioso em deixar as sua terras para o seu protegido ou mesmo para os escravos recém-libertos, como o fez Thomaz da Silva Lisboa, mesmo que apenas em caráter de usufruto temporário. Haveria relação com o fato de ficarem, segundo o inventário, "em terras do Comendador Manuel d' Aguiar Vallim"?[144]

Na falta de subsídios para aprofundar essa questão retornemos aos recém-libertos que eram membros da Irmandade do Rosário. Já sabemos a partir da documentação explorada, que Domingos Belizário de Siqueira era um crioulo analfabeto à época de sua libertação. Após a morte do antigo proprietário rumou juntamente com João para a vila, onde viveram na casinha deixada pelo padre. Como sobreviviam esses homens não foi possível precisar, o fato é que Domingos cuidou de João antes de sua morte, fato revelado pela alegada dívida de 468$685 réis que lhe devia o falecido "de contas que o Supplicante pagou por elle, das despesas de tratamento de sua enfermidade".[145] Captamos a presença de Domingos na Irmandade do Rosário em uma carta de 4 de fevereiro de 1881, encaminhada ao juiz de Provedoria e Capellas. Naquela data, a Irmandade do Rosário solicitava ao poder competente, providências a respeito do irmão Francisco Julio dos Santos, que se havia "apoderado" dos livros da confraria, motivo pelo qual não podia dar posse aos empregados recém-eleitos.

Os irmãos alegavam que a irmandade se encontrava "em estado de abandono, e sem poder deliberar por falta de seus livros" e requeriam que se mandasse "passar mandado contra o dito Francisco Julio dos Santos, para no prazo de 24 horas exhibir em Juízo os referidos livros sob pena de seqüestro". Este documento vai assinado pelos confrades, entre os quais se encontrava Domingos Belizário de Siqueira, cuja assinatura é feita a seu rogo por Luiz Correa de Moraes.[146] Pouco tempo depois, em ata do dia 8 de dezembro de 1882, na qual se dava posse aos irmãos eleitos para servirem no ano de 1883, Domingos Belizário de Siqueira registra a sua presença na solenidade assinando de próprio punho.

---

144 *Ibidem*, p. 21.

145 MHPMN – Inventário de João Belizário de Siqueira – Cartório do 1º Ofício do Bananal – Caixa 163 Número de Ordem 3428 – 1876.

146 MHPMN – Representação de livros – Cartório do 1º Ofício do Bananal – Caixa 180 – Número de Ordem 3670 – 1881.

Acompanhamos através dessa fonte, o processo de letramento de Domingos.[147] Mesmo que nada mais se tenha apurado a respeito do crioulo, pode-se assegurar que essa habilidade seria um diferencial de grande valia dentro e fora da irmandade, posto que o crioulo habitasse na vila e ali buscasse os meios de garantir o seu sustento e de sua família.

Antes de tentarmos apurar a dinâmica de funcionamento da Irmandade do Rosário a partir de seu livro de atas, contemos o caso de mais um irmão, Joaquim Belizário de Siqueira, de quem já sabemos tratar-se de um africano, ex-escravo do padre Belizário. Casado com a crioula Maria, logo após a sua libertação Joaquim teve de recorrer ao Juízo Municipal em benefício da liberdade de três dos seus cinco filhos: Candido, Apollinario e Emilia, que não haviam sido contemplados em testamento por seu ex-proprietário pelo fato de não serem nascidos à época de sua feitura. A partir desse pedido deu-se início ao processo de justificação e ação de liberdade, que se encontra apenso ao inventário do falecido padre Belizário.

A fim de sedimentar a sua justificativa o liberto alegava ser

> publico e notório que o dito finado declarava a todos que seos escravos, sem excepção de um só, ficarião livres; e sempre que lhe fallavão em comprar alguns d'elles, elle repellia a ideia, declarando que jamais venderia qualquer um delles por que todos erão livres.

Habilmente elaborado pelo procurador legalmente constituído, novamente o advogado Francisco de Paula Ferreira, o pedido salienta a afeição do padre para com seus escravos e a sua vontade de libertá-los. Bem como o tratamento "diferenciado" que lhes dispensava, a todos sem exceção, pois comiam consigo a mesa e de pequenos dormiam protegidos em sua própria cama. Destaca-se também o temor do padre em não alcançar a salvação de sua alma caso morresse deixando de libertar os seus cativos.

Com base nesses argumentos, o procurador pediu o recolhimento de provas testemunhais que comprovariam as afirmações do liberto. Antes de pedir afastamento do seu cargo de inventariante, em favor de Francisco de Paula Ferreira, o primeiro inventariante, Bento Antonio Vieira, foi inquirido sobre o pedido de Joaquim. Encontrava-se fora da vila, recuperando-se de "alguns encommodos", na

---

147 AMDL – Livro de atas da Irmandade de Nossa Senhora do Rosário do Bananal – 1882-1883.

fazenda do Resgate, de lá encaminhou carta ao escrivão que o citara, declarando que o pedido de libertação dos filhos de Joaquim era justo e que o padre Belizário antes de sua morte declarara a ele mesmo que "todos ficavão livres e que não deixava nem um Captivo, isto no caso de morrer". O Juízo Municipal chamou mais três testemunhas para inquirições: Theotônio Francisco Pereira da Silva, o vigário Antonio Guimarães Barroso e o padre Manuel Soares Couto.

Os testemunhos foram unívocos. Reafirmavam as alegações do preto Joaquim acerca do ardente desejo do padre em libertar todos os seus escravos e salientavam as dificuldades que teve em alterar o seu testamento, o que supostamente não o fizera devido à doença que o acometera, mas que certamente faria se o pudesse, a fim de incluir os filhos de Joaquim na concessão da liberdade. Um dos depoentes inclusive afirmou em Juízo ser de domínio público que "o mesmo Padre tratou todos os seos escravos com amor e carinho e seos crioulinhos comião e dormião com elle, como se fosse seus filhos", utilizando-se dos mesmos argumentos do africano em seu pedido.

Trata-se do português Theotonio Francisco Pereira da Silva, cuja assinatura aparece no compromisso da Irmandade do Rosário em 1851 e no livro de atas da Boa Morte esporadicamente, a partir de 1849. É bem provável que a proximidade entre esses dois personagens tenha sido propiciada pela convivência confrarial. Poderiam ser conhecidos de longa data, avistando-se no cotidiano circular pelas ruas da vila; ou no interior dos consistórios de suas confrarias. Quem sabe ali mesmo combinando previamente o teor do testemunho. Lembrando que o representante do liberto Joaquim, Francisco de Paula Ferreira, deveria conhecer muito bem cliente e testemunha, posto que fosse membro das Irmandades da Boa Morte e do Rosário. Ao final do processo, o africano assegurou a liberdade de seus filhos.[148]

Não é difícil concluir que Joaquim, assim como o crioulo Domingos, fossem membros da Irmandade muito antes dos registros encontrados. Provavelmente tenham sido levados pelo falecido padre Belizário, uma vez ser ele próprio membro do Rosário e da Boa Morte. Nesta última, sabemos que se matriculara em 1858, através do processo de legalização de dívida que se encontra anexado ao seu inventário, no qual é cobrada de seu espólio a quantia de 13$000 réis, referente aos anuais e a uma

---

148 MHPMN – Inventário de Joaquim Belizário de Mendonça Siqueira – Cartório do 1º Ofício do Bananal – Caixa 145 – Número de Ordem 3084 – 1870. Processo de Justificação, p. 8-9.

joia por ter servido como irmão de mesa em 1861.[149] Com relação ao Rosário, encontramos outro processo de legalização de dívida, datado de 16 de outubro de 1870, em que o zelador da confraria, ainda na pessoa de José Dias da Rocha (agora intitulado como "tenente"), solicitava ao espólio do finado o pagamento do valor de 24$000 réis, afirmando que:

> A dita Irmandade fez entrega desta quantia, *ao então Thezoureiro, Reverendíssimo Padre Joaquim Belizário de Mendonça Siqueira*, como mostra com o documento junto e não constando no livro de entradas da Irmandade a referida quantia, porquanto o então Thezoureiro cahio gravemente doente e falleceo dessa enfermidade, quer o Supplicante legalizar a dita divida, afim de ser recolhida ao cofre da Irmandade.[150]

O valor cobrado do padre, que exercia cargo de confiança, referia-se aos "passamentos de N. Sra. do Rozário" e a "4 galinhas, que se venderão"; e foi contestado pelo inventariante. Francisco de Paula Ferreira alegaria em resposta a essa cobrança, que a confraria devia ao padre a quantia de 62$000 réis, referente aos seus serviços como capelão. Descontados o valor cobrado pela reclamante, era esta em verdade quem devia a quantia de 38$500 réis ao espólio do falecido! Dessa forma, foi proposta e aceita, por José Dias da Rocha, a extinção de quaisquer dívidas entre as partes. Embora o dinheiro não tenha voltado aos cofres da irmandade do Rosário, é possível verificar que esta se mantinha em funcionamento, movimentando-se, arrecadando fundos para a sua sobrevivência, seja com os serviços relativos a exéquias ou vendas de animais, há mais de 30 anos, considerando-se como data de sua fundação o ano de 1838. Ressalto novamente a importância do cargo de zelador na irmandade, como mediador dessa questão, posto que negociasse diante de um representante que era também um irmão da confraria.

---

149 MHPMN – Inventário de Joaquim Belizário de Mendonça Siqueira – Cartório do 1º Ofício do Bananal – Caixa 145 Número de Ordem 3084 – 1870. Legalização de dívida – Irmandade de N. S. da Boa Morte, p. 3.

150 MHPMN – Legalização – Cartório do 1º Ofício do Bananal – Caixa 145 Número de Ordem 3089 – 1870. Grifos meus.

Alguns meses depois os irmãos do Rosário se envolveriam em uma ação de liberdade de um escravo doado em testamento à irmandade, o crioulinho Manoel de apenas oito anos, desta feita, representados pelo seu procurador:

Ilmo. Dr. Juiz de Capellas da Provedoria

Anno do nascimento de Nosso Senhor Jesus Christo de mil oitocentos e setenta e um, aos treze dias do mez de Abril do dito anno, nesta Cidade do Bananal, em o meu cartorio autuou a petição e documento que adiante segue-se e que para constar faço este termo. Eu José Felippe de Andrade, escrivão que escrevi.

Diz Jose Teixeira Portella, Procurador da Irmandade de N. S. do Rosário d'esta Cidade, que *tendo a fallecida D. Maria Silveria da Conceição, feito doação á mesma Irmandade, um crioulo de nome Manoel, de idade de 8 annos, mais ou menos, resolveo a mesa da dita Irmandade, em reunião de 26 do corrente mez, a conferir liberdade ao dito crioulo, autorisando ao Suplicante a requerer a Vsa. a approvação desse acto.*

Sendo o fim da dita Irmandade, não só promover o culto religioso de N. S. como de resgatar alguns de seos Irmãos captivos, como se acha declarado no art. 59 do Compromisso, e não tendo a dita Irmandade até hoje podido satisfazer essa obrigação humanitária, por lhe fallecerem os meios, aproveitou ella o primeiro ensejo que teve de praticar um acto humanitário, tanto mais que é repugnante com as ideas da epocha, que uma Irmandade que tem por fim resgatar do captiveiro alguns de seos Irmãos, tenha ella mesma escravos.

Assim, pois, vem o Suplicante perante V. Sa. apresentar a dita deliberação da Irmandade, no documento que junto offerece, e requer que, ouvido o Dr. Promotor de Capellas e Resíduos, que V. Sa. se dignar nomear *ad hoc,* e quando este nada tenha a oppor, *se julgue por sentença a liberdade do dito escravo,* fazendo-se a communicação d'esse facto ao Juízo de Orphãos, para lhe dar Tutor na forma da lei.
Pede a V. Sa, assim lhe defira.
Bananal 31 de Abril de 1871.[151]

---

151   MHPMN – Liberdade – Cartório do 1º Ofício do Bananal – Caixa 147 – Número de Ordem 3210 – 1871. Grifos meus.

CAMINHO DA PIEDADE, CAMINHOS DE DEVOÇÃO   265

Através deste processo de libertação, podemos constatar que uma das principais finalidades da confraria, "resgatar alguns de seos Irmãos captivos", não pudera ser efetivamente concretizada até aquela data devido a ausência de recursos para satisfazer essa "obrigação humanitária". Há dois aspectos possíveis de serem ressaltados a partir deste documento: em primeiro lugar a intenção da irmandade desde a sua fundação, de propiciar a libertação dos irmãos cativos. Em que pese os parcos recursos, característica inerente à maioria das confrarias formadas por escravos, ou ainda o alcance limitado de suas ações, resgatam-se aqui os fundamentos de seu compromisso, expresso pelo artigo 59. Na construção de suas normas, portanto, podemos entrever as suas tentativas de encontrarem brechas junto ao sistema escravista.

De outra parte, nota-se que não escapava aos irmãos a agitação social ocasionada pelo conturbado contexto da década de 70, sobretudo pela intensa movimentação em torno da questão do "elemento servil".[152] Concentrados em sua maior parte nas imediações da vila, os irmãos se mantinham muito atentos às "ideas da epocha", caracterizando como "repugnante" a manutenção de escravos pela irmandade. Nesse sentido, é possível retornar como sinalizado anteriormente, até Guaratinguetá, mais exatamente ao consistório da Irmandade de São Benedito dos Pretos Cativos, a fim de constatar que outras irmandades da região mantinham-se mais do que nunca atentas aos desdobramentos em torno da liberdade dos escravos.

Em 1875 a Irmandade de São Benedito de Guaratinguetá levou às autoridades competentes um pedido para aditamento em seu compromisso.[153] O documento composto de um capítulo único e mais dez artigos, estabeleceria a pragmática da irmandade no tocante à compra de alforria de irmãos cativos, estabelecendo de imediato que libertaria anualmente "um ou mais empregados, conforme comportarem os recursos". Teriam direito àquele "favor" pela ordem: "1º a Rainha, 2º o Rei, 3º a Juíza de Vara, 4º o Juiz de Vara, 5º a Juíza de Ramalhete, 6º o Juiz de

---

152   O termo "elemento servil" ou a "questão do elemento servil" são amplamente utilizados pelas fontes no tocante à temática acerca da Lei do Ventre Livre.

153   O primeiro compromisso da Irmandade de São Benedito dos Pretos Cativos de Guaratinguetá foi aprovado em 1758, conforme já mencionado. Consta porém, nesse aditamento de 1875, que fora reformado no ano de 1868, no entanto não encontrei nenhuma documentação a respeito dessa reforma.

Ramalhete".[154] A escolha dos irmãos que ocupariam esses cargos se daria através de um sorteio dentre os escravos, que deveriam contribuir antes de sua realização com a quantia de 1$000 réis cada um. Seriam admitidos também escravos que não fossem membros da irmandade, todavia, ficariam automaticamente excluídos "todos aquelles que já tiverem commettido insubordinação grave e tentado contra a vida d'álguém".

Antes da cerimônia de nomeação, a mesa diretora deveria reunir-se com o tesoureiro para tomar conhecimento das receitas e despesas, bem como do "saldo existente e o orçamento provável que poderá render até o fim do anno financeiro, bem como o numero de escravos que contribuirão para entrar no sorteio, descriminando os sexos". O resultado dessa consulta deveria ser afixado em local público, no consistório da Igreja Matriz de Guaratinguetá, lugar onde se daria o sorteio, o qual, segundo o aditamento, se processaria da seguinte maneira:

> Art. 5º
>
> No dia 12 de Fevereiro de cada anno as 4 horas da tarde, no Consistorio da Matriz, eleitoz os outroz empregados pela forma determinada no Compromisso, a Meza procederá ao sorteio de que trata o art. 3º.
>
> P. 1º *Para este fim serão recolhidos á urna tantas cédulas escriptas em papel igual e fechadas com o mesmo formato, sem rotulo, marca ou signal exterior, quantos forem os contribuintes do sexo feminino, contendo cada uma o nome com as declarações convenientes d'uma destas; á outra urna serão recolhidas da mesma forma tantas cédulas quantos forem os contribuintes do outro sexo, contendo cada uma o nome com as mesmas declarações d'um destes.*
>
> P. 2º *Um menor extrahirá alternadamente das duas urnas começando pela do sexo feminino tantas cédulas quantos forem os libertandos; a primeira designará a Rainha, a 2ª o Rei, a 3ª a Juiza de Vara, a 4ª o Juiz de Vara, a 5ª a Juíza de Ramalhete, a 6ª o Juiz de Ramalhete.*
>
> Art.6º

---

154 ACDT – Reforma do Compromisso da Irmandade de São Benedicto da Parochia da Cidade de Guaratinguetá, 21 de novembro de 1875. Livro: Estatutos de Irmandades, licenças, dispensas e correspondências em geral – século XIX, doc. 135.

No intervalo que decorrer do sorteio á posse dos novos empregados, a Meza por intermédio do thesoureiro tratará de obter a libertação do escravo ou escravos sorteados por alguns dos seguintes meios:

P. 1º Exhibição judicial depois da avaliação verificando-se alguns dos casos do artigo 90 parágrafo 2º do Regulamento n. 5.135 de 13 de novembro de 1872, e não sendo possível obter a libertação com condições menos onerozas por meio de accordo extra-judicial com os interessados.

P. 2º Accordo amigável com o Senhor ou os Senhores ainda no caso de não haver avaliação judicial que dispense o albitramento.

P. 3º Exhibição do valor do libertando ou libertandos albitradoz pela Mesa pª ser pelo Juiz de Orphãos collocado como pecúlio devido á liberalidade da irmandade.

Art. 7º

Na hippothese do paragrapho 3º do artigo antecedente, se for requerido o albitramento judicial, e este exceder a importância do pecúlio, *a Meza mediante nova doação completará a quantia precisa para a indennização a fim de que a libertação não deixe de effectuar-se por insuficiência do peculio.*

Art. 8º

A Meza empregará todos os esforços ao seu alcance para obter com tempo a Carta ou Cartas de liberdade do escravo ou escravos sorteados, afim de lhes serem entregues no dia e acto da sua posse de empregado da Irmandade.

Art. 9º

Serão applicados á execução da prezente reforma não só o producto das contribuições de que trata o art. 3º, como também os saldos da renda ordinária da Irmandade.

Art. 10º

Ficão revogadas as disposições em contrario.

Guaratinguetá em sessão extraordinária aos 21 de Novembro de 1875.[155]

---

155 *Ibidem*. Grifos meus.

O modo encontrado para contemplar aos cativos é no mínimo inusitado. Além de apresentar-se uma cerimônia bastante formal, destaque-se a figura da rainha, que surge como a primeira beneficiada entre todos. O que pode revelar a importância de mulheres livres e forras, trabalhadoras da vila, no interior da confraria. A incorporação dos artigos revela que a movimentação em torno das alforrias se encontrava respaldada pela lei, na forma do decreto 5.135 de 1872. Para tanto, todos os meios deveriam ser empregados, utilizando-se "não só o producto das contribuições de que trata o art. 3º, como também os saldos da renda ordinária da Irmandade". Nesse contexto, observa-se o olhar atento à legislação vigente, por meio do referido artigo 9º, o qual determina que: "nas vendas judiciaes e nos inventários em geral, o juiz concederá carta de alforria aos escravos que exibirem á vista o preço de suas avaliações. Neste caso é permitida a liberdade directa de terceiro".[156]

A utilização desse artigo sugere a intervenção da irmandade no momento de abertura de inventários em que houvesse escravos, sempre em caráter de "accordo amigável com o Senhor ou os Senhores", a fim de assegurar com os herdeiros o direito à alforria dos cativos que pudessem pagar seu preço. Também nas praças públicas onde eram efetuadas as vendas judiciais por meio de leilão, deveria interpor-se, impedindo que fossem vendidos antes de exibirem o seu pecúlio. É óbvio, se considerarmos como exemplo, algumas ações de liberdade relativas ao Bananal, que os proprietários prefeririam tentar vender rapidamente os "bens semoventes" antes que estes acessassem ao Juízo amparados pela "famigerada" lei, o que levaria à perda imediata por ocasião do depósito. Tanto mais quando, na maioria das vezes, consideravam o valor oferecido muito abaixo de suas expectativas. Não obstante, a ação da Irmandade de São Benedito de Guaratinguetá demonstra sua integração na dinâmica social vigente naquele período, em consonância com o Rosário do Bananal.

Curioso observar que, diferentemente do século XVIII, quando se nomeava: Irmandade de São Benedito dos Pretos Cativos de Guaratinguetá, na documentação relativa ao século seguinte, prevalece em seu título apenas o nome do santo

---

156 Lei nº 2,040 de 28 de setembro de 1871 sobre o estado servil e decretos regulandosua execução. S. Paulo: Typ. Americana, 1872, p. 43-44. In: Brasiliana Digital – USP. Disponível em: <www.brasilianas.usp.br>. Acesso em: 15 fev. 2010. Acerca dos projetos de emancipação escrava ver: DAUWE, Fabiano. *A libertação gradual e a saída viável: os múltiplos sentidos da liberdade pelo fundo de emancipação de escravos.* Dissertação (mestrado) – UFF, Rio de Janeiro, 2004.

padroeiro. Seria um sinal de outros tempos, em que o número de pretos libertos aumentara significativamente no conjunto da população?[157] Ou quiçá uma tentativa de disfarçar aspirações abolicionistas? O fato é que independente de manter ou não a sua designação anterior, mantinha-se continuamente associada aos cativos. Infelizmente, por falta de fontes, não pude apurar os desdobramentos desse processo de aditamento no que diz respeito ao número de escravos que foram beneficiados por ele após a sua aprovação pelas autoridades competentes.

De volta ao Bananal, local onde pude localizar algumas ações de liberdade, a promulgação da Lei do Ventre Livre e do decreto 5.135 de 1872, traria intensos debates entre a classe senhorial. Especialmente nessa cidade, os senhores de escravos demonstrariam o seu descontentamento de todas as formas possíveis, inclusive as arrecadações religiosas seriam atingidas pela onda de indignação. Fato registrado pelo Vigário Antonio Guimarães Barroso (testemunha do liberto Joaquim), em correspondência enviada ao poder eclesiástico na qual pontua a recusa dos senhores em despender gastos com seus escravos. Nas palavras do sacerdote:

> duas cousas concorrem para o decrescimento da renda da vara nesta comarca, a primeira é que depois da lei sobre o elemento servil os fazendeiros daqui que mais opposição fizeram que em outra qualquer parte, não querem pagar nem a espártula dos batizamentos dos escravos (…) pois que eles dizem que nenhum lucro tem e que pague o governo que os prejudicou.[158]

Essa correspondência mostra bem mais do que a simples recusa dos senhores em arcar com as despesas relativas às obrigações religiosas de seus escravos. Ilustra o exato momento de discussão acerca do elemento servil, fato que segundo o religioso, aterrava "toda a gente deste municipio". A indignação dos senhores voltava-se contra o poder público que deveria pagar pelas despesas dos escravos ele próprio, visto que impingira prejuízo aos lucros desses senhores. Barroso também

---

157   Acerca da população escrava em Guaratinguetá nesse período, Marcondes e Motta apuraram no ano de 1872 a existência de 4.352 cativos no município, para uma população total de 16.485 almas, entre as quais figuravam muitos libertos. Ver: MARCONDES, Renato Leite; MOTTA, José Flávio. "Duas fontes documentais para o estudo dos preços dos escravos no Vale do Paraíba paulista". *Revista Brasileira de História*, vol. 21, nº 42, 2001, p. 496.

158   ACMSP – Pasta Paróquias – Bananal I. Carta dirigida ao vigário capitular, documento sem data.

revela que os fazendeiros do Bananal foram os que "mais opposição fizeram que em outra qualquer parte" à questão. De fato, poucos dias depois da carta do vigário, em 10 de Junho de 1871, os grandes fazendeiros de Bananal tornariam público o seu descontentamento e temor ante a inevitabilidade da lei, em artigo publicado no *Diário do Rio de Janeiro*.

Assinado pela elite bananalense, o artigo alertava sobre os perigos de um projeto que, se levado adiante, desencadearia "idéias subversivas". Questionando a tríade cerne da lei: o ventre livre, o pecúlio escravo e o direito a alforria, apresentavam-se argumentos diversos em defesa da propriedade escrava, mas, sobretudo enfatizava-se a perda da autoridade senhorial: "dizer que essa propriedade continua, mas arrancar-lhe o tributo essencial de toda a propriedade, isto é, a livre disposição do objeto e ficar a concessão de alforria a mercê de qualquer aventureiro, não será certamente, mas parece um escárnio".[159]

Conforme apontou Hebe Mattos, a extinção definitiva do tráfico na segunda metade do século, já havia retirado da órbita senhorial o "espetáculo pedagógico do renascer escravo", que transformava o semovente no "bom escravo" sujeito à graciosa concessão da alforria. Agora, escapavam de suas mãos os últimos lastros de sua autoridade. Ao arrogar aos escravos o direito de formação de pecúlio e a possibilidade de requerer em juízo a sua liberdade, respaldando-se juridicamente uma prática costumeira, a lei "golpeava de morte a administração senhorial da esperança escrava".[160] O manifesto reclamava inclusive do papel da imprensa, que divulgava amplamente a libertação daqueles que a compravam, esquecendo-se de quem graciosamente as concedia, e assim os jornais registravam todos os dias "alforrias sobre alforrias e apenas publicam diminuta parte das que por ahi se concedem, por que muitas ha que somem na penumbra onde costuma refugiar a modéstia e a verdadeira caridade".[161]

Indignados, esses senhores "lesados" levantavam diversas questões: "que ordem de sentimentos não despertaria essa raça em face dos velhos escravos? Que mundo de idéias não suscitaria a convivência do menor livre ao lado do seu pai e de sua

---

159 *Diário do Rio de Janeiro*, n° 171, 26/06/1871. In: CASTRO, Hebe Maria Mattos de; SCHNOOR, Eduardo. *Op. cit.*, p. 245-250.

160 *Ibidem*, p. 237-238.

161 *Ibidem*, p. 248.

mãe no cativeiro?"[162] E eram certeiras as suas preocupações com os ânimos da escravaria. Deveriam pensar nos cerca de oito mil cativos que labutavam diariamente na lavoura, naqueles anos 70, ou ainda naqueles que transitavam entre o eito e a vila.[163] Num ir e vir intenso de pretos, sobretudo de libertos e escravos de ganho, que permitia a percepção dos novos ares que se instalavam e impulsionava a busca pela liberdade. Como é o caso da escrava Justina, propriedade do português Joaquim José Domingues, aquele mesmo irmão do Rosário que assumiu um filho mestiço fruto de sua relação com a preta forra Joanna, mulher "livre e desempedida".[164]

Em 25 de janeiro de 1873 Domingues acertou a alforria de Justina com a condição de "prestar-me serviços durante dez annos, findos os quais gozará de plena e inteira liberdade sem ônus algum". A alforria condicional previa ainda que: "se por ventura a referida escrava querer remir-se da condição que imponho á sua liberdade, o poderá fazer se der ao abaixo assignado a quantia de dous contos de réis". Com sua carta em mãos, Justina, uma jovem crioula de 22 anos, migrou do lugar chamado "Madruga", onde habitava com seu proprietário e demais escravos, para a vila. Habilitada em seu registro de matrícula, como "cozinheira muito boa",[165] logo arranjaria uma colocação em casa do major Cândido Ribeiro Barboza,[166] que doravante seria o "senhor dos serviços da escrava liberta".[167] O detalhe interessante é que o major pertencia ao grupo dos signatários do indignado artigo publicado no *Diário do Rio de Janeiro*.

---

162 *Ibidem*, p. 246.

163 MARCONDES, Renato Leite. "A propriedade escrava no vale do Paraíba paulista durante a década de 1870". *Estudos Econômicos*, 29, 2002, p. 51-74.

164 Processo mencionado anteriormente. MHPMN – Inventário de Joaquim José Domingues – Cartório do 1º Ofício do Bananal – Caixa 182 Número de Ordem 3714 – 1881.

165 MHPMN – Inventário de Joaquim José Domingues – Cartório do 1º Ofício do Bananal – Caixa 182 Número de Ordem 3714 – 1881. Relação de escravos datada de 18 de Julho de 1872, apensa ao inventário de bens. Registro de número 3565.

166 À época do mencionado "Caso do Bracuhy" em que se envolveram os comendadores Manuel de Aguiar Vallim e Joaquim de Souza Breves, o Major Cândido ocupava o cargo de Delegado substituto e foi quem reforçou o álibi de Vallim, de que havia comunicado às autoridades (no caso ao próprio Major) a presença de africanos livres em suas terras, negando o acoitamento dos mesmos. Segundo Martha Abreu, Cândido Ribeiro era "proprietário de terras na região e acusado por seus escravos de esconder africanos livres" (ABREU, Martha. *Op. cit.*, p. 177).

167 MHPMN – Arbitramento – Cartório do 2º Ofício do Bananal – Caixa 002 – Número de Ordem 037 – 1873, p. 2.

Justina não pareceu satisfeita com sua nova condição e resolveu levar adiante o desejo de conquistar a liberdade definitiva. Menos de um mês depois de sua alforria condicional, "fundando se na Lei", entraria com pedido de remissão do acordo mediante a apresentação da quantia de 800$000 réis junto ao Juízo Municipal.[168] José Domingues contestaria a legitimidade de seu pedido, alegando que havia sido feito na condição de escrava, quando em verdade a crioula seria uma "liberta condicional". Em resposta, o curador da "libertanda", o advogado nomeado pelo Juízo, Dr. Antonio Barboza da Silva, alegou que o acordo não era válido, posto que a lei e o regulamento não permitisse a prestação de serviços por mais de sete anos. Barboza, curiosamente atribuiu o erro da suplicante ao "vivo e natural amor á liberdade, amor que se desperta tanto mais energico, quanto é maior o esforço por distanciar a Supplicante de seu legitimo escopo". O advogado ultimava a sua súplica "esperando que este [o esforço] não fique reduzido a uma vão *miragem*, pois que tem confiança ainda na execução das leis, e na imparcialidade dos julgadores".[169]

O esforço da crioula, que levantou em curtíssimo espaço de tempo a nada modesta quantia de 800$000 réis; aliado à hábil condução de seu representante legal resultou em êxito. Em 12 de Março de 1873 resolveu-se "amigavelmente a questão da remissão da clausula de serviços". Domingues aceitou o valor arbitrado de 700$000 réis, ou seja, muito abaixo do valor estimado pelo proprietário no ato da alforria condicional e menos do que fora oferecido inicialmente pela agora definitivamente liberta Justina.[170] Quais as razões para a rapidez com que a preta buscou os seus direitos assim que passou a morar na vila? Seria por conta das relações que ali estabelecera e que teriam contribuído para levá-la ao conhecimento de suas reais possibilidades de alcançar a liberdade? E o que dizer do fato de seu ex-proprietário ser um membro do Rosário? É possível que Justina também fizesse parte da irmandade, tanto mais quando sabemos que era corriqueira a presença conjunta de senhores e escravos nas reuniões das confrarias, fato observado de forma contundente em Taubaté.

Não tratarei aqui a respeito da temática das ações de liberdade, a intenção é apenas resgatar de modo breve, os últimos anos da escravidão no Bananal, momento em que a Irmandade do Rosário, malgrado todas as suas dificuldades, mantinha-se ativa e atenta aos acontecimentos a sua volta. Mas é certo que o sucesso

---

168 *Ibidem.*

169 *Ibidem*, p. 4. Grifo do advogado.

170 *Ibidem*, p. 19.

da crioula, não escapou aos seus consortes. As ações de liberdade nos ajudam a pensar a dinâmica social que movimentava senhores e escravos em suas estratégias para garantir a propriedade e angariar a liberdade respectivamente.[171] Não obstante, tais embates ajudam a encontrar alguns personagens que circulavam entre as irmandades do Rosário, Boa Morte e São Benedito.

Dentre as ações de liberdade encontradas foi possível observar certo padrão nas justificativas dos escravos. Excetuando Justina, que era extremamente jovem à época de seu processo, a maioria dos cativos acusava doença e idade avançada no momento de recorrer ao Juízo Municipal. As alegações para os pedidos de alforria eram duramente contestadas pelos proprietários "lesados". Como é o caso do pardo Antonio, um escravo fugido que se encontrava preso na corte. Ao entrar com ação de liberdade afirmava estar velho e doente. Em resposta, a defesa argumentava que: "assim como os escravos, que pretendem libertar-se por meio de pecúlio, allegam enfermidades que não tem ou as exageram, da mesma forma o libertando inculcou na petição de folha 2, idade maior do que realmente tem".[172]

Mais um escravo que teria deturpado as suas reais condições, o africano mina Fortunato (em mais um caso defendido por nosso amigo Francisco de Paula Ferreira). Seu processo é lapidar dos ardis de escravos e senhores para alcançar os seus objetivos. Em 1877, o africano casado com a crioula Ana, pai de três filhos libertos, apresentou em juízo quantia de 330$500 réis como pecúlio para a sua alforria. Doente e com idade avançada, cerca de 70 anos, requeria a sua liberdade "com base na lei". Conforme apontam os documentos desta ação, logo após a entrada do pedido, o proprietário tentou vendê-lo em Barra Mansa:

> Diz Fortunato, Mina, maior de 70 annos de idade, escravo de João Silvério da Rosa, casado com Anna creoula, maior de 50 annos, tendo 3 filhos libertos, – Mathias morador em Rezende, José camarada do Sr. José Fortado da Roza, e Maria Roza, em poder do Sr. Elpidio

---

171 Não há dados precisos sobre a questão das alforrias em Bananal, seriam necessários esforços mais centralizados para dar-se conta dessa temática. Nesta pesquisa me defrontei com um pequeno número de ações de liberdade subsidiadas pela lei de 1871, todas depositadas no Museu Major Novaes. Não obstante, acredito que os números diminutos se devem mais à dispersão das fontes referente ao Bananal, do que propriamente à ausência de escravos que buscavam seus direitos.

172 MHPMN – Ação de Liberdade – Cartório do 2º Ofício do Bananal – Caixa 006 – Número de Ordem 137 – 1877. Neste caso Antonio afirmava contar 48 anos.

> Rodrigues Seixas, e que além disso tendo um pecúlio de 350:000 entrado na Collectoria, *pretende seo senhor vende-lo fora deste Município, para o que o entregou e sua mulher a um fulano Farias, na Barra Mansa, vendedor de escravos, e como isto seja um attentado contra os direitos de da liberdade do Suplicante vem ele, com o devido respeito, requerer a V. Sa. que o mande depositar em mão do Sr. Major Antonio de Pádua Machado, compadre delle suplicante e* nomear-lhe um Curador que trate da defeza de seos direitos, intimado seo senhor por Mandado para allegar o que lhe convier. A rogo do Supplicante o advogado Francisco de Paula Ferreira.[173]

Conforme solicitado "a rogo" do Suplicante, Fortunato deveria ser depositado em casa de seu compadre o Major Antônio de Pádua Machado, provavelmente padrinho de um de seus filhos. Em sua defesa, o proprietário afirmou em juízo que o escravo tinha cerca de 50 anos e poucos anos e era dotado de "robustez e boa saúde e alem disso é excellente arreiador em cujo officio presta os melhores serviços"; alugando "por varias vezes a razão de mil e quinhentos reis diários". Dessa forma não equivaleria o pecúlio oferecido "ao valor razoável do mesmo". Se verdadeiras as alegações do proprietário, possivelmente Fortunato, mais jovem do que dizia ser, trabalhasse a ganho pelas ruas da vila. "Robusto" e com boa "saúde", alugaria ali os seus serviços de "excellente arreiador".[174]

As ações de liberdade tinham como trâmite legal o afastamento do escravo "suplicante" de seu proprietário, o que implicava em depositá-lo em mãos de pessoa escolhida pelo Juízo Municipal assim que o escravo entrasse com pedido e exibisse o seu pecúlio através de um procurador. O valor podia ser contestado pelo proprietário, o que levaria as autoridades a requererem o seu arbitramento, que consistia em avaliação, através de moradores locais, das condições de vida do escravo, procedendo-se ainda a uma cuidadosa observação física do mesmo a fim de verificar se o valor que oferecia era justo. Usualmente, delegava-se à pessoa que recebia o escravo direito de usufruir de seus serviços enquanto este estivesse em seu poder. No caso do mina Fortunato, a escolha de seu padrinho como depositário

---

173 MHPMN – Ação de Liberdade – Cartório do 2º Ofício do Bananal – Caixa 009 – Número de Ordem 175 – 1878, p. 5. Grifos meus.

174 MHPMN – Ação de Liberdade – Cartório do 2º Ofício do Bananal – Caixa 009 – Número de Ordem 175 – 1878, p. 20.

implicaria em uma suposta vantagem por conta dos laços de compadrio que os uniam. Em geral a escolha do depositário ficava a cargo do poder público, mas no caso de Fortunato o pedido de seu advogado seria acatado.

No entanto, o africano fugiu do município sem aguardar o resultado de seu arbitramento. Deixaria para trás esposa e filhos, aparentemente temendo a própria venda. Com profissão definida e família constituída, por que razão teria o africano preferido fugir a aguardar o seu arbitramento? Em sua fuga, Fortunato atravessaria a fronteira que divide o Vale do Paraíba paulista e fluminense e iria longe. Seria encontrado quase um ano depois na Casa de Detenção da Corte. Seu proprietário pagaria pouco mais de 190$000 réis por 217 dias de carceragem e "comedorias" para trazer o seu escravo de volta em dezembro de 1878. Os desdobramentos do caso a partir do retorno de Fortunato ao Bananal ficarão em aberto, pois o processo se encontra incompleto, mas ressalto o fato de que nem mesmo a promessa de depósito junto ao compadre inspirou segurança ao escravo, levando-o à fuga.

A partir dos casos de Justina e Fortunato podemos verificar a árdua batalha que senhores e escravos travaram no escopo de assegurar os seus "direitos". A perda do controle das "esperanças escravas" em torno da alforria, conforme pontuou Hebe Mattos, não passou incólume à feracidade dos senhores, alguns dos quais transformariam a sua indignação em violência. Um caso ocorrido com a escrava Domingas, uma jovem parda de 36 anos, ilustra bem a situação em tela. No ano de 1881, Domingas exibiu em juízo a quantia 500$240 réis como pecúlio para a sua libertação. Afirmava ser doente e acusava ao marido de sua falecida proprietária, José Luiz Nepomuceno, de constrangê-la e de obrigá-la a estabelecer alforria condicional sob cláusula de prestação de serviços por um período de três anos. Seu procurador ofereceu ao Juízo a seguinte denúncia:

> Diz Domingas, mulata, que tendo sido libertada no dia 11 do corrente por accordo havido entre os herdeiros de sua finada Senhora Luiza Querubina de Jesus, no dia imediato (12), o herdeiro José Luiz Nepomuceno, em cujo poder ella se achava, depois de a *espancar barbaramente com chicote*, entregou-lhe a inclusa carta com data emendada, como Vsa. pode occularmente verificar. *Esta conducta irregular e criminosa do referido herdeiro José Luiz, que em relação a emmenda feita na carta foi o resultado da cólera que o dominou ao saber que a Supplicante tinha requerido em Juízo competente a sua*

> *liberdade e exibido para isso o seo valor, que, em grande parte, consta de dinheiros existentes no espolio, como Vsa. já deve saber.* No mesmo dia a Supplicante requereo corpo de delicto em sua pessoa e espera que o seo brutal agressor seja devidamente punido na forma da lei. (...) Bananal 17 de Junho de 1881.
> A rogo de Domingas, Francisco de Paula Aranha.[175]

Nepomuceno acusava Domingas de acoitar-se em casa de seu procurador e de exercer atividades relacionadas ao meretrício. Segundo o advogado da escrava, a cólera do herdeiro que a espancara "barbaramente", advinha do fato de Domingas solicitar a sua liberdade com dinheiro que herdara de sua falecida proprietária. A aumentar a ira de Nepomucemo a afirmação da parda de que "tinha quem lhe desse" o valor restante caso o seu arbitramento fosse maior dos que os 500$000 mil réis que oferecia. A violenta atitude do proprietário reflete a indignação reinante. Mas nem todos os proprietários recorriam à agressão, alguns inclusive negavam os maus tratos arvorando-se defensores dos direitos dos cativos. Como é o caso de Maria de Silveira Carvalho, cuja escrava Rachel, uma crioula de 29 anos, em janeiro de 1887, exibiu em juízo a quantia de 300$000 réis como pecúlio para sua libertação.

Maria rejeitou o valor do ressarcimento por considerá-lo muito abaixo da realidade, a proprietária recusava-se ainda a depositar a escrava, que curiosamente deveria ser recebida pelo mesmo José Luiz Nepomuceno, agressor da parda Domingas. Pode ser irônico que além de ver os seus escravos escaparem por intermédio da lei, Nepomuceno devesse atender aos casos de outros libertandos, no entanto, é fato que poderia muito bem servir-se dos serviços dos mesmos, enquanto estes estivessem "depositados" em seu nome. Na defesa da proprietária de Rachel, se encerram as últimas tentativas de defesa da propriedade sobre o corpo escravo, no momento exato em que a escravidão agonizava de morte. Ao contestar o valor oferecido pela escrava afirmava que:

> É intuitiva a equidade senão justiça dessa medida, pois será na hippothese de que se trata em outros analogos, que possam apparecer animados por esta, um corretivo razoável para todo e qualquer abuso, *salvando-se de um lado o precioso direito de liberdade, e acautellando por*

---

175 MHPMN – Arbitramento – Cartório do 1º Ofício do Bananal – Caixa 180 – Número de Ordem 3688 – 1881. Grifos meus.

> *outro o direito não menos respeitavel de propriedade.* Se sob o fundamen-
> to de uma enfermidade simplesmente allegada, mas não provada, se
> priva o senhor dos serviços de um escravo em virtude de um processo
> de liberdade por indenisação do valor deste com a exhibição de uma
> quantia evidentemente inferior ao seo preço, não haverá justo motivo
> para amanhã se conceder o mesmo á aquelles que em igual fundamento
> apresentem até uma quantia relativamente ridícula?[176]

Não obstante contestasse veementemente o valor oferecido pela escrava, lançando mão dos conhecidos argumentos que afirmavam a legitimidade de um direito "não menos respeitável", certamente a proprietária antevia o desfecho favo-
rável à Rachel, pois tentou sob todas as formas evitar o depósito da escrava, que
sairia de seus domínios, na tentativa de aproveitar de seus serviços até o último
instante. Maria entendia ser "algum tanto violenta a medida de deposito por não
haver absolutamente necessidade dela", uma vez que só deveria ser

> decretada essa medida quando receiar o Juizo que a permanencia do
> escravo em poder de seo senhor crie difficuldades para que possa o
> libertando provar a acção ou o coloque em posição desfavorável por
> sevicias, ou outros constrangimentos.

O que não era absolutamente o seu caso, pois que era "publico e notorio nesta cidade", tratar-se Maria de uma pessoa "extremamente humana para com seos
escravos e incapaz de sevicialos por qualquer motivo, quanto mais por uma razão
tão justa e natural como a nascida do desejo da liberdade".

A proprietária direciona sua súplica no sentido de mostrar-se boa e humana
para com aqueles que a serviam, o que por si só mereceria atenção do Juízo ao seu
pedido de manter Rachel junto a si até o posterior desfecho de uma ação que a própria considerava "tão justa e natural".[177] Ao final do processo arbitrou-se um valor
consensual e Rachel conquistou a sua liberdade. É possível mesmo que as relações
entre a escrava e sua senhora fossem de certa forma "amistosas". Já comentei que
a convivência no interior das casas aproximava senhores e escravos e que mulhe-

---

176 MHPMN – Arbitramento para liberdade – Cartório do 1º Ofício do Bananal – Caixa 199 – Número
de Ordem 4000 – 1887, p. 6. Grifos meus.

177 *Ibidem*, p. 7.

res pobres como era o caso de Maria Silveira de Carvalho, mantinham extrema dependência de suas poucas posses. No caso do Bananal a convivência no âmbito das confrarias proporcionava mais um lugar de aproximação.

A documentação relativa ao Rosário do Bananal demonstra essa proximidade. Nela encontramos novamente os confrades Domingos crioulo e o africano Joaquim, acompanhado por seu filho José Joaquim. Todos libertos pelo padre Joaquim Belizário Mendonça de Siqueira. Entre os anos de 1879 e 1883 as fontes colimadas apontam para um funcionamento constante da irmandade. As reuniões, que aconteciam no consistório da Igreja, tinham um foco essencialmente administrativo, cuidavam da organização da festa, da arrecadação dos tributos e da sucessão anual. Entre os pretos que faziam parte da irmandade, Domingos Belizário era o mais assíduo, seu nome aparece em todas as atas encontradas, sobretudo as que registram os encontros entre os meses de dezembro de 1882 e outubro de 1883. Neste período, a irmandade reuniu-se pelo menos 12 vezes, sendo que entre os meses de maio e agosto não foram registradas reuniões.[178]

Outra fonte utilizada para visualizarmos as atividades dos irmãos do Rosário é o mencionado processo de representação de livros, no qual a confraria processava um de seus membros por haver "sumido" com o livro de atas. Apenso a este se encontram duas atas de reuniões realizadas pouco antes da abertura do processo:

> Acta de 6 de outubro de 1879. *Presidencia do Sr. Conego Antonio Guimarães Barrozo.*
> Aos seis dias do mês de Outubro de mil oitocentos e setenta e nove n'esta cidade do Bananal reunidos os Irmãos baixo assignados. Presidência do Sr. Cônego Antonio Guimarães Barrozo declarou o Sr. Presidente aberta a sessão a fim de tratar-se da Festa de Nossa Senhora do Rozario, aprezentando-se o Irmão thesoureiro Camillo Rodrigues das Ouras (sic), encarregado pelo *Juiz e Juíza da festa a qual é Juiz o Exmo. Sr. Barão de Joatinga e D. Domiciana de Almeida Vallim dando ambos a quantia de 300$000. Sendo o Juiz 150$000 e a Juíza 150$000 de suas jóias o qual se procedece a dita festa nos dias 11 e 12 do corrente com alguns ajutorios de annuaes que o thezoureiro reçeber.* E como nada mais avendo a tratar-se foi encerrada a Seção e assignado os empregados e os Irmãos prezentes.

---

178 AMDL – Livro de atas da Irmandade de Nossa Senhora do Rosário do Bananal – 1882/1883.

O Thesoureiro Camillo Rodrigues das Ouras (sic)
O procurador Francisco Julio dos Santos
O Secretario Ignácio Pereira Nobre
1º Zelador Francisco Julio dos Santos
2º Zelador Antonio Pinheiro da Silva
Manoel Venâncio Pereira Nogueira
A rogo de *José Belizário de Siqueira* – Alfredo Egidio de Azevedo
A rogo de Quintino Ribeiro Barboza – Alfredo Egidio de Azevedo
Bernardino Antonio Appolinario.[179]

Por meio do registro desta reunião que transcorreu sob a presidência do Reverendo Vigário, destacam-se as presenças do Barão de Joatinga, Pedro Ramos Nogueira[180] e de Dona Domiciana de Almeida Vallim, viúva do recém-falecido comendador Manuel de Aguiar Vallim. Como juízes festeiros "patrocinariam" a festa que deveria se realizar no ano seguinte, contribuindo com a quantia de 150$000 réis cada um. Um valor bastante modesto, diga-se de passagem, em nada condizente com a fortuna possuída por esses "festeiros"; mas quem sabe, na opinião destes, apropriada para uma festa organizada por pretos... Note-se a diminuta quantidade de irmãos que acorreu a esta reunião, entre os quais figurava o filho do africano Joaquim, com sua assinatura a rogo. A presença do vigário pode muito bem justificar este fato, pois como já mencionamos diversas vezes a presença de autoridades religiosas comumente incomodava os irmãos e gerava controvérsia. E o que dizer dos grandes fazendeiros como juízes festeiros? Haveria dissonância ante uma suposta intervenção? Não nos esqueçamos da contenda sobre a precedência entre o Rosário e a Boa Morte, dos dias tensos de discussão sobre a lei do elemento servil, e das altercações entre senhores e escravos pela garantia de seus "direitos" tão divergentes. Nossa assertiva encontra respaldo na realização de outra reunião realizada pouco mais de um ano depois:

---

179 MHPMN – Representação de livros – Cartório do 1º Ofício do Bananal – Caixa 180 – Número de Ordem 3670 – 1881, p. 7. Grifos meus.

180 Pedro Ramos Nogueira era genro do comendador Luciano José de Almeida, casado com Dona Placidia Maria de Almeida e era proprietário da fazenda Luanda, em Bananal, situada ao lado da fazenda Boa Vista. Consta que fora proprietário da ilha de Joatinga, localizada em Angra dos Reis: "famosa em sua época, com enorme casa de sede toda em mármore branco". Ver: FREITAS, Maria Aparecida Rezende Gouveia de. *Bananal: cidade histórica, berço do café*. São Paulo: Massao Ohno Roswitha Kempf, 1981.

Acta de Fevereiro de 1881 – Presidência do Irmão Joaquim Silverio dos Reis.

Aos treze do mês de Fevereiro de mil oitocentos e oitenta em nˋesta cidade do Bananal e Igreja de N. Senhora do Rozario reunidos os Irmãos presentes digo abaixo assignados e prezidencia do Irmão Joaquim Silverio dos Reis. Declarou o presidente aberta a secção declarou ser a prezente meza convocada para eleger-se mezarios e empregados que tem de servirem no anno compromissal de 1880 a 1881, *visto os empregados e mezarios de 1879 terem deixado em completo abandono a Igreja e a Irmandade.* Procedendo-se a Eleição forão eleitos os Irmãos seguintes:

Juiz
Jose Antonio de Oliveira
Juiza
D. Maria Joaquina de Jesus
Thezoureiro
Joaquim Silverio dos Reis
Procurador
Antonio Alves
Secretario
Americo de Paula Ferreira
1º Zelador
João Joaquim Felício
2º Zelador
Bernardino Antonio Appolinario
Andador
Joaquim Damazio Guerra
Zeladora
D. Jeneroza Ribeiro
Irmãos de Capella
Jose Joaquim Belizário de Siqueira
Joaquim Belizário de Siqueira
Irmãos de Meza
Jose Eleutério Pereira
Maximiano Gonçalves Pereira
D. Joaquim Pinto Maia
Benedito Antonio
Elias Silvério Cardozo

CAMINHO DA PIEDADE, CAMINHOS DE DEVOÇÃO

Antonio Joaquim d'Assunção
João Baptista de Moura
Manoel Antonio Gomes
Domingos Belizário d' Siqueira
Thomas Paula Sta. Roza
Quintino Ribeiro Barboza
Felippe Tiago dos Santos
Irmães de Meza
Dona Francisca Maria de Jesus Peixoto
Genoveva Maria de Magalhães
Josepha Maria do Espírito Santo
Maria Soares da Silva
Balbina Soares Leite
Francisca de Assis Pedroza
Carlota Maria da Conceição Freitas
Maria Plácida de Aguiar Magalhães
Maria Ribeiro Ferreira d'Aguiar
Eduarda Roza de Medeiros
Florinda Maria Penna
Francisca Carolina dos Reis

E nada mais avendo a tratar-se encerrou-se a secção de que para constar lavrei a prezente Acta que foi lida e aprovada e por todos assignados. E eu Ignácio Pereira Nobre Secretario que a escrevi.[181]

Como podemos observar, sem a presença de um "vigilante" vigário a presidir a mesa, e sem o parco patrocínio dos "grandes" do Bananal, a Irmandade do Rosário voltou à carga e realizou as suas eleições com a presença de um número muito maior de membros. Não sem antes denunciar que os antecessores haviam "deixado em completo abandono a Igreja e a Irmandade". Entre aqueles que foram eleitos para cargos de prestígio e os simples irmãos de mesa, havia pelo menos 36 pessoas presentes à reunião. Como irmãos de Capela encontramos dois ex-escravos do padre Belizário Joaquim e José, pai e filho.

---

181 MHPMN – Representação de livros – Cartório do 1º Ofício do Bananal – Caixa 180 – Número de Ordem 3670 – 1881, p. 8-9. Grifos meus.

Conforme os livros de atas, nas demais eleições para os anos de 1882 e 1883 não houve mais a presença do vigário a presidir as sessões, tão pouco o "parco patrocínio" dos grandes senhores. É possível que esse afastamento tenha se dado devido ao receio de causar incômodos aos cativos e libertos que participavam da confraria, e que se manifestaram na queixa contra o abandono da irmandade no ano anterior. Tal qual no caso da contenda de 1857, em que os irmãos do Rosário alegaram ser melhor não retirar a precedência dos "irmãos-cativos" afim de não "desmotivar" o seu ardor religioso. "Recados" subliminares de que não se deveriam atiçar os ânimos da escravaria.

Em que pese a evidente presença de brancos na irmandade, especialmente na figura daqueles irmãos portugueses que apareceram anteriormente nas fontes analisadas, o fato de haver nas últimas atas da confraria acima expostas, irmãos com extensos sobrenomes, que podem vir a ser "brancos de boa consciência", não expressa necessariamente a ocupação da irmandade por estes. Como é o caso dos ex-escravos do padre Belizário, cuja documentação revelou tratar-se de pretos crioulos. Ou do irmão Quintino Ribeiro Barboza, cujo sobrenome poderia sugerir uma aproximação com o riquíssimo senhor da fazenda Rialto, o major Cândido Ribeiro Barboza, mas que o olhar atento à documentação onde foi encontrado, permitiu entrever um homem analfabeto de existência bastante modesta, cuja ocupação principal era fabricar caixões para o enterramento dos irmãos do Rosário, entre os quais o do jovem crioulo João Belizário e de seu ex-proprietário o padre Joaquim Belizário de Mendonça Siqueira.

A documentação a respeito das irmandades do Bananal embora de menores dimensões quando comparada à de Taubaté, sobretudo no que tange às fontes complementares, permitiu-nos perceber a intrincada teia de relações que se construíram nas fímbrias do sistema escravista. Relações de compadrio, camaradagem e por que não de gratidão, que permearam a vida desses homens e mulheres pretos do Bananal. Não apenas a documentação produzida pelas confrarias, mas também aquelas que as tangenciam, como os testamentos e inventários, as ações de liberdade, arbitramentos, registros de casamentos de escravos, entre outros, permitiram captar as vivências e o transitar desses personagens. Destaca-se o fato de que os irmãos das confrarias no Bananal, em sua maioria, encontravam-se na vila. Tentar segui-los configurou-se em tarefa árdua e pertinaz.

Foi necessário mourejar em busca de pequenas pistas e indícios de suas relações, rastreando a sua aparição aqui e ali, a fim de reconstituir-se fragmentos de suas vidas. Fragmentos estes que utilizei para tentar reafirmar que o amplo universo escravista, como bem tem demonstrado toda uma historiografia, não deve ser pensado apenas à luz da dicotômica relação senhor-escravo. A proximidade de uma convivência constante, dentro e fora das irmandades, se em dado momento configurou-se em vigilância, fruto do medo fundamentado da rebeldia escrava, de outra parte, permitiu ações de proteção aos irmãos cativos.

Embora tenha sido a escravidão um processo doloroso e de extrema violência, não se pode deixar de entrever nas fímbrias do sistema, as brechas encontradas pelos escravizados e o papel fundamental das irmandades no sentido de criar estratégias e meios para interromper ou amenizar a dura realidade do cativeiro. Elas estão aí, as brechas e as irmandades prontas para nos auxiliarem a empreender um exercício cada vez mais fecundo de aproximação com esses homens e mulheres pretos, do Rosário, de São Benedito... Dando-lhes voz, vida, história...

Considerações finais

O presente estudo pretendeu analisar a formação e dinâmica de funcionamento das irmandades de pretos constituídas no Vale do Paraíba paulista. Em que pese a dispersão das fontes documentais, pude constatar que estiveram presentes em praticamente todas as vilas e aldeias da região. A concentração maior de fontes relativamente às Irmandades do Rosário e São Benedito em Taubaté e Bananal levou-me a escolher essas localidades como foco principal de análise. As irmandades encontradas em Guaratinguetá e Areias serviram como contraponto e reforço analítico.

Ambicionava desde o princípio uma aproximação dos confrades que as compunham, na tentativa de reconstituir as suas dinâmicas internas e delinear o momento histórico no qual emergiram essas associações fundadas pelas mãos da população escrava e forra destas localidades. O esforço de aproximação levou-me a constatar que as confrarias mencionadas mantinham características semelhantes no que tange à ausência de conformações étnicas perceptíveis em seu interior. Uma informação surpreendente no caso de Bananal, onde os índices de africanidade eram cotidianamente alimentados pela constante chegada de mão de obra africana. Se em algumas áreas de conformação mais urbana, tais como as existentes no Rio de Janeiro e Salvador, os conflitos étnicos foram uma constante, nas cidades do Vale do Paraíba paulista essas identidades diluíram-se no interior das confrarias, da mesma forma em que não identifiquei a acentuada polarização entre pretos e pardos, captada pela historiografia comentada na primeira parte do livro, sobretudo para a região das Minas Gerais.

Numa escala que não deixou de ser comparativa, em Taubaté observei o deslocamento dos irmãos das cercanias rurais rumo à vila, uma vez que sua maioria se compunha de cativos vindos do eito, livres pobres e alguns pequenos proprietários de terras, que tomavam assento junto aos seus escravos para dirimir os assuntos da confraria. Esse trânsito intenso propiciou sobremaneira a formação de núcleos de sociabilidade. A presença da coroação de reis e rainhas na Irmandade do Rosário desta localidade permite afirmar que era esta uma função ou um papel exercido essencialmente por escravos; e se conformava em tentativas de controle da hierarquia social interna, especialmente ao atribuir ao rei a presença na mesa durante as tomadas de decisões. Da mesma forma, em Guaratinguetá sua importância foi igualmente observada. Certamente, o fato de terem sido fundadas em princípios do século XVIII, favoreceu a manutenção da hierarquia social calcada em uma "realeza" negra. Entretanto, tal fato não foi observado em Bananal, onde a autoridade máxima das confrarias do Rosário e São Benedito concentrava-se na figura do juiz. Nestas, ficou estabelecido, ao lado deste, o cargo de zelador, uma espécie "guardião" dos interesses das irmandades, que no caso dessas duas confrarias era exercido por uma mesma pessoa. Numa demonstração de evidente confluência entre ambas.

Surgidas na segunda metade do século XIX as irmandades do Bananal vivenciaram um momento de intensa movimentação escrava, fruto do afluxo constante de mão de obra africana ao Vale do Paraíba paulista. Um período de tensão social crescente face à presença exígua de brancos em relação ao restante da população. As constantes notícias sobre tentativas de revoltas na região, aliada a certa "paranoia" senhorial, levaram grandes e pequenos proprietários a tentar manter os seus escravos literalmente encarcerados em suas propriedades, o que teria contribuído para que a maioria dos irmãos cativos se originasse das proximidades da vila.

É preciso ressaltar que a aproximação com os confrades mostrou-se muito mais complexa em relação a Bananal. Foram localizados muitos nomes, mas poucos irmãos deixaram vestígios em inventários e testamentos, certamente porque nada tinham a deixar. Dessa forma, considero que o contexto rural, importante na configuração das relações entre senhores e escravos das localidades pesquisadas, implicou em uma maior proximidade e favoreceu o estabelecimento de laços de sociabilidade, formulados a partir de interesses distintos: os primeiros a fim de

CAMINHO DA PIEDADE, CAMINHOS DE DEVOÇÃO   287

conter focos de rebeldia e manter "a paz das senzalas"; os segundos, para conquistar a liberdade ou amainar as agruras do cativeiro.

A experiência comunal das irmandades propiciou o fortalecimento dessas relações, e se num primeiro momento, sobretudo para Bananal, oferecem a ideia de um espaço marcado pelo controle social e vigilância sobre os escravos, considero que, igualmente para os irmãos, a convivência com os demais setores sociais tivesse menos interesse religioso do que garantir, na aproximação com os senhores, estratégias de sobrevivência e de liberdade, em um ambiente marcado pela vigilância constante.

Face ao exposto, reafirmo que os estudos sobre as irmandades não estão ainda esgotados, sobretudo no que concerne aos contextos rurais. É preciso empreender uma aproximação com seus membros. Proximidade esta que nos leve além da contabilização de sua conformação étnica ou social, de sua estruturação ou mesmo daquilo que deixam transparecer as fontes documentais e que pode ser descortinado através de fontes paralelas. Trata-se de colocar uma "lente de aumento" sobre esses irmãos e, através de suas vivências, captar a essência desses organismos sui generis, que extrapolaram os limites da devoção religiosa e configuraram-se espaços de luta e resistência negra. Uma última constatação motiva ressaltar a necessidade de se estudarem as confrarias de pretos no âmbito rural: a existência de manifestações culturais oriundas de seu processo de formação. Em Guaratinguetá, por exemplo, persistem as festividades em torno da Irmandade de São Benedito, fundada em 1757. Festividade, que desde o decênio de 1950, conta com a presença de grupos de congadas que acompanham a comitiva real da confraria e adentram a Igreja com seus tambores e danças, numa perfeita simetria entre sagrado e profano. Sobrevivências que gosto de pensar como "africanidades valeparaibanas"; e que merecem ser estudadas historicamente num contexto mais amplo.

A conclusão de uma pesquisa nunca é o derradeiro ponto final. Sempre sobram arestas que não foram aparadas e depois de findos os trabalhos é que se percebe aquilo que "ficou de fora". No caso deste estudo, certamente aparecerão brechas ou lacunas que não foram percebidas e que merecerão um olhar mais adiante. E é justamente neste ponto que o trabalho se faz tão prazeroso àqueles que se lançam na difícil tarefa de remontar um passado longínquo. É na busca incessante de encontrar respostas que não foram satisfeitas que o ofício do historiador se renova a cada dia.

Bibliografia

ABREU, Maria Morgado de. *História de Taubaté através de textos*. Taubaté: Prefeitura Municipal de Taubaté, 1996 [Col. Taubateana, n° 17].

ABREU, Martha. "O caso Bracuhy". In: CASTRO, Hebe Maria Mattos de; SCHNOOR, Eduardo. *Resgate: uma janela para o oitocentos*. Rio de Janeiro: Topbooks, 1995, p. 165-196.

_____; VIANA, Larissa. "Festas religiosas, cultura e política no império do Brasil". In: GRINBERG, Keila; SALLES, Ricardo (orgs.). *O Brasil imperial*. Vol. III: 1870-1889. Rio de Janeiro: Civilização Brasileira, 2009.

AGUIAR, Marcos Magalhães de. *Vila Rica dos confrades: a sociabilidade confrarial entre negros e mulatos no século XVIII*. Dissertação (mestrado) – FFLCH/USP, São Paulo, 1993.

ALONSO, Priscila de Lima. *O vale do nefando comércio: o tráfico de africanos no Vale do Paraíba (1830-1860)*. Dissertação (mestrado) –FFLCH/USP, São Paulo, 2006.

ALVES, Maurício Martins. *Caminhos da pobreza: a manutenção da diferença em Taubaté (1680-1729)*. Taubaté: Prefeitura Municipal de Taubaté, 1998.

ANTONIL, André João. *Cultura e opulência do Brasil por suas drogas e minas*. Belo Horizonte: Itatiaia; São Paulo: Edusp, 1983.

ARAÚJO, Rita de Cássia Barbosa de. "A redenção dos pardos: a festa de São Gonçalo Garcia no Recife, em 1745". In: JANCSÓ, István; KANTOR, Iris. *Festa: cultura & sociabilidade na América Portuguesa.* São Paulo: Edusp/Fapesp, 2001, vol. 1.

ARRUDA, José Jobson de A.; FONSECA, Luís Adão da (orgs.). *Brasil-Portugal: História, agenda para o milênio.* Bauru: Edusc, 2001.

AZZI, Riolando. "Elementos para a história do catolicismo no Brasil". *Revista Eclesiástica Brasileira,* vol. 36, 1976.

BASTIDE, Roger. *As religiões africanas no Brasil.* São Paulo: Pioneira, 1985.

BEOZZO, Oscar (org.). *A Igreja no Brasil do século XIX.* Petrópolis: Vozes, 1980.

BERTIN, Enidelce. *Alforrias na São Paulo do século XIX: liberdade e dominação.* São Paulo: Humanitas, 2004

BLUTEAU, Raphael. *Vocabulario portuguez & latino, aulico, anatomico, architectonico...* 1712-1728. Coimbra: Acervo on-line IEB/USP.

BORGES, Célia Maia. *Escravos e libertos nas irmandades do rosário: devoção e solidariedade em Minas Gerais – séculos XVIII e XIX.* Juiz de Fora: Editora UFJF, 2005.

BOSCHI, Caio César. *Os leigos no poder: irmandades leigas e política colonizadora em Minas Gerais.* São Paulo: Ática, 1986.

BOXER, Charles R. *A igreja militante e a expansão ibérica: 1440-1770.* São Paulo: Companhia das Letras, 2007.

CAMARGO, José Francisco de. *Crescimento da população no Estado de São Paulo e seus aspectos econômicos.* São Paulo: IPE/USP, 1981.

CASTRO, Hebe Maria Mattos de; SCHNOOR, Eduardo. *Resgate: uma janela para o oitocentos.* Rio de Janeiro: Topbooks, 1995.

CASTRO, Hebe Maria Mattos de. *Das cores do silêncio: os significados da liberdade no sudeste escravista – Brasil, século XIX.* Rio de Janeiro: Arquivo Nacional, 1995.

CONRAD, Robert. *Os últimos anos da escravatura no Brasil (1850-1888).* Rio de Janeiro: Civilização Brasileira, 1978.

COSTA, Emília Viotti da. *Da senzala à colônia.* São Paulo: Editora Unesp, 1998.

_____. *Da monarquia à república: momentos decisivos.* São Paulo: Editora Unesp, 1999.

COSTA, Iraci del Nero da. *Brasil: história econômica e demográfica.* São Paulo: IPE/USP, 1986.

COUPÉ, Benedito Dubsky. *Vento rio acima.* São Paulo: Vida e Consciência, 2008.

CUNHA, Manuela Carneiro da. *Negros, estrangeiros: os escravos libertos e sua volta à África.* São Paulo: Brasiliense, 1985.

DAUWE, Fabiano. *A libertação gradual e a saída viável: os múltiplos sentidos da liberdade pelo fundo de emancipação de escravos.* Dissertação (mestrado) – UFF, Rio de Janeiro, 2004.

DEBRET, Jean Baptiste. *Viagem Pitoresca e Histórica ao Brasil.* Tomos I e II, vols. I, II e III. São Paulo: Livraria Martins, 1940.

DIAS, Maria Odila Leite Silva. "Forros y blancos pobres en la sociedad colonial del Brasil (1675-1835)". In: *Historia General de America Latina*, Unesco, vol. 3, cap. 14, 2004.

_____. *Cotidiano e poder em São Paulo no século XIX.* São Paulo: Brasiliense, 1995.

DUARTE, José Antonio Cruz. *A festa de São Benedito de Guaratinguetá: contribuição do negro para um catolicismo popular e resgate da cultura afro-brasileira.* Dissertação (mestrado) – PUC-SP, São Paulo, 1998.

ELLIS JR., Alfredo. *Economia paulista no século XVIII: ciclo do muar, o ciclo do açúcar.* São Paulo: Academia Paulista de Letras, 1979.

EVANGELISTA, José Geraldo. *Lorena no século XIX.* São Paulo: Governo do Estado, 1978.

FARIA, Sheila de Castro. "Mulheres forras – riqueza estigma social". *Tempo*, Rio de Janeiro, nº 9, 2000, p. 65-92.

FARINHA, António Lourenço. *A expansão da fé na África e no Brasil (subsídios para a história colonial).* Lisboa: Divisão de Publicações e Biblioteca, Agência Geral das Colónias, 1942-1946, vol. I.

FIGUEIREDO, Luciano. *O avesso da memória: cotidiano e trabalho da mulher em Minas Gerais no século XVIII.* Brasília/Rio de Janeiro: Edunb/José Olympio, 1993.

FLORENTINO, Manolo; GÓES, José Roberto. *A paz das senzalas: famílias escravas e tráfico atlântico, Rio de Janeiro, c. 1790 – c. 1850*. Rio de Janeiro: Civilização Brasileira, 1997.

FRANCO, Maria Sylvia de Carvalho. *Homens livres na ordem escravocrata*. São Paulo: IEB/USP, 1969.

FREITAS, Maria Aparecida Rezende Gouveia de. *Bananal: cidade histórica, berço do café*. São Paulo: Massao Ohno Roswitha Kempf, 1981.

GINZBURG, Carlo. *Mitos, emblemas e sinais: morfologia e história*. Tradução Federico Carotti. São Paulo: Companhia das Letras, 1989.

GLASGOW, Roy Arthur. *Nzinga: resistência africana à investida do colonialismo português em Angola, 1582-1663*. São Paulo: Perspectiva, 1982.

GONÇALVES, Marcos Couto. "Insurreição dos escravos no Vale do Paraíba". *Revista Acervo Histórico*, nº 3, 2005.

GONÇALVES, Rosana Andréa. *África indômita: missionários capuchinhos no Reino do Congo (século XVII)*. Dissertação (mestrado) – FFLCH/USP, São Paulo, 2008.

GRAHAM, Sandra Lauderdale. *Caetana diz não: história de mulheres da sociedade escravista brasileira*. Tradução Pedro Maia Soares. São Paulo: Companhia das Letras, 2005.

GRINBERG, Keila; SALLES, Ricardo (org.). *O Brasil imperial*. Vol. III: 1870-1889. Rio de Janeiro: Civilização Brasileira, 2009.

HAVIK, Philip J. *Silences and Soundbytes*. Munster: Lit Verlag Munster, 2004.

HERRMANN, Lucila. *Evolução da estrutura social de Guaratinguetá num período de trezentos anos*. São Paulo: IPE/USP, 1986.

HEYWOOD, Linda M. (org.). *Diáspora negra no Brasil*. São Paulo: Contexto, 2010.

_____. "De português a africano: a origem centro-africana das culturas atlânticas crioulas no século XVIII". In: HEYWOOD, Linda M. (org.). *Diáspora negra no Brasil*. São Paulo: Contexto, 2010, p. 101-124,

HIGUET, Etienne. "O misticismo na experiência católica". In: MENDONÇA, Antonio G. (org.). *Religiosidade popular e misticismo no Brasil*. São Paulo: Paulinas, 1984.

HOLANDA, Sérgio Buarque; MAIA, Tom. *Vale do Paraíba, velhas fazendas*. São Paulo: Companhia Editora Nacional, 1975.

HOORNAERT, Eduardo. *Formação do catolicismo brasileiro, 1550-1800*. Petrópolis: Vozes, 1978.

_____. *O Cristianismo moreno no Brasil*. Rio de Janeiro: Vozes, 1990.

_____; AZZI, Riolando; VAN DER GRIJP, Klaus; BROD, Benno. *História da Igreja no Brasil: ensaio de interpretação a partir do povo – Primeira época*. 2ª ed. Petrópolis: Vozes, 1979.

KARASCH, Mary C. *A vida dos escravos no Rio de Janeiro (1808-1850)*. São Paulo: Companhia das Letras, 2000.

LACERDA, Carlos. *A casa de meu avô*. Rio de Janeiro: Nova Fronteira, 1996.

LAHON, Didier. *Os negros em Portugal*. Catálogo de Exposição. Lisboa, Comissão Nacional para as Comemorações dos Descobrimentos, 1999.

_____. *O negro no coração do Império: uma memória a resgatar – séculos XV-XIX*. Lisboa: Secretariado Coordenador dos Programas Multicultarais – Ministério da Educação, 1999.

LARA, Silvia Hunold. "Sob o signo da cor: trajes femininos e relações raciais nas cidades de Salvador e do Rio de Janeiro (1750-1815)", 1996, p. 5, mimeo.

_____. "A escravidão africana na historiografia luso-brasileira". In: ARRUDA, José Jobson de A.; FONSECA, Luís Adão da (orgs.). *Brasil-Portugal: história, agenda para o milênio*. Bauru: Edusc, 2001.

_____. *Fragmentos setecentistas: escravidão, cultura e poder na América portuguesa*. São Paulo: Companhia das Letras, 2007.

_____; PACHECO, Gustavo. *Memórias do jongo: as gravações históricas de Stanley J. Stein. Vassouras, 1949*. Rio de Janeiro: Folha Seca; Campinas: Cecult, 2007.

LEITE, Fábio. *A Questão ancestral: África negra*. São Paulo: Palas Athena/Casa das Áfricas, 2008.

LEITE, Serafim. *Artes e ofícios dos jesuítas no Brasil (1549-1760)*. Lisboa/Rio de Janeiro: Brotéria/Livros de Portugal, 1953.

LEME, Pedro Taques de Almeida Paes. *História da Capitania de São Vicente*. São Paulo: Melhoramentos, s/d.

LEMOS, Carlos. "A imaginária dos escravos de São Paulo". In: ARAÚJO, Emanuel. (org.). *A mão afro-brasileira: significado da contribuição artística e histórica*. São Paulo: Tenege, 1988.

LINS, Raquel; ANDRADE, Gilberto. "Elogio do homem pardo". *Ciência e Trópico*, Recife, vol. 1, n. 12, 1984.

LUNA, Francisco Vidal Luna; KLEIN, Herbert S. *Evolução e economia escravista de São Paulo, de 1750 a 1850*. São Paulo: Edusp, 2006.

_____; COSTA, Iraci del Nero. "A presença do elemento forro no conjunto de proprietários de escravos". *Ciência e Cultura*, 32, 1980, p. 836-881.

LUSTOSA, Oscar de Figueiredo. "Reformistas na igreja do Brasil-Império". *Boletim – Nova Série*, São Paulo, nº 17, 1977.

MACGAFFEY, Wyatt. *Religion and society in Central África: The Bakongo of Lower Zaire*. Chicago: The University of Chicago Press, 1986.

MACHADO, Maria Helena. *Crime e escravidão: trabalho, luta e resistência nas lavouras paulistas, 1830-1888*. São Paulo: Brasiliense, 1987.

_____. *O plano e o pânico: os movimentos sociais na década da abolição*. Rio de Janeiro: Editora UFRJ; São Paulo: Edusp, 1994.

MARCONDES, Renato Leite. "A propriedade escrava no vale do Paraíba paulista durante a década de 1870". *Estudos Econômicos*, 29, 2002, p. 51-74.

_____; MOTTA, José Flávio. "Duas fontes documentais para o estudo dos preços dos escravos no Vale do Paraíba paulista". *Revista Brasileira de História,* vol. 21, nº 42, 2001, p. 495-514.

MELLO, Pedro Carvalho de. *A economia cafeeira da escravidão nas fazendas de café: 1850-1888*. Rio de Janeiro: PNPE/Anpec, 1984.

MELO, Veríssimo de. "As confrarias de N. S. do Rosário como reação contra-aculturativa do negros no Brasil". *Revista Afro-Ásia*, Salvador, nº 13, 1980.

MILLER, Joseph C. *Poder político e parentesco: os antigos estados Mbundu em Angola*. Luanda: Arquivo Histórico Nacional, 1995.

_____. "Retention, re-invention, and remembering: restoring identities through enslavement in Africa and under slavery in Brazil". In: CURTO, José C.; LOVEJOY, Paul E. (eds.). *Enslaving connections: changing cultures of Africa and Brazil during the era of slavery*. Amherst, NY: Prometheus/Humanity Books, 2003.

_____. "África Central durante a era dos escravizados, de 1490 a 1850". In: HEYWOOD, Linda M. (org.). *Diáspora negra no Brasil*. São Paulo: Contexto, 2010, p. 29-80.

MILLIET, Sérgio. *Roteiro do café e outros ensaios*. São Paulo: Bipa-Editora, 1946.

MONTEIRO, John Manuel. *Negros da terra: índios e bandeirantes nas origens de São Paulo*. São Paulo: Companhia das Letras, 1994.

MONTENEGRO, João Alfredo de Sousa. *Evolução do Catolicismo no Brasil*. Petrópolis: Vozes, 1972.

MORAIS FILHO, Mello. *Festas e tradições populares do Brasil*. São Paulo: Edusp/ Itatiaia, 1979.

MORENO, Breno Aparecido Servidone. *Café e escravidão no Caminho Novo da Piedade: a estrutura da posse de escravos em Bananal, 1830-1888*. Relatório final (iniciação científica) – FFLCH/USP, São Paulo, 2008.

MOTT, Luiz R. B. "A revolução dos negros do Haiti e o Brasil". *Mensário do Arquivo Nacional*, Rio de Janeiro, vol. 13, nº 1, 1982.

MOTTA, José Flávio. *Corpos escravos, vontades livres: posse de cativos e família escrava em Bananal (1801-1829)*. São Paulo: Fapesp/Annablume, 1999.

MOURA, Carlos Eugênio Marcondes de. *O visconde de Guaratinguetá: um fazendeiro de café no Vale do Paraíba*. São Paulo: Studio Nobel, 2002.

MOURA, Margarida Maria. "Devoções Marianas na roça e na vila". *Cadernos CERU*, série 2, nº 8, 1997.

MÜLLER, Daniel Pedro. *Ensaio d'um quadro estatístico da Província de São Paulo: ordenado pelas leis provinciaes de 11 de Abril de 1836, e 10 de Março de 1837*. São Paulo: Secção de Obras d'"O Estado de São Paulo", 1923.

MÜLLER, Nice Lecocq. "Estudos de Geografia urbana". *Revista Brasileira de Geografia*, ano XXVII, nº 1, jan.-mar. 1965.

MULVEY, Patricia. "Black brothers and sisters: membership in the black lay brotherhoods of colonial Brazil". *Luso-Brazilian Review*, 17, 1982.

MUNANGA, Kabengele; MANZOCHI, Helmy Mansur. "Símbolos, poder e autoridade nas sociedades negro-africanas". *Dédalos*, nº 25, 1987, p. 23-38.

NETO, Luis Camilo de Oliveira. "Diário da Jornada que fez o Exmo. Senhor Dom Pedro o Rio de Janeiro, athé a Cide. de São Paulo e desta athé as Minas, Anno de 1717". *Revista do Serviço do Patrimônio Histórico e Artístico Nacional*, vol. 3, p. 298.

OLIVEIRA, Anderson José Machado de. *"Os Santos Pretos Carmelitas": cultos dos santos, catequese e devoção negra no Brasil colonial*. Tese (doutorado) – UFF, Rio de Janeiro, 2002.

_____. "Santos pretos e catequese no Brasil colonial". Comunicação apresentada no *X Encontro Regional de História* – Anpuh, Rio de Janeiro, 2002.

_____. "A Santa dos pretos: apropriações do culto de Santa Efigênia no Brasil colonial". *Afro-Ásia*, 35, 2007.

OLIVEIRA, Maria Inês Côrtes de. *O liberto: o seu mundo e os outros – Salvador 1790/1890*. São Paulo: Corrupio/CNPq, 1988.

OLIVEIRA, Pedro A. Ribeiro de. "Catolicismo popular e romanização do catolicismo brasileiro". *Revista Eclesiástica Brasileira*, São Paulo, vol. 36, 1976.

ORTIZ, José Bernardo. *São Francisco das Chagas de Taubaté*. Livro 2º: *Taubaté Colonial*. Taubaté: Prefeitura Municipal de Taubaté, 1988 [Coleção Taubateana, nº 10].

PAIVA, Eduardo França. *Escravos e libertos nas Minas Gerais do século XVIII: estratégias de resistência através dos testamentos*. São Paulo: Annablume, 1995.

_____. *Escravidão e universo cultural na colônia: Minas Gerais, 1716-1789*. 1ª reimpr. Belo Horizonte: Editora UFMG, 2006.

PANTOJA, Selma. *Nzinga Mbandi: mulher, guerra e escravidão*. Brasília: Thesaurus, 2000.

PAPALI, Maria Aparecida Chaves Ribeiro. *Escravos, libertos e órfãos: a construção da liberdade em Taubaté (1871-1895)*. São Paulo: Annablume, 2003.

PARÉS, Luis Nicolau. *A formação do candomblé: história e ritual da nação jeje na Bahia*. Campinas: Editora da Unicamp, 2007.

PASIN, José Luiz. *Guaratinguetá: tempo e memória*. São Paulo: Roswitha Kempf, 1983.

PASSOS, Zoroastro Vianna. *Em torno da história do Sabará: a Ordem Terceira do Carmo e a sua igreja e obras do aleijadinho no templo*. Rio de Janeiro: Artes Graph C Mendes Junior, 1940.

PEREIRA, Nuno Marques. *Compêndio Narrativo do Peregrino da América*. Tomos I e II. Rio de Janeiro: Academia Brasileira de Letras, Coleção Afrânio Peixoto, 1988.

PETRONE, Maria Tereza S. *A lavoura canavieira de São Paulo: expansão e declínio (1765-1851)*. São Paulo: Difusão Européia do Livro, 1968.

PRADO JR., Caio. *Formação do Brasil contemporâneo*. São Paulo: Livraria Martins, 1942.

QUEIROZ, Carlota Pereira de. *Um fazendeiro paulista no século XIX*. São Paulo: Conselho Estadual de Cultura, 1965.

QUINTÃO, Antonia Aparecida. *Irmandades negras: outro espaço de luta e resistência (1870-1890)*. Dissertação (mestrado) – FFLCH/USP, São Paulo, 1991.

_____. *Lá vem o meu parente: as irmandades de pretos e pardos no Rio de Janeiro e em Pernambuco (século XVIII)*. São Paulo: Annablume, 2002.

RAMOS, Agostinho Vicente de Freitas. *Pequena história do Bananal*. São Paulo: Conselho Estadual de Artes e Ciências Humanas, 1978.

RANGEL, Armênio de Souza. "Dilemas da historiografia paulista: a repartição da riqueza no município de Taubaté no início do século XIX". *Estudos Econômicos*, São Paulo, vol. 28, nº 2, abr.-jun. 1998, p. 351-368.

REGINALDO, Lucilene. *Os rosários dos angolas: irmandades negras, experiências escravas e identidades africanas na Bahia setecentista*. Tese (doutorado) – Unicamp, Campinas, 2005.

REIS, João José; SILVA. Eduardo. *Negociação e conflito: a resistência negra no Brasil escravista*. São Paulo: Companhia das Letras, 1989.

REIS, João José. *A morte é uma festa: ritos fúnebres e revolta popular no Brasil do século XIX*. São Paulo: Companhia das Letras, 1991.

_____. "Identidade e diversidade étnicas nas irmandades negras do tempo da escravidão". *Tempo*, Rio de Janeiro, vol. 2, nº 3, 1997.

REIS, Paulo Pereira dos. *O caminho novo da Piedade no nordeste da Capitania de São Paulo*. São Paulo: Conselho Estadual da Cultura, 1971.

_____. *Lorena nos séculos XVII e XVIII*. São Paulo: Fundação Nacional do Tropeirismo, 1988.

RIBEIRO, Fábia Barbosa. *Vivências negras: as experiências de homens e mulheres negros na cidade de São Paulo, durante as primeiras décadas do século XX*. Dissertação (mestrado) – PUC-SP, São Paulo, 2003.

RIBEIRO, Maria de Lourdes Borges. *Moçambique*. Rio de Janeiro: Funarte/MEC, 1981.

_____. "Um grupo de moçambique de Aparecida do Norte". *Revista do Arquivo Municipal*, São Paulo, 1959.

_____. *O Jongo*. Rio de Janeiro: Funarte, 1984.

RODRIGUES, Píndaro de Carvalho. *O caminho novo: povoadores do Bananal*. São Paulo: Governo do Estado de São Paulo, 1980.

RIBEYROLLES, Charles. *Brasil Pitoresco*. São Paulo: Martins, 1980.

RUSSELL-WOOD, A. J. R. "The black and mulatto brotherhoods in colonial Brazil". *Hispanic American Historical Review*, vol. 54, n° 4, 1974.

_____. *Fidalgos e filantropos: a Santa Casa de Misericórdia da Bahia, 1550-1755*. Brasília: Edunb, 1981.

_____. *Escravos e libertos no Brasil colonial*. Tradução Maria Beatriz Medina. Rio de Janeiro: Civilização Brasileira, 2005.

SAINT-HILAIRE, Augusto de. *Segunda viagem a São Paulo e quadro histórico da Província de São Paulo*. São Paulo: Biblioteca Histórica Paulista, 1954.

_____. *Viagem pelo Distrito Diamantino e Litoral do Brasil*. São Paulo: Edusp; Belo Horizonte: Itatiaia, 1974.

SALLES, Fritz Teixeira de. *Associações religiosas no ciclo do ouro*. Belo Horizonte: Editora UFMG, 1963.

SAMARA, Eni de Mesquita. "Os agregados: uma tipologia ao fim do período colonial (1780-1830)". *Estudos Econômicos*, São Paulo, vol. 11, n° 3, dez. 1981, p. 159-168.

SANCHIS, Pierre. *Arraial: festa de um povo. As romarias portuguesas*. 2ª ed. Lisboa: Publicações Dom Quixote, 1992.

SANTA MARIA, Frei Agostinho de. *Santuário Mariano e história das imagens milagrosas de Nossa Senhora e das milagosamente aparecidas em graça dos pregadores & devotos da mesma Senhora*. Lisboa: Oficina de Antonio Pedro Galvão, 1707, tomo I.

SANTOS, Acácio Sidinei Almeida. *A dimensão da morte resgatada nas irmandades negras, candomblé e culto de babá egun*. Dissertação (mestrado) – PUC-SP, São Paulo, 1996.

SANTOS, Jocélio Teles dos. "De pardos disfarçados a brancos pouco claros: classificações raciais no Brasil dos séculos XVIII-XIX". *Afro-Ásia*, nº 32, 2005.

SANTOS, Vaniccléia Silva. *As bolsas de mandinga no espaço atlântico – século XVIII*. Tese (doutorado) – FFLCH/USP, São Paulo, 2008.

SCARANO, Julita. *Devoção e escravidão: a Irmandade de Nossa Senhora do Rosário dos Pretos no Distrito Diamantino no século XVIII*. São Paulo: Conselho Estadual de Cultura, 1975.

_____. *Fé e milagre*. São Paulo: Edusp, 2004.

SCHWARTZ, Stuart. *Segredos internos: engenhos e escravos na sociedade colonial*. São Paulo: Companhia das Letras, 1988.

SCHWARZ, Roberto. *Ao vencedor as batatas: forma literária e processo social nos inícios do romance brasileiro*. São Paulo: Duas Cidades/Editora 34, 2000.

SERRANO, Carlos Moreira Henriques. "Ginga, a rainha quilombola de Matamba e Angola". *Revista USP*, nº 28, 1995/1996 (Dossiê Povo Negro – 300 Anos), p. 136-141.

SLENES, Robert W. "Grandeza ou decadência? O mercado de escravos e a economia cafeeira da Província do Rio de Janeiro, 1850-1888". In: COSTA, Iraci del Nero da. *Brasil: história econômica e demográfica*. São Paulo: IPE/USP, 1986.

_____. *Na senzala uma flor: esperanças e recordações na formação da família escrava, Brasil sudeste, século XIX*. Rio de Janeiro: Nova Fronteira, 1999.

_____. "Malungu, ngoma vem!: África coberta e descoberta do Brasil". *Revista USP*, nº 12, 1991/1992.

SOARES, Mariza de Carvalho. *Devotos da cor: identidade étnica, religiosidade e escravidão no Rio de Janeiro, século XVIII*. Rio de Janeiro: Civilização Brasileira, 2000.

_____. *Identidade étnica, religiosidade e escravidão no Rio de Janeiro, século XVIII*. Rio de Janeiro: Civilização Brasileira, 2000.

SOBRINHO, Alves Motta. *A civilização do café (1820-1920)*. 3ª ed. São Paulo: Brasiliense, 1978.

SOTO, María Cristina Martínez. *Pobreza e conflito: Taubaté – 1860-1935*. São Paulo: Annablume: 2001.

SOUZA, Laura de Mello e. *O diabo e a terra de Santa Cruz: feitiçaria e religiosidade popular no Brasil colonial*. 2ª ed. São Paulo: Companhia das Letras, 2009.

SOUZA, Marina de Melo e. *Reis negros no Brasil escravista: história da festa de coroação de rei Congo*. Belo Horizonte: Editora UFMG, 2002.

_____. "Santo Antônio de nó-de-pinho e o catolicismo afro-brasileiro". *Tempo*, nº 11, 2001, p. 171-188.

SPIX, Johann B. von; MARTIUS, Carl F. P. von. *Viagem pelo Brasil – 1817-1820*. São Paulo: Edusp; Belo Horizonte: Itatiaia, 1984.

STEIN, Stanley J. *Grandeza e decadência do café no Vale do Paraíba*. São Paulo: Brasiliense, 1969.

TAUNAY, Afonso de E. *História do Café no Brasil*. Vol. 4. Rio de Janeiro: Departamento Nacional do Café, 1939.

THORNTON, John. *A África e os africanos na formação do mundo atlântico, 1400-1800*. Tradução Maria Rocha Mota. Rio de Janeiro: Campus, 2004.

_____. "Religião e vida cerimonial no Congo e áreas umbundo, de 1500 a 1700". In: HEYWOOD, Linda M. (org.). *Diáspora Negra no Brasil*. São Paulo: Contexto, 2010, p. 81-100.

TINHORÃO, José Ramos. *Os negros em Portugal: uma presença silenciosa*. Lisboa: Editorial Caminho, 1988.

_____. *Os sons negros do Brasil, cantos danças, folguedos: origens*. São Paulo: Art Editora, 1988.

_____. *As festas no Brasil Colonial*. São Paulo: Editora 44, 2000.

TORRES, João Camilo de Oliveira. *História das idéias religiosas no Brasil*. São Paulo: Grijalbo, 1968.

VAINFAS, Ronaldo; SOUZA, Marina de Mello e. "Catolização e poder no tempo do tráfico: o reino do Congo da conversão coroada ao movimento antoniano, séculos XV-XVIII". *Tempo*, vol. 3, nº 6, dez. 1998.

VIANA, Larissa. *O idioma da mestiçagem*. Campinas: Editora da Unicamp, 2007.

VIEIRA, Camila Camargo. *No giro do Rosário: dança e memória corporal na comunidade dos arturos*. Dissertação (mestrado) – FFLCH-USP, São Paulo, 2003.

WISSENBACH, Maria Cristina Cortez. "Da escravidão à liberdade: dimensões de uma privacidade possível". In: NOVAIS, Fernando A. (dir.); SEVCENKO, Nicolau (org.). *História da vida privada no Brasil*. Vol. 3: *República – da* Belle Époque *à Era do Rádio*. São Paulo: Companhia das Letras, 1997.

_____. *Sonhos africanos, vivências ladinas: escravos e forros em São Paulo (1850-1880)*. São Paulo: Hucitec, 1998.

ZALUAR, Augusto Emilio. *Peregrinação pela Província de São Paulo (1860-1861)*. São Paulo: Edusp; Belo Horizonte: Itatiaia, 1975.

FONTES CONSULTADAS

Taubaté

Divisão de Museus e Patrimônio Histórico – DMPAH.

Caixa 119: Irmandades.

Livro de "Termos de Mesa" da Confraria dos Homens Pretos da Irmandade do Rozario – 1805 – doc. 4B.

Livro de Assentamento de irmãos da Irmandade de N. Sra. do Rozario dos Pretos de Taibathé, doc. 5.

Livro de Tomada de Contas da Irmandade de São Benedito – doc. 10.

Inventários e Testamentos:

– Cartório do 1º Ofício:

Capitão Floriano José de Oliveira – 1840

Domingos Moreira de Castilho – 1845

– Cartório do 2º Ofício:

Alferes Amaro Antonio de Carvalho – 1816.

João do Prado Correa – 1809.

Margarida Florinda de Jesus – 1820.

Antonio José Pinto de Souza – 1830.

Antonio José Barbosa – 1827.

José Gomes de Araújo – 1817.

Luiz Vieira da Silva – 1844.

José Antonio Nogueira – 1820.

Claudiano Martins da Mota. – 1826.

Inventário de Antonio José Barbosa – 1827.

Francisco de Camargo Machado – 1819.

Ignes Angélica dos Anjos – 1826.

Pedro Alves Barbosa – 1849.

Comendador Antonio Moreira da Costa Guimarães – 1877.

Benedita Preta – 1883.

Ignacia Maria de Jesus – 1812.

Manuel Luiz dos Santos – 1835.

Manuel Luiz dos Santos – 1856.

Miguel Rodrigues dos Santos – 1847.

Joaquim Alves dos Santos – 1851.

Paulo José de Abreo Guimarães – 1859.

Francisco Xavier de Assis – 1855.

Ana Gomes de Assis – 1876.

Maria Lemes de Miranda – 1855.

Capitão Manoel Antunes de Siqueira – 1845.

Capitão Paulo José Alves – 1851.

Ana Isabel Leite – 1864.

Angela Isabel de Moraes – 1859.

João Congo – 1840.

Francisco de Paula Miranda – 1846.

Domingos Moreira de Souza – 1843.

Arquivo da Cúria Diocesana – ACDT

Livro de Estatutos de Irmandades, Licenças, Dispensas e Correspondências em geral – século XIX:

Compromisso da Irmandade de Nossa Senhora do Rosário do Bananal – 1851 – Doc. 38.

Compromisso da Irmandade de São Benedito – 1855 – Doc. 40.

Reforma do Compromisso da Irmandade de São Benedicto da Parochia da Cidade de Guaratinguetá, 21 de novembro de 1875 – Doc. 135.

Cruzeiro

Museu Histórico e Pedagógico Major Novaes – MHPMN

– Cartório do 1º Ofício

Autuação de uma petição – Caixa 81 – Número de Ordem 1646 – 1857.

Legalização de Dívida – Caixa 70 – Número de Ordem 1430 – 1854.

Libelo – Caixa 155 – Número de Ordem 3305, 3306 – 1873.

Arrecadação de Bens – Caixa 191 – Número de Ordem 3859 e 3863 – 1884.

Inventário de José Felipe d' Andrade – Caixa 170 – Número de Ordem 3512 – 1878.

Contas de testamentária – Caixa 177 – Número de Ordem 3611 – 1879.

Inventário de Joaquim José Domingues – Caixa 182 Número de Ordem 3714 – 1881.

Tutela – Caixa 176 – Número de Ordem 3598 – 1879.

Inventário de Joaquim José Domingues – Caixa 182 Número de Ordem 3714 – 1881.

Inventário de Manuel Leite da Costa – Caixa 110 Número de Ordem 2365 – 1863.

Inventário de João Belizário de Siqueira – Caixa 163 – Número de Ordem 3428 – 1876.

Inventário de Joaquim Belizário de Mendonça Siqueira – Caixa 145 – Número de Ordem 3084 – 1870.

Representação de livros – Caixa 180 – Número de Ordem 3670 – 1881.

Legalização – Caixa 145 – Número de Ordem 3089 – 1870.

Liberdade – Caixa 147 – Número de Ordem 3210 – 1871.

Arbitramento – Caixa 180 – Número de Ordem 3688 – 1881.

Arbitramento para liberdade – Caixa 199 – Número de Ordem 4000 – 1887.

– Cartório do 2º Ofício

Assignação de dez dias – Caixa 003 – Número de Ordem 0054 – 1873.

Assignação de dez dias – Caixa 006 – Número de Ordem 145 – 1877.

Arbitramento – Caixa 002 – Número de Ordem 037 – 1873.

Arbitramento – Caixa 002 – Número de Ordem 037 – 1873.

Ação de Liberdade – Caixa 006 – Número de Ordem 137 – 1877.

Ação de Liberdade – Caixa 009 – Número de Ordem 175 – 1878.

Ação de Liberdade – Caixa 009 – Número de Ordem 175 – 1878.

Lorena

Arquivo da Mitra Diocesana – AMDL

Livro de Entrada de Irmãos da Irmandade de Nossa Senhora da Boa Morte – 1849-1865.

Livro de Entrada de Irmãos da Irmandade do Bom Jesus do Livramento do Bananal – 1835.

Livro de Casamentos Bananal – Escravos – 1836-1890 – Livro 2.

Livro de atas da Irmandade de Nossa Senhora do Rosário do Bananal – 1882/1883.

Livro de Atas da Irmandade da Boa Morte – 1849-1863.

Compromisso da Irmandade de São Benedito de Areais – 1867.

São Paulo

Arquivo Público do Estado de São Paulo – Apesp

Fundo Francisco de Paula Santos – Ref.: APTXTPS 096 a APTXTPS 104, Caixa AP 101.

Compromissos de diversas irmandades da Província – Referência: E00618.

Compromisso da Irmandade da Rozario dos Pretos da Freguezia das Areas, 1801. Referência: E00614 – Negócios Eclesiásticos.

Arquivo da Cúria Metropolitana de São Paulo – ACMSP

Pasta Paróquias, Bananal 1 – documentos avulsos diversos.

Rio de Janeiro

Arquivo Nacional – AN

Seção Histórica. Mesa de Consciência e Ordens – Caixa 291 – Pacote 2.

Biblioteca Nacional – BN

Seção de Periódicos. Gazeta de Taubaté, 24/05/1883.

Arquivo Público do Estado do Rio de Janeiro – Aperj.

Fundo da Presidência da Província, notação 236, Col. 100/15.

Agradecimentos

Durante o longo trajeto que levou à transformação de minha tese em livro, pude contar com o apoio, solidariedade e irmandade de muitas pessoas e sou profundamente grata a cada uma delas. Faço aqui um esforço de agradecimento àqueles que contribuíram direta ou indiretamente para que esse caminho se concretizasse. Agradeço em primeiro lugar à FAPESP pelo apoio e financiamento a esta publicação. Agradecimentos muito especiais à Cristina Wissenbach que orientou a pesquisa, grande historiadora da escravidão no Brasil, a quem devoto enorme admiração e agradeço a amizade que mantemos até os dias de hoje.

Aos funcionários dos arquivos por onde andei, devo minha gratidão eterna pela paciência e presteza com que sempre me atenderam: Carlos Felipe do Arquivo Major Novaes em Cruzeiro, Sr. Helvécio do Arquivo Público de Guaratinguetá (quanta sabedoria!), Theresa Maia do Museu Frei Galvão em Guaratinguetá, e, em especial, a Lia Carolina Mariotto, do Arquivo Público de Taubaté, profunda conhecedora da História de sua cidade e profissional de competência extrema.

Nos "caminhos da Piedade" cruzei com Breno Moreno, a este jovem pesquisador que partilhou comigo a sua preciosa pesquisa nos inventários e testamentos do Bananal, meus mais sinceros agradecimentos. Aos colegas da "turminha da Cris": Pedro, Ivana, Elaine, Rosana, Ju Paiva (que também compartilhou de sua pesquisa comigo), Rafa e Elis, agradeço pelos bons momentos e ansiedades compartilhados.

Aos meus amigos do peito e da vida, que me acompanham sempre, alguns de longe outros mais de perto, mas todos eles sempre torcendo muito e emanando sinceras vibrações: Fê Gonzaga, Edvaldo (Junião), Gisele Nogueira, Renatinha

Mattos, Eleni Lima, Cida Lopes, Soninha Rodrigues, Malu Ovídio. Ao casal mais que amigo: Wanderson Melo e Cida Cabral agradeço imensamente a parceria na vida pessoal (junto com o Fabinho e William agora!) e acadêmica, uma honra prezar dessa amizade.

Às queridas Rosinha Souza, mulher brilhante e da luta, e Silvana de Araújo, comadre guerreira, mais que amigas, irmãs, presentes em todas, absolutamente todas as horas. A minha linda afilhada Mariana e ao pequeno e espevitado Raul.

Assim como meus irmãos pretos, teci sociabilidades ao longo desse trajeto e em caminhos paralelos, novas redes surgiram. Nestes caminhos, conheci pessoas que de uma forma ou de outra, me conectam ao continente africano: Patricia Teixeira Santos, profunda conhecedora de África e grande amiga. Valdir Alves e Fabiana Mendes (Fabi), irmandade africana nascida em terras moçambicanas, amigos que conheci quando, além de estudar, revisava as páginas desse livro em Maputo (trio ternura!). Acácio Almeida e sua paixão pela África do Oeste e a Costa do Marfim, amigo e referência para este trabalho. Suzana Tchilombo, minha querida amiga angolana, ávida leitora das coisas de sua terra.

Aos meus companheiros de trabalho da Universidade da Integração Internacional da Lusofonia Afro-Brasileira (UNILAB) no campus dos Malês: Lídia Lima, Pedro Leyva, Carlindo Fausto, Paulo Proença, Fernando Tavares, Bas'Ilele Malomalo. Um agradecimento especial a Juliana Barreto Farias, companheira de paixão por arquivos, irmandades e pela diáspora africana no Brasil.

Agradeço aos meus alunos e alunas de todos os tempos e espaços, fundamentais em minha trajetória de vida, e que não irei nomear para não cometer esquecimentos, pois foram muitos ao longo desses quase vinte anos de docência.

Por fim agradeço a minha família. Minhas irmãs Andreia e Adriana pelo carinho e auxílio constantes e também aos meus sobrinhos queridos, Caio, Juju e Pedrinho. A minha sogra Maria Dalva Alves, uma mulher digna e de extrema amabilidade.

Uma lembrança toda especial a minha mãe querida Marlene Barbosa Ribeiro, uma mulher forte e destemida que me ensinou muito sobre a vida e tem sido sempre meu grande exemplo. Ela agora habita o mundo dos ancestrais, mas tenho certeza que de lá me observa e protege. E a Paulo Alves Júnior, meu grande parceiro, na vida e no trabalho, agradeço à infindável paciência e solidariedade, sem o seu apoio nada seria possível.

Por fim agradeço aos meus filhos, Leon (Lelê) e Maria Beatriz (Bia, Mabe), ambos, a razão maior que me motiva. Pessoas fantásticas que por sorte vieram parar em minha vida. Suportaram desde tenra idade e com galhardia, as constantes ausências de uma mãe pesquisadora. Impressionante como participaram de tudo e como cresceram! A eles dedico, com muito amor e carinho, este livro.

Alameda nas redes sociais:
Site: www.alamedaeditorial.com.br
Facebook.com/alamedaeditorial/
Twitter.com/editoraalameda
Instagram.com/editora_alameda/

Esta obra foi impressa em São Paulo no inverno de 2017. No texto foi utilizada a fonte Minion Pro em corpo 10,5 e entrelinha de 15,5 pontos.